Mme Maxon proteste

Antoine Espoir

Writat

Cette édition parue en 2024

ISBN : 9789359940625

Publié par
Writat
email : info@writat.com

Contenu

CHAPITRE I

"ENCRE!"

"Encre!" Elle lança ce mot avec un air enjoué et amer, pour en faire le point culminant de ses plaintes.

Hobart Gaynor répéta le mot – si on pouvait appeler cela un mot – après son compagnon sur un ton interrogatif.

"Oui, juste une tache d'encre désespérée, et c'est fini !"

Mme Maxon se pencha en arrière aussi loin que le permettaient les angles peu accommodants de la chaise de bureau, regardant son amie et conseillère avec un sourire léger mais plutôt malicieux sur son joli visage. Dans la grande chambre haute et nue du notaire, elle paraissait à la fois petite et très délicate. Sa voix avait un peu tremblé, mais elle faisait un courageux effort de gaieté en expliquant son mot énigmatique.

"Quand quelque chose vous trotte dans la tête jour et nuit, semaine après semaine et mois après mois, vous ne pouvez pas utiliser ce grand et long mot que vous utilisez en tant qu'avocats. En plus, il est horriblement impartial." Elle fit la moue face à cette qualité indésirable.

Une lumière s'éclaira sur Gaynor et il sourit.

"Oh, tu veux dire incompatibilité ?"

"C'est ça, Hobart. Mais vous devez voir que c'est beaucoup trop long, en plus d'être, comme je l'ai dit, horriblement impartial. Alors j'ai pris l'habitude de l'appeler par mon propre surnom. Cela le fait passer de mon côté. voir?"

"Pas assez." Il souriait toujours. Il avait autrefois été amoureux de Winnie Maxon, et même si cet état de sentiment à son égard était révolu depuis longtemps, elle avait toujours le pouvoir de le fasciner et de l'amuser, même lorsqu'elle disait des choses qu'il soupçonnait de déraisonnables. Les avocats ont ce soupçon très prêt pour les femmes.

"Oh oui ! Le grand mot signifie simplement que nous ne pouvons pas nous entendre, et laisse entendre que c'est probablement autant ma faute que la sienne. Mais inkpat veut dire toutes les mille et une choses insupportables qu'il me fait et me dit. Chaque fois qu'il en fait ou en dit un, je dis invariablement : « Inkpat ! L'instant d'après, il y en a un autre : « Inkpat ! Je ne devrais vraiment pas avoir le temps pour un long mot, même si je voulais l'utiliser. »

« Vous l'aimiez beaucoup autrefois, n'est-ce pas ?

Elle haussa ses fines épaules avec impatience. "Et si c'était le cas ?" De toute évidence, elle ne se souciait pas qu'on lui rappelle ce fait, si c'était un fait. Elle traitait cela plutôt comme une accusation. "Est-ce qu'on sait vraiment quelque chose sur un homme avant de l'épouser ? Et puis c'est trop tard."

« Plaidez-vous pour des voyages d'essai ?

"Oh, c'est impossible, bien sûr."

"Est-ce que quelque chose est impossible de nos jours ?" Il leva les yeux vers le plafond, les sourcils levés en signe de protestation contre les aléas de l'époque.

"De toute façon, ce n'est pas ce qu'on nous dit. Je voulais seulement dire que le fait de s'en être soucié une fois ne faisait vraiment pas de différence – cela ne compte pour presque rien, vous savez."

"Ce n'est pas un évangile très acceptable pour un homme fiancé, Winnie !"

Elle tendit le bras et toucha légèrement la manche de son manteau. "Je sais, je suis désolé. J'ai hâte de connaître ta Cicely et d'être de très bons amis avec elle. Et c'est dommage de t'embêter avec le côté sordide de tout cela tout à l'heure. Mais tu es une telle amie, et donc sensé, et avocat aussi, voyez-vous, vous me pardonnez ?

"Je serai extrêmement heureux de vous aider, si je le peux. Pourriez-vous me donner quelques exemples – je n'en veux pas mille et un, mais quelques-uns – de 'inkpat'?"

"Cela ne servirait pas à grand-chose. D'une manière générale, inkpat exige qu'une femme ne soit pas ce qu'elle est, mais une sorte de reproduction rabougrie et inférieure de l'homme - ce qu'il pense qu'il serait s'il était une femme. Tout ce qui n'est pas comme ça est immédiatement écrit. Oh, Hobart, c'est horrible ! Parce que c'est tellement désespéré, tu sais, comment puis-je être quelqu'un d'autre, quelqu'un comme Cyril, seulement une femme ? C'est absurde ! femme ! oh!"

"Je ne le connais pas très bien, mais cela semble certainement absurde. Êtes-vous sûr de ne pas avoir mal compris ? Vous ne pouvez pas avoir une explication ?"

"Inkpat n'explique jamais ; il ne voit jamais qu'il y a quelque chose à expliquer. Il prêche, ou donne des conférences, ou est sarcastique, ou grogne, ou boude - et je suppose qu'il jurerait, si Cyril n'était pas aussi religieux. Mais expliquez ou écoutez une explication, jamais ! »

Elle se leva et se dirigea vers l'une des hautes fenêtres qui donnaient sur Lincoln's Inn Fields. "Je déclare que j'envie l'enfant le plus affamé et le plus dépenaillé qui joue là dans le jardin", a-t-elle déclaré. "Au moins, c'est peut-être lui-même. Dieu ne m'a-t-il pas créé autant qu'Il a créé Cyril ?"

C'était le plein été, et la grille ne contenait rien de plus réconfortant qu'un ornement en papier crasseux ; Pourtant Hobart Gaynor se leva et lui tourna le dos, comme les hommes ont coutume de le faire dans les moments de perplexité. Il estimait qu'il ne servait pas à grand-chose de faire valoir ses arguments concrets. S'ils venaient, individuellement, ils seraient, ou sembleraient, des bagatelles, sans aucun doute. Leur accumulation était le mal ; cela a été adopté et exprimé dans une large gamme d'incompatibilités ; les deux êtres humains ne pouvaient pas tenir le pas. Mais il a posé une question.

« Je suppose que vous ne lui avez donné aucune raison vraiment sérieuse de se plaindre ?

Elle se retourna rapidement par la fenêtre. "Tu veux dire--?"

"Eh bien, je veux dire, quelqu'un d'autre… euh… fait des frictions ?"

"Hobart, vous savez que ce n'est pas mon genre ! Je n'ai pas d'ami, à part vous et mon cousin, Stephen Aikenhead, et je vous vois très rarement ni l'un ni l'autre. Et Stephen est marié et vous êtes fiancé. C'est un idée ridicule, Hobart.

Elle était visiblement indignée, mais Gaynor n'était pas dérangé.

"Nous, les avocats, devons soupçonner tout le monde", lui rappela-t-il avec un sourire, "et s'attendre à tout, aussi improbable soit-il. Je vais donc demander maintenant si votre mari a une bonne amie."

"C'est tout aussi ridicule. Je pourrais être assez méchant pour souhaiter qu'il le fasse. Laissons quelqu'un d'autre essayer !"

« Ne peux-tu pas, d'une manière ou d'une autre, revenir à ce qui t'a fait l'aimer au début ? Tu comprends ce que je veux dire ?

"Oui, je le fais – et j'ai essayé." Ses yeux semblaient perplexes, voire effrayés. "Mais, Hobart, je n'arrive pas à réaliser ce que c'était. À moins que ce ne soit juste son apparence – il est très beau, tu sais."

"Il se porte bien au barreau. Il progresse vite, il est très hétéro et je ne pense pas qu'il soit impopulaire, d'après ce que j'entends."

Elle comprit rapidement son allusion. "Beaucoup de gens diront que c'est de ma faute ? Que je suis déraisonnable et que j'ai tous tort ?"

"Il faudrait compter avec une grande partie de cela."

"Je me fiche de ce que disent les gens."

"Es-tu sûr de ça?" » demanda-t-il doucement. "C'est une assez grande affirmation à faire soi-même, que ce soit pour le bien ou pour le mal."

"Ce ne sont que ses amis, après tout. Parce que je n'en ai pas. Eh bien, je t'ai toi." Elle est venue et s'est tenue à ses côtés. "Mais tu es contre moi, n'est-ce pas ?"

"J'avoue que je pense qu'une femme – ou un mari – devrait supporter beaucoup de choses."

"Ce n'est pas comme si mon bébé avait vécu. J'aurais peut-être continué à essayer à ce moment-là. Cela n'aurait pas été juste Cyril non dilué."

"Cela fait une certaine différence, j'en conviens. Mais dans l'intérêt général des choses..."

« Je dois être torturé toute ma vie ? Sa contestation de l'obligation a retenti avec force.

Avec un mouvement agité de la tête, il se rassit à sa table. Elle resta là où elle était, regardant l'ornement crasseux dans la cheminée.

"La vie dans l'autre sens ne s'avérera peut-être pas particulièrement facile. Vous aurez des ennuis, des ennuis, des tentations peut-être."

"Je peux y faire face. Je peux me faire confiance, Hobart. Peut-il m'empêcher de partir si je le souhaite ?"

"Non."

"Peut-il me faire revenir ?"

"Non. Il peut, s'il le souhaite, obtenir une ordonnance formelle vous obligeant à rentrer, mais elle ne sera pas appliquée. Cela lui donnera seulement un droit à une séparation légale - pas au divorce, bien sûr - juste un droit à une séparation de corps. séparation."

"Tu es sûr qu'ils ne peuvent pas me faire rentrer ?"

"Oh, tout à fait . C'est réglé."

"C'est ce sur quoi je voulais être très clair." Elle s'approcha de sa chaise et posa la main sur son épaule. "Tu es toujours contre moi ?"

"Oh, comment puis-je le savoir ? Le cœur connaît sa propre amertume, personne d'autre ne le sait."

Elle lui pressa l'épaule d'une manière amicale ; elle fut réconfortée par sa demi-approbation. Au moins, ce n'était pas une condamnation, même si elle refusait la responsabilité de la sanction.

" Bien sûr, il n'a pas besoin de vous donner d'argent."

"J'ai le mien. Vous l'avez réglé pour moi et vous l'avez payé à moi-même."

"C'est très peu, environ cent cinquante par an. Je veux que vous examiniez tous les aspects de l'entreprise."

" Bien sûr que tu as raison. Mais il n'y a qu'une seule chose pour moi : m'en aller, m'en aller, m'en aller ! "

"Cela fait à peu près cinq ans que tu es venu ici avec ta mère, à propos du règlement du mariage. J'ai pensé que c'était plutôt dur que tu viennes me voir, je m'en souviens."

"Mère n'était pas au courant de la... de la raison sentimentale qui s'y opposait, Hobart... et cela n'a plus d'importance maintenant, n'est-ce pas ? Et la pauvre mère est au-delà d'être troublée à propos de moi."

"Où irez-vous, si vous y allez?"

"J'y vais. Je vais rester un moment avec les Aikenheads, jusqu'à ce que je sois installé seul."

« Lui avez-vous laissé entendre quelque chose à ce sujet ?

"A Cyril ? Non. Je dois lui dire. Bien sûr, il sait que je suis assez bête pour penser que je suis malheureux."

"Ce sera un terrible face-à-face pour lui, n'est-ce pas ?"

Elle fit le tour de la table et le regarda carrément, mais avec un affaissement désapprobateur de la bouche.

"Oui, ce sera le cas", dit-elle. "Affreux ! Mais, Hobart, non seulement je n'ai plus d'amour, mais je n'ai plus de pitié. Il a écrasé beaucoup de choses en moi, et il a écrasé cela avec le reste."

Les mains de Gaynor jouaient faiblement avec son gros bloc de papier buvard.

"Que cela devrait arriver à toi, plus qu'à tout le monde !" marmonna-t-il. Son air exprimait plus qu'une plainte de malheur ; en plus de regretter son chagrin, il déplorait quelque chose de désagréable. Mais Winnie Maxon était sourde à cette note ; elle n'y voyait que de la sympathie.

"C'est votre ancienne gentillesse envers moi", sourit-elle, les larmes aux yeux. « De toute façon, tu ne te retourneras pas contre moi, n'est-ce pas, Hobart ?

Il tendit la main pour rencontrer la sienne. "Non, ma chérie. Ne t'ai-je pas aimé une fois ?"

"Et j'aime ton cher visage rond et tes yeux honnêtes. Oui, et le nez dont tu étais mécontent - parce que c'était un carlin - en ces temps très anciens; et si mon navire fait naufrage, je sais que tu le feras. sors avec le canot de sauvetage. Au revoir maintenant, je t'écrirai à ce sujet.

La note tendre frappée à la fin de leur conversation, les souvenirs d'autrefois, l'écho de sa douce voix suppliante, ont servi pendant quelques minutes après le départ de son visiteur à aveugler les yeux perspicaces de Hobart Gaynor sur le fait qu'elle ne lui avait en réalité soumis aucun cas. cela pourrait paraître substantiel aux yeux du monde. Pour elle, sans aucun doute, tout pouvait être aussi mauvais, aussi intolérable et désespéré qu'elle le disait ; il n'a pas mis en doute sa sincérité. Mais à mesure que l'impression personnelle d'elle s'estompait, son bon sens dur affirmait avec force que tout cela revenait simplement au fait qu'elle en était venue à ne plus aimer son mari ; c'était la somme de ce que le monde y verrait. Les femmes peuvent-elles quitter leur mari simplement parce qu'elles ne l'aiment pas ? Certaines personnes ont dit oui, comme il le savait. Ce n'étaient pas des gens qu'il respectait, ni leur théorie qu'il approuvait. Il était de nature conservatrice en toutes choses, particulièrement en matière de sexe. Il se rendait désormais compte, avec inquiétude, que sans sa fascination personnelle, sans son ancienne tendresse, son plaidoyer n'aurait pas extorqué ne serait-ce qu'un demi-assentiment réticent. L'instant d'après, il niait avoir tant donné. Il est certain que le monde en général – le monde grand, respectable et stable – ne lui accorderait même pas autant. Parler d'être « écrasé » ou d'avoir des choses écrasées en vous a besoin, aux yeux de ce monde, d'un support de faits très solide – des choses sur lesquelles on peut jurer dans la boîte, qui peuvent être mises dans les « détails » de votre pétition, qui peut être localisée, datée et, si possible, attestée par un témoin indépendant. Or, Mme Maxon ne semblait pas posséder un seul fait de cet ordre – ou alors elle aurait sûrement été impatiente de le produire ?

Les comédiens et les cyniques aiment à montrer le spectacle de femmes traquant une femme d'un côté et, de l'autre, d'hommes trahissant leurs frères pour les faveurs d'une femme. Aucune exception ne peut être faite à de telles présentations ; les choses arrivent. Mais lorsqu'elles ne se produisent pas – lorsque la jalousie et la passion ne sont pas en jeu – il existe une autre force, un autre instinct, qui agit avec un effet puissant. Les étudiants qui étudient la nature humaine appellent cela la solidarité sexuelle ; c'est l'instinct de chaque sexe de s'unir contre l'autre. Ce n'est pas une question d'appréciation ou de dégoût individuel ; c'est une politique sexuelle, un conflit entre hôtes rivaux, éternellement divisés. Sans préjugés personnels ni relations privilégiées, l'homme est pour l'homme, la femme pour la femme. À mesure que les minutes suivaient le départ de Mme Maxon, il devenait de plus en plus probable pour Hobart Gaynor que Cyril Maxon avait quelque chose à dire pour lui-même. Et Hobart lui-même n'était-il pas un futur mari ? Trop amoureux pour rêver d'un sort pareil pour son propre mariage, il éprouvait pourtant une sympathie naturelle pour la noble armée dans laquelle il allait bientôt s'enrôler.

"Eh bien, à tort ou à raison, j'ai promis de la soutenir, et je le ferai", fut sa dernière pensée, alors qu'il retournait à ses affaires courantes de sa journée de bureau. La sympathie pour Mme Maxon s'y mêlait à une certaine contrariété envers elle de l'avoir en quelque sorte impliqué dans une affaire si obscure et si gênante. Il ressentait, sans vraiment les prévoir, des difficultés qui pourraient rendre sa promesse difficile à tenir.

La tendance des impressions personnelles à perdre leur pouvoir lorsque la présence personnelle est retirée n'est pas venue à l'esprit de Mme Maxon. En rentrant chez elle dans Devonshire Street, elle se réconforta avec l'assurance qu'elle avait non seulement gardé un ami - comme elle l'avait fait - mais aussi trouvé un partisan. Elle pensait que Hobart Gaynor comprenait parfaitement son cas.

"Plutôt merveilleux de sa part !" réfléchit-elle. "Considérant que je l'ai refusé et qu'il est en ce moment amoureux de Cicely Marshfield."

Son cœur devint très chaleureux envers son vieil ami, si fidèle et si indulgent. Si elle ne l'avait pas refusé ? Mais son humeur actuelle lui interdisait de conclure doucement, quoique tristement, qu'elle avait commis une erreur. Qui sait vraiment quelque chose sur un homme jusqu'à ce qu'elle soit mariée avec lui ? Et puis il est trop tard. « N'épousez pas un ami, gardez-le », fut sa conclusion amère. Il ne lui venait pas à l'esprit que l'amitié aussi – une amitié qui doit être plus qu'une gentillesse distante et passive – devait également compter avec l'incompatibilité.

CHAPITRE II

UN CAS DE NÉCESSITÉ

Le souvenir de Mme Maxon de la soirée où elle avait administré à son mari son « affreux visage » était capricieux. Il a préservé autant le préliminaire et l'accidentel que l'essentiel du problème. Ils dînèrent dehors chez un savant juge. La fête était exclusivement légale, mais la conversation du jeune avocat qui lui appartenait n'avait pas ce teint. La fortune l'a utilisé pour l'ironie. Très frappé par les charmes de sa compagne – elle était tendue, avait l'air bien et parlait avec une animation inhabituelle – et ne s'imputant nullement aucun défaut dans le même sens, il jouait avec une paire de beaux yeux noirs, descendant en plaisantant sur la solitude d'une vie de célibataire et osait des allusions sournoises au sort béni de M. Cyril Maxon.

"J'espère qu'il connaît sa chance !" dit le jeune avocat. Eh bien, il le saurait bientôt, de toute façon, pensa Winnie.

Ensuite, dans le salon, une grosse femme jaillissante a donné l'autre côté. "Nous devons être de meilleurs amis, ma chère", dit-elle. "Et tu ne dois pas être jaloux si nous adorons tous ton mari intelligent, beau et prometteur."

De telles choses sont des banalités courantes du discours. La grosse femme et le jeune avocat étaient déjà arrivés souvent. Mais leur apparition ce soir a frappé le sens de l'humour de Winnie Maxon – un humour amer et tordu en ce moment. Elle aurait aimé crier "Oh, imbéciles ! " et lance sa décision à la face de son mari à travers le salon. Les compliments sur la félicité privée de notre voisin comportent nécessairement certains risques. Pourquoi ne nous permet-on pas de rester en terrain sûr et de dire : « Je vous demande la permission de vous féliciter du montant de vos revenus et d'espérer qu'ils seront bientôt doublés » ? Seuls les ruinés pourraient s'y opposer, et marcher sur leurs cors n'est pas grave.

Sur le chemin du retour – le juge vivait dans un quartier reculé de Kensington – Cyril Maxon était pervers et (comme le semblait sa femme) incroyablement fertile dans ses projets pour les jours à venir. Non seulement il prévoyait sa carrière professionnelle - là, il était dans son droit - mais il dessinait leurs mouvements communs pour au moins trois ans à l'avance - leurs maisons pour l'été, leurs voyages à l'étranger, leurs visites aux divers et nombreux membres du Maxon. clan. Il a laissé l'avenir sans un seul point de son sombre manteau d'incertitude. Heureusement, ce n'était pas un homme qui avait besoin de beaucoup d'applaudissements ou même d'assentiment ; il n'a pas consulté; il s'est installé. Son long profil d'avocat, indiscutablement beau et capable – il avait l'habitude de parler à sa femme sans la regarder – attirait l'attention de son regard. Était-elle vraiment prête à se battre avec ça ? Une perruque pleine d'ombre semblait encore encadrer le visage et lui donner le pouvoir de vie et de mort.

"Alors l'année d'après, j'ai vraiment l'intention de vous emmener en Palestine et à Damas."

Pas une idée que même de Cyril Maxon les dieux grossiers pourraient faire du sport !

« Qui sait ce qui se passera dans trois ans ? » demanda-t-elle d'un ton gai, brusquement interrompu par un halètement dans la gorge.

"Tu as un rhume ?" » demanda-t-il avec sollicitude. Il ne manquait pas d'instincts de protection bienveillants. Pourtant, même sa sollicitude était péremptoire. "Je ne peux pas te permettre de prendre des risques."

"Ce n'est rien", haleta-t-elle, maintenant presque sûre de ne jamais pouvoir accomplir sa tâche. Même dans la bonté, il assumait une propriété si absolue.

Le coupé s'arrêta devant leur maison. — Demain neuf heures quinze précises, dit Cyril au cocher. Ce n'était ni moins ni plus certain que la Palestine et Damas. Il traversa le hall (égayé de gravures de Lord Chanceliers survivants et disparus) jusqu'à son bureau. Elle le suivit, respirant rapidement.

« J'ai demandé aux Chippinstall de dîner mercredi prochain. Lui enverrez-vous un rappel demain matin ? Il commença à remplir sa pipe. Elle ferma la porte et s'assit sur une chaise devant la cheminée.

Il lui avait toujours semblé quelque chose d'écrasant dans cet atelier d'apprentissage, de logique et d'ambition. Ce soir, l'atmosphère était accablante ; elle se sentait aplatie, écrasée ; elle retint son souffle. Il avait allumé sa pipe et la regardait maintenant, intrigué par son silence. « Il n'y a rien d'autre mercredi, n'est-ce pas ?

"Cyril, nous ne sommes pas contents, n'est-ce pas ?"

Il ne parut ni lésé ni surpris de sa chute soudaine ; pour elle, il semblait agressivement patient envers l'irrationnel.

"Nous avons nos difficultés, comme d'autres couples mariés, je suppose. J'espère qu'elles s'atténueront avec le temps."

« Cela veut dire que je ne m'opposerai plus à vous ?

"J'espère que nos goûts et nos points de vue s'harmoniseront."

« Que le mien deviendra en harmonie avec le vôtre ? »

Il sourit, quoique sinistrement. Peu d'hommes craignent vraiment d'être accusés de despotisme, car cela a le goût du pouvoir. "Est-ce que c'est une chose si terrible qui arrive à ma femme ?"

"Nous ne sommes pas contents, Cyril."

"Le mariage n'a pas été institué dans le seul but de permettre aux gens de s'amuser."

"Oh, je ne sais pas pourquoi cela a été institué !"

"Vous pouvez consulter votre livre de prières."

Son menton reposait sur ses mains, ses coudes blancs et pointus sur son genou. L'homme grand, fort et autonome regardait sa frêle beauté. Il n'était pas sans amour, ni sans pitié, mais entièrement sans compréhension – et la compréhension n'aurait pas non plus signifié pardon. Ses affirmations implicites se heurtaient à la fois à son instinct et à ses convictions. L'amour et la pitié n'étaient pas de qualité à supporter le choc.

"J'aimerais que tu ailles voir Attlebury", a-t-il poursuivi. Attlebury était, pour ainsi dire, le gardien de sa conscience, un éminent ecclésiastique aux vues extrêmes de la Haute Église.

« M. Attlebury ne peut pas m'empêcher d'être malheureux. Chaque fois que je me plains de quelque chose, vous voulez m'envoyer chez M. Attlebury !

"Je n'ai pas honte de suggérer que vous pourriez trouver de l'aide dans ce qu'il représente sur terre."

Elle poussa un léger gémissement plaintif. Le ciel ainsi que ce grand monde allaient-ils se retourner contre elle, pauvre petite créature qui ne demandait qu'à être libre ? Il semblait donc .

"Ou dois-je comprendre que vous êtes devenu sceptique ?" Le sarcasme était très marqué. "Un esprit comme le vôtre a-t-il l'impudence de penser par lui-même ?" Elle traduisit donc ses paroles – et ne lui fit ainsi aucune injustice substantielle. Si son intellect pouvait plier le genou, le sien devait-il se montrer provocant ?

« J'avais espéré, continua-t-il, que notre grande douleur vous aurait changé.

Cette suggestion lui parut aller au-dessous de la ceinture. Elle n'avait vu aucun signe de chagrin accablant chez lui.

"Pourquoi?" » demanda-t-elle brusquement. "Ça n'a rien fait en toi, n'est-ce pas ?"

"Il n'est pas nécessaire d'être impoli."

"Quand tu me le dis, c'est de la sagesse. Quand je te le dis, c'est de la politesse ! Oui, c'est toujours comme ça. Tu es déjà parfait, je dois changer !"

"Cela devient une querelle. N'en avons-nous pas assez ?"

"Oui, Cyril, assez pour toute une vie, je pense." Enfin , elle releva la tête et laissa ses mains tomber sur ses genoux. "Au moins, je l'ai fait", ajouta-t-elle en le regardant fixement.

Il lui rendit son regard un instant, puis se détourna et s'assit à son bureau. Plusieurs lettres étaient arrivées par la poste tardive, et il commença à les ouvrir.

Il l'avait mise en colère; sa colère l'emportait sur ses peurs.

"J'ai été élevée pour penser comme vous", a-t-elle déclaré. " Dire qu'une fois marié, c'est marié pour toujours. Je suppose que je le pense toujours ; et vous savez que j'ai respecté mes… mes vœux. Mais il y a des limites. On ne peut pas demander à une femme de tout abandonner. Elle-même... ce qu'elle se doit à elle-même doit primer : sa propre vie, ses propres pensées, sa liberté, ses droits en tant qu'être humain.

Il lisait une lettre et n'en quittait pas les yeux.

" Ce sont des vues modernes, je suppose ? Les gens d'autrefois les appelleraient des suggestions du Diable. Mais nous avons déjà eu ce genre de discussion à plusieurs reprises. Pourquoi y revenir encore ? Nous devons accepter d'être en désaccord. "

"Si vous le vouliez ! Mais vous ne le faites pas, vous ne pouvez pas, vous ne le ferez jamais. Vous dites cela ce soir. Vous commencerez à m'entraîner à votre marche et à me mettre à nouveau à votre modèle demain matin."

Il ne répondit rien. Il continua à lire des lettres. Il avait signifié que la discussion était terminée. Cela a mis fin à cela. C'était sa manière de faire ; s'il pensait qu'on en avait assez dit, elle ne devait pas en dire davantage. Cela s'était produit ainsi cent fois — et elle avait crié intérieurement « Inkpat !

Eh bien, cette fois, enfin, elle lui montrerait que le sujet n'était pas épuisé. Elle reparlerait et le ferait parler. La méchanceté la possédait ; elle sourit à l'homme au visage grave qui s'occupait méthodiquement de sa correspondance. Pour la première fois, elle éprouva une certaine satisfaction à accomplir cette tâche ; auparavant, elle redoutait cela dans son cœur, même si elle désirait la liberté que cela lui apporterait. Pour riposter une fois, une fois après cinq longues années !

"Oh, à propos des Chippinstalls", dit-elle. "Vous pouvez les avoir, bien sûr, mais je ne serai pas là."

Il tourna rapidement la tête vers elle. "Pourquoi pas?"

"Demain, je vais chez les Stephen Aikenhead."

"Ce n'est pas dans vos habitudes de faire des visites seul, ni d'organiser des visites sans me consulter. Et je me fiche peu de l'ambiance qui règne chez Aikenhead." Il déposa ses lettres et lui sourit d'un air contraint. "Mais je ne veux pas te faire part d'un nouveau grief. Je vais aller plus loin. Combien de temps veux-tu être absent ?"

Il essayait d'être gentil ; En fait, il exagérait un peu, car il avait souvent décrié la pratique selon laquelle les femmes mariées, les jeunes et jolies femmes mariées, se rendaient en visite sans leur mari ; et il avait tout aussi souvent exprimé une grave désapprobation à l'égard de son cousin, Stephen Aikenhead. Pour lui, c'est un chemin considérable ! Sa méchanceté était désarmée. Même un pincement de cette pitié qu'elle avait déclaré écrasée à mort lui atteignit le cœur. Elle lui tendit ses bras minces, plutôt comme celle qui implore une grande faveur que comme celle qui délivre un défi mortel.

"Cyril, je ne reviendrai jamais."

Pendant une bonne minute, il resta silencieux, la regardant fixement. Incapable qu'il soit d'apprécier comment elle était parvenue à cette décision monstrueuse, ou y avait été poussée, il avait cependant suffisamment de perception et d'expérience pour voir qu'elle était sincère et déterminée à le faire ; et il savait qu'elle pourrait y donner effet si elle le voulait. Dans cette minute de silence, il se batit durement contre lui-même ; il avait une forte tentation de gronder, une plus forte encore de se moquer et de se moquer, d'utiliser sa lourde artillerie de sarcasme. Il a résisté et a triomphé.

Il regarda l'horloge. Il était midi et quart.

"Vous ne vous attendez pas à ce que je traite une question aussi importante à cette heure de la nuit, et sans y réfléchir pleinement", a-t-il déclaré. "Vous devez savoir que de telles séparations sont contraires à mes vues, et j'espère que vous savez que, malgré les frictions qui sont survenues, j'ai toujours une forte affection pour vous."

"Je ne changerai pas d'avis, Cyril. Je ne reviendrai pas."

Il a gardé le trottoir sur lui. "Je préférerais vraiment ne pas en discuter sans plus de réflexion, Winnie - et je pense que j'ai le droit de te demander d'y donner un peu plus et d'entendre ce que j'ai à dire après réflexion. Est-ce injuste ? Au moins toi' J'admets que c'est une étape sérieuse ? »

"Je suppose que c'est juste", murmura-t-elle avec impatience. Elle aurait donné au monde entier pour pouvoir qualifier cela de grossièrement injuste. "Mais ça ne sert à rien", a-t-elle ajouté, presque farouchement dans son rejet de l'idée que sa détermination puisse faiblir.

« Réfléchissons et prions tous les deux », dit-il gravement. "Cette visite chez les Aikenheads peut être une bonne chose. Elle vous donnera le temps de réfléchir, et il n'y aura aucune cause passagère d'irritation qui pourrait affecter votre jugement plus calme. Considérons comme convenu que vous restez avec »

"Seulement Hobart Gaynor. Je suis allé lui demander si je pouvais le faire si je le voulais. Je lui ai dit que j'avais l'intention de le faire."

"Il tiendra sa langue. N'en parle à personne d'autre, s'il te plaît."

"Je ne le ferai pas jusqu'à ce que ce soit réglé." Elle a souri. "En fait, nous sommes tombés d'accord sur une ou deux choses ! C'est très inhabituel dans nos disputes, Cyril."

Il s'approcha d'elle et l'embrassa sur le front. « Pour l'amour de Dieu, réfléchissez ! Vous ne savez pas du tout ce que cela signifie pour vous – ni pour moi non plus.

Elle recula vivement la tête ; une réplique amère était au bout de sa langue. "Oui, mais je sais ce que signifie la vie avec toi !" Elle ne l'a pas prononcé ; il y avait une lassitude pincée sur son visage qui la désarma pour le moment. Elle soupira d'un air désolé, se détourna de lui et sortit de la pièce, les épaules courbées comme par une grande fatigue.

Elle avait éprouvé un ou deux accès de pitié passagères ; ayant craint un orage, elle avait éprouvé du soulagement de sa modération, mais ne lui en accordait aucun crédit. Elle ne comprenait pas à quel point c'était dur pour lui. Elle était presque encline à considérer cela comme un artifice – une démonstration (une fois de plus exhibée) de combien il était plus sage, plus raisonnable et plus réfléchi que l'être insouciant avec qui il était marié. Elle portait ses griefs hors de la pièce sur ses épaules courbées – toujours aussi lourds, tout aussi insupportables.

L'homme beau, intelligent et prometteur s'est retrouvé face à face avec ce qu'il craignait et détestait le plus au monde : un échec. Il était tombé amoureux du joli corps ; il n'avait jamais douté de sa capacité à façonner et à modeler l'esprit malléable. Pourquoi pas? Ce n'était en aucun cas un esprit grand ou remarquable. Elle n'était pas très douée, ni très volontaire, ni même très obstinée. Ni incontrôlé, ni ultra-émotif, ni immoral. C'était une femme plus qu'ordinairement attirante, mais guère plus qu'ordinaire à d'autres égards. Et, en repensant à cinq années en arrière, il a réalisé les souffrances énormes et constantes qu'il avait endurées avec elle. C'était une question de conscience autant qu'une question de fierté ; lorsque les deux unissent leurs forces, que reste-t-il pour les combattre ? Et ils forment constamment une alliance. La défaite menaçait même cette puissante confédération – défaite aux mains de celui qu'il ne considérait guère plus qu'un charmant enfant volontaire.

Charmant? Les émotions plus douces, issues de la mémoire, ont subi une résurrection qui n'a finalement pas eu beaucoup de portée réelle. Il était de ces hommes qui satisfont l'émotion pour l'apaiser ; Le mariage était à son avis — et aux yeux des autorités auxquelles il croyait — meilleur que l'amour et différent de lui. Au sens propre aux voluptueux, il n'avait jamais été amoureux du tout. Que lui restait-il alors pour combattre son profond dégoût et sa désapprobation pour tout ce qu'elle avançait maintenant, ses revendications, ses prétentions et ses griefs ? En fin de compte, deux forces disparates mais étroitement alliées : la loyauté envers une grande cause et la haine de la défaite personnelle. Qu'il se fasse le champion de la cause : les deux ne font plus qu'un. Le ciel et son conjoint pourraient-ils succomber à une quelconque attaque ?

Il a affronté sa théorie avec logique et audace. "C'est ma femme. Je suis aussi responsable d'elle que de moi-même. Elle peut le nier, je ne peux pas."

Pour le bien ou le mal, pour la joie ou la douleur, une seule chair, un seul esprit, un seul esprit, *usque in æternum* . Il y avait la haute doctrine intransigeante.

Son épouse n'a pas exprimé son désaccord, consciemment ou explicitement. Comme elle le lui avait dit, elle y était habituée. Son argument était simplement que, que ce soit vrai ou faux, elle ne pouvait pas être à la hauteur. Elle pouvait observer les interdits que cela impliquait — elle avait gardé et garderait ses vœux restrictifs — mais elle ne pouvait plus accomplir les injonctions positives. Si elle cherchait une justification intellectuelle ou spéculative, c'était après coup, comme plaidoyer pour se concilier un ami tel que Hobart Gaynor, ou comme arme de défense contre son mari. Pour elle, son excuse était une nécessité. Si elle avait donné cette nuit-là le récit le plus fidèle en son pouvoir de ce qu'elle ressentait, elle aurait dit qu'elle avait mal agi, mais qu'elle n'y pouvait rien. Il y avait des limites à l'endurance humaine — un fait dont la loi divine, dans d'autres domaines que celui du mariage, n'a pas été considérée par la pratique (en dehors de la doctrine) de la chrétienté dans son ensemble comme prenant suffisamment en compte.

CHAPITRE III

'EN SOLUTION'

"Eh bien, tu vois, les choses sont plutôt en solution en ce moment."

La plupart des gens ont une ou deux formules par lesquelles ils tentent d'introduire un peu d'ordre dans le débarras de l'esprit. Tant de choses sont déversées là-bas, et sans une ou deux formules, elles se mélangent tellement. Ce qui précède était le préféré de Stephen Aikenhead. Beaucoup de ses amis préféraient dire « en transition ». Cette phrase, a-t-il soutenu, soulève la question. Peut-être qu'après tous ces discours et toute cette agitation, rien ne changerait ; les innovateurs pourraient être battus ; ils l'avaient souvent été ; la masse de l'humanité était très conservatrice. Regardez le flux et le reflux de la pensée humaine, tels que l'histoire l'a enregistré - la liberté d'Athènes et la licence de Rome suivies par l'âge des ténèbres - la Renaissance apprivoisée, sinon mutilée, par la Contre-Réforme d'une part et les rigueurs de la pensée humaine. du puritanisme de l'autre. Certes, les fondements de toutes choses étaient ou allaient être examinés. Mais c'est une chose d'examiner les fondations, une autre de les déclarer et de les prouver mal fondées. Et même lorsque ce dernier processus aura eu lieu, la question se posera : allez-vous consolider le bâtiment ou allez-vous le démolir ? Les amis favorables à la « transition » s'impatientaient souvent face à cet incurable sceptique ; ils étaient aussi convaincus que l'avenir serait parfait et qu'il arriverait très bientôt, qu'ils étaient certains que le présent était tout à fait mauvais et qu'il ne pourrait pas résister à l'assaut de la raison pendant de nombreuses années encore. C'étaient des gens optimistes, enclins à l'oublier, même s'ils avaient sans aucun doute raison (selon leur propre opinion), l'Anglais, au moins, n'accorde son soutien au progrès qu'en étant bien entendu qu'il sera lent. "Mettez le frein !" » insiste-t-il, envisageant l'innovation comme une descente galopante. Les amis de Stephen le décrivaient pathétiquement comme un assentiment pénible – pénible, mais qui pouvait être rapidement obtenu en mettant vaillamment des chevaux à rude épreuve. Mais pas besoin de freins ! L'argumentation par métaphore est périlleuse dans les deux cas.

Dans ce cas, la formule a été administrée à Winnie Maxon, dans les deux heures suivant son arrivée à Shaylor's Patch. La jolie maison de Stephen dans le Buckinghamshire – elle se trouvait du côté de Beaconsfield – tenait son titre sans prétention d'un Shaylor défunt et certainement d'un petit lopin d'herbe qui s'étendait entre deux routes divergentes à une centaine de mètres en descendant vers la gare. La maison était vieille, décousue et basse – une habitation tout à fait confortable. Le jardin était beau à voir avec ses roses, ses ifs et son grand hêtre pourpre, avec son étendue de pelouse lisse et sa vue sur une large vallée qui s'étendait.

"Une maison de paix !" pensa Winnie, relaxant son corps fatigué (elle avait fait ses valises ce matin-là pour plus de quinze jours d'absence) et son esprit bouleversé, alors qu'elle était allongée sur une longue chaise à l'ombre du hêtre cuivré.

Stephen était assis en face d'elle, un grand homme de trente-trois ans, blond, enclin à l'embonpoint, avec une coupe de cheveux grossiers et désordonnés couleur de souris ; il portait toujours et partout de grandes lunettes à monture d'écaille. Il avait hérité d'une compétence plus que suffisante ; il n'avait pas de profession, mais écrivait des articles quand l'envie l'en voulait et les faisait publier plus rarement. A vingt-deux ans, il s'était marié. C'était avant l'époque où il commençait à douter que les gens devraient — ou de toute façon besoin — se marier, et son union avait été si heureuse que ce doute ne pouvait être attribué à une expérience personnelle. Sa femme n'était pas jolie, mais au visage agréable et délicieusement sereine. Elle avait ses propres opinions très arrêtées et les tenait si fermement qu'elle discutait rarement et n'était jamais ébranlée dans les disputes. Si quelqu'un s'échauffait à cause d'une discussion, elle lui souriait et lui tendait une fleur ou, au moment opportun, quelque chose de bon à manger. Ils avaient un enfant, une fille âgée aujourd'hui de dix ans, qu'ils venaient d'envoyer dans un pensionnat.

C'est à l'occasion de l'envoi de la petite Alice au pensionnat que la formule fit son apparition. Winnie s'était dite étonnée que ses parents « puissent supporter de se séparer d'elle ». Stephen a expliqué qu'ils avaient été motivés par le désir d'agir équitablement envers l'enfant.

"Si j'étais sûr d'avoir raison et que les anciens avaient tort, je lui apprendrais moi-même, je lui apprendrais à croire ce que je crois et à ne pas croire ce qu'ils croient. Mais en suis-je sûr ? Qu'est-ce que je crois ? Et supposons que je' J'ai raison, ou en tout cas, ils ont tort, la plupart des gens ne le penseront peut-être pas avant de nombreuses années. Je devrais la mettre contre le monde, et le monde contre elle, est-ce juste, à moins que je ne sois fou. bien sûr ? Tout le monde ne peut pas être heureux quand le monde est contre eux. Je ne peux pas lui apprendre ce que je ne peux pas croire, mais pourquoi ne devrait-elle pas l'apprendre de ceux qui le peuvent ? il semble juste de lui donner sa chance d'orthodoxie alors que les choses sont, comme je l'ai dit, en solution – dans une sorte de flux, ne savez-vous pas ? »

"Qu'entendez-vous par les choses en solution ou en flux ?"

Fille d'un ecclésiastique, épouse de Cyril Maxon depuis l'âge de dix-neuf ans, fervente membre des ouailles d'Attlebury, elle a eu une idée assez fraîche. Dans sa vie et dans son monde, les choses lui avaient semblé terriblement solides, à l'épreuve d'un tremblement de terre !

"Je suppose que c'est vraiment la même chose à chaque époque chez les gens réfléchis, mais c'est plus répandu maintenant, n'est-ce pas ? Cela se retrouve même dans les journaux ! 'Croyons-nous ?' « Le mariage est-il un échec ? » Ce ne sont pas les réponses qui sont les plus significatives, vous savez, mais les questions. »

"Oui, je pense que je vois ce que tu veux dire – en partie." Les mots venaient d'un ton lent et ruminant. "Tu vas très loin ?" continua-t-elle avec un accent drôlement inquiet.

Il rit joyeusement. "Il n'y a pas de bombes. Je suis marié à Tora. Est-ce terrible de ne pas aller très souvent à l'église ? Jamais, je dois ajouter de la franchise, si je peux m'en empêcher."

"Je vais y aller pendant que je suis ici. Trouvez-vous drôle que je me propose soudainement pour une visite ?"

"A vrai dire, je ne pensais pas que Maxon viendrait."

"Ou que je devrais venir sans lui ?"

"Nous vous imaginions assez longtemps mariés, je l'avoue."

" Alors j'étais… donc je le suis, je veux dire. " Elle se souvint de sa promesse ; elle ne devait pas mentionner sa grande détermination. Mais elle se rendit compte que cet engagement serait difficile à tenir. Déjà, l'atmosphère de Shaylor's Patch suggérait que sa position était éminemment celle d'une conversation, d'une discussion avec un ami sympathique et ouvert d'esprit, d'une spéculation sur tous ses aspects.

"Mais il ne faut pas penser que je suis absolument cachée", a-t-elle poursuivi. "Je peux penser et agir par moi-même." Elle contournait le terrain interdit.

"J'en suis content. Est-ce que Maxon ?" Il y avait un scintillement humoristique derrière ses lunettes.

"Pourquoi parle-t-on de Cyril alors que je viens de commencer mes vacances ?" Pourtant, il n'y avait rien d'autre dont elle voulait vraiment parler. Oh, cette stupide promesse ! Bien sûr, elle aurait dû se réserver le droit de porter l'affaire devant ses amis. Mais une promesse est une promesse, aussi stupide soit-elle. Ce serait certainement le point de vue de Cyril ; et c'était la sienne. Était-ce, se demanda-t-elle, la vue de Shaylor's Patch ? Ou bien une question d'éthique comme celle-là pourrait-elle être dans une certaine mesure « en solution » ?

« Il me considère comme un horrible réprouvé ? » a demandé Stéphane.

Elle hocha la tête en souriant.

" C'est ce qu'ils font ici, mais mes amis à Londres me traitent de spécimen très doux. J'espère que certains d'entre eux viendront pendant que vous serez ici, et vous pourrez le constater par vous-même. "

"Ça ne te dérange pas d'être considéré comme un réprouvé ici ?"

"Pourquoi le devrais-je ? Je ne veux pas de leur société, pas plus qu'ils ne veulent de la mienne. Je suis plutôt aisé et je n'ai aucune ambition." Il rit. "Je suis idéalement placé pour défier le monde, si je le souhaite. Cela ne nécessite vraiment aucun courage et ne m'apporterait aucune couronne de martyr."

"Tu veux dire que ce serait différent si tu devais travailler pour gagner ta vie ?"

"Peut-être… ou si je voulais me lancer dans la vie publique, ou quelque chose de ce genre."

"Ou si tu étais une femme ?"

"Eh bien, si j'étais une femme sensible à ce que la société en général pensait d'elle. C'est l'une des raisons pour lesquelles je ne prêche pas beaucoup mes opinions. C'est très bien pour moi, mais mes convertis, le cas échéant, pourraient finir par penser qu'ils payaient trop cher, alors que le prophète s'en tirait pour rien.

Il avait un livre, elle un journal. Avec une légère absence de cérémonie , il commença à lire ; mais elle laissa son papier par terre à côté d'elle, et laissa ses pensées jouer comme elles le feraient sur le grand changement qui s'était produit dans sa vie et sur ce que cela signifierait pour elle s'il persistait, comme elle était résolue à ce que cela se produise.

« Je peux penser – et agir – par moi-même », avait-elle déclaré. Peut-être, mais ces deux exercices seraient nouveaux et étranges. Elle avait marché sur des lignes très droites ; elle s'était déplacée vers des ordres péremptoirement transmis. Une peur mêlée au soulagement de l'émancipation. On dit que les hommes qui ont été longtemps en prison sont déconcertés par le grand monde libre et animé. Cela peut être aussi vrai des prisons de l'esprit que de la Bastille elle-même.

Stephen interrompit sa lecture pour donner une autre déclaration sur son attitude. "C'est comme les deux chevaux, celui de l'écurie et celui sauvage. L'un reçoit de l'avoine et pas de liberté, l'autre la liberté et pas d'avoine. Maintenant, différentes personnes accordent des valeurs très différentes à la liberté et à l'avoine. Et de toute façon, le cheval sauvage doit avoir du fourrage d'une certaine sorte.

Son visage disparut à nouveau derrière le livre, et elle l'entendit rire joyeusement à propos de quelque chose qu'il contenait. S'il ne recevait pas d'avoine, il semblait certainement prospérer excellemment avec les autres fourrages qu'il trouvait. Mais il était indéniable que Cyril Maxon prospérait également : il réussissait, s'élevait, sans aucun doute quant à ses propres opinions ou sa propre conduite. Ou est-ce que sa détermination l'avait poussé à se poser des questions ? Il n'avait montré aucun signe lorsqu'elle s'était séparée de lui ce matin-là. « Je serai heureux de vous revoir à la fin de votre quinzaine », avait-il dit. Ces mots étaient un ordre.

Tora Aikenhead, en route vers les parterres de roses, un panier et des ciseaux à la main, s'approcha d'eux.

"Repos?" » demanda-t-elle à Winnie, de sa voix basse et agréable.

Dans le télégramme dans lequel elle lui avait proposé sa visite, Winnie avait dit qu'elle était un peu « bouleversée » par les gaietés de la ville, mais elle imaginait que la question de son hôtesse faisait référence, quoique de loin, à bien plus que celles-là, qu'elle avait discernées. les traces de détresse, les ravages causés par le passage d'une tempête.

"Magnifiquement!" Winnie répondit avec un sourire reconnaissant.

"Dick Dennehy passe le week-end avec Godfrey Ledstone, et ils viennent déjeuner et jouer au tennis demain; et Mme Lenoir descend aussi en voiture pour déjeuner", a poursuivi Tora à son mari.

"Mme Lenoir?" Il leva de nouveau les yeux de son livre avec ce drôle de scintillement derrière ses grandes lunettes.

"Oui. Encore bientôt, n'est-ce pas ? Elle doit nous aimer, Stephen."

Stéphane rit. Sa femme n'avait pas du tout compris la cause de ce scintillement. Elle ne le ferait pas, pensa-t-il. Il ne lui était jamais venu à l'esprit qu'un être humain pouvait s'opposer à une rencontre avec un autre, à moins qu'en effet de véritables agressions et coups et blessures ne soient à craindre. Mais Stephen était conscient du fait que Winnie Maxon pourrait être surprise de rencontrer Mme Lenoir — si elle savait tout sur elle. Naturellement, il attribuait des normes rigides à Mme Cyril Maxon, malgré son fier aveu d'ouverture d'esprit, qui lui avait d'ailleurs paru plutôt amusant que convaincant.

« Ledstone est notre voisin, dit-il à Winnie, le seul voisin qui nous approuve vraiment. Il a pris un cottage ici pour l'été. aux États-Unis, et un Fenian, et tout ce genre de choses, vous savez, c'est un très bon gars.

"Eh bien, je n'ai posé aucune question sur vos invités, mais depuis que vous avez commencé à me poster, qui est Mme Lenoir ?"

"Tora, qui est Mme Lenoir ?"

"Qui est-elle ? Qui devrait-elle être ? C'est juste Mme Lenoir."

Tora était visiblement plutôt surprise par la question, et n'avait pas de réponse éclairante. Mais il existe de nombreuses personnes pour lesquelles il est difficile de dire qui elles sont, à moins d'accepter comme suffisante la répétition de leurs noms.

"Je dois m'en sortir. Mme Lenoir a été mêlée une fois à une affaire très célèbre — elle est intervenue, comme on dit — et l'affaire s'est retournée contre elle. Certains ont pensé qu'elle était injustement blâmée dans cette affaire, mais... eh bien, on ne pouvait nier qu'elle était une personne plausible à blâmer. C'était il y a des années – elle doit avoir plus de cinquante ans maintenant, j'espère que vous – euh – ne jugerez pas nécessaire d'avoir une mémoire trop longue, Winnie ? »

"Je ne vois pas vraiment pourquoi il est nécessaire de le dire", remarqua Tora. "Pourquoi est-ce notre affaire?"

"Mais Winnie le fait ?" La question s'adressait à Winnie elle-même.

"Je sais pourquoi tu me l'as dit, bien sûr," répondit-elle. Elle hésita, rougit, sourit et dit "Mais ça n'a pas d'importance".

"Bien sûr que non, ma chère", remarqua Tora en s'éloignant vers ses roses.

C'est bien de dire "Bien sûr que non", mais pour Mme Cyril Maxon, il ne s'agissait pas du tout de "Bien sûr". Bien au contraire. La concession qu'elle avait faite lui paraissait remarquable. Elle avait résolu de suivre les voies de Shaylor's Patch dans tous les domaines possibles et licites – et ce n'était pas à elle, en tant qu'invitée, de créer des difficultés avec les autres invités, si une telle chose pouvait être évitée. Elle n'en était pas moins très surprise que Mme Lenoir vienne déjeuner – elle l'avait en fait trahi. En ne faisant aucune difficulté, elle sembla faire un grand pas sur le chemin de l'émancipation. C'était son premier acte de liberté ; car certainement Cyril Maxon ne l'aurait jamais permis. Elle sentait qu'elle s'était comportée avec grâce ; elle sentait aussi qu'elle avait été un peu audacieuse.

Stephen comprenait mieux ses sentiments que sa femme. Il s'était présenté à l'atmosphère qu'il respirait désormais. Tora y avait été élevée par un père libre d'esprit, qui n'avait pas les mêmes scrupules que Stephen à l'égard de son enfant. Au début, il avait respiré l'air qui, jusqu'à hier, remplissait les poumons de Winnie : l'air de Maxon.

"Je suppose que ces choses sont toutes fausses selon presque toutes les théories imaginables qui pourraient s'appliquer à une communauté civilisée", a-t-il fait remarquer, "mais tant de gens les font et s'en sortent indemnes que je ne suis jamais enclin à être dur envers les malheureux qui Non pas – je dois le dire – que Mme Lenoir ait jamais pris beaucoup de peine pour ne pas être découverte. Eh bien, si les gens veulent les faire, il est possible d'admettre une admiration sournoise pour les gens qui les font ouvertement. , et dites « Soyez pendu ! » à la société. Vous la trouverez comme une femme très intelligente. Elle est toujours très belle et a des manières vraiment, oui, vraiment grandes.

"Je commence à comprendre pourquoi tu l'as laissé tomber si facilement", dit Winnie en souriant.

Il rit. "Oh, eh bien, peut-être que tu as raison. Je suis humain, et j'ose dire que j'ai fait une petite plaidoirie spéciale. Je l'aime bien. Elle est intéressante."

"Et ça n'a pas beaucoup d'importance, n'est-ce pas ?" » a-t-elle insisté avec assez d'acuité.

"Oh, vous m'accusez de cette attitude ? Je suppose que c'est plausible. Mais je ne l'admets pas. Je dis seulement qu'il est très difficile de dire ce qui compte. Ce n'est pas la même chose, sûrement ?"

"Cela pourrait se passer à peu près de la même manière dans... eh bien, dans la conduite, n'est-ce pas ? Si vous vouliez vraiment faire une chose, ne pourriez-vous pas toujours penser que c'était une des choses qui n'avait pas d'importance. ?"

"Pourquoi ne pas y aller à fond et penser que c'est la seule bonne chose à faire ?" il rit.

Elle fit écho à son rire. "Vous devez me laisser tomber doucement, ainsi que Mme Lenoir !"

"Je le ferai, belle cousine, et, sur mon honneur, pour de tout aussi bonnes raisons."

Stephen avait apprécié son discours. Cela l'amusait et l'intéressait de la voir sortir, peu à peu, timidement, d'elle — devait-il appeler cela sanctuaire ou prison ? — et la voir jouer délicatement et craintivement avec des idées qui lui étaient familières et banales. Il remarqua chez elle une vivacité d'esprit, admirant surtout les un ou deux petits coups qu'elle lui avait donnés avec une jolie astuce. Comme il l'avait dit, il n'avait aucune envie de se convertir ; il ne s'agissait pas de la déstabiliser. Mais il était contraire à sa façon de penser de dissimuler ses propres vues ou de refuser d'échanger des opinions intelligentes parce que son interlocuteur avait un point de vue différent. Tout le monde avait des points de vue différents à Shaylor's Patch. La conversation devait-elle être interdite et censurée ?

Winnie elle-même aurait crié « Non » de tout son cœur. Se réjouissant de la paix qui l'entourait, de l'étrange liberté de l'horreur omniprésente des frictions et des querelles, du sentiment qu'elle pouvait enfin regarder le monde de ses propres yeux, sans que personne ne lui dise non, elle tendit la main avec impatience. aux choses nouvelles, ne concevant pas en effet qu'elles pourraient devenir son évangile, sa foi, mais avec une appréciation à moitié coupable, un sentiment de courage et de défi, et un véritable plaisir à exercer l'esprit qu'elle prétendait modestement posséder. . Elle était terriblement à l'étroit depuis si longtemps. Elle pourrait sûrement jouer un peu ? Quel mal à cela ? Cela ne l'engageait à rien.

En se mettant dans son lit, elle dit, comme le ferait une enfant : « Oh, je vais m'amuser ici, j'en suis sûre !

donc bon s'endormir, avec des remerciements pour aujourd'hui et un sourire de bienvenue prêt pour demain.

CHAPITRE IV

TENIR UNE PROMESSE

Les jeunes femmes modernes sont athlétiques, avec sans aucun doute un lourd avantage pour elles-mêmes, pour la race et pour la joie générale des choses. Mais pas tous ; il en est encore dont la force est de rester assis, ou du moins dont l'attrait n'est pas d'avancer vite, mais plutôt d'afficher une grâce langoureuse, de laisser entrevoir des forces latentes qu'il n'appartient pas au premier venu de réveiller. Il y a du mystère dans les forces latentes ; il y a un défi dans l'inactivité composée. Toutes les femmes qui refusent d'avoir chaud ne sont pas peintes ; Toutes les femmes qui refusent de se promener ne sont pas forcément serrées. L'affaire est plus profonde. Cette espèce n'est pas oisive et paresseuse ; il s'agit d'une affaire de femme ; il a l'air tranquille, réservé, difficile à réveiller ou à bouger – avec quel degré de conscience ou d'inconscience, jusqu'où par calcul, jusqu'où par instinct, Dieu sait ! Winnie Maxon était de ce genre. Même si elle n'était pas coupable de peinture ou de poudre, même si sa maigre silhouette pouvait se permettre de rire des baleines (bien qu'elles y soient rangées), il ne lui est jamais venu à l'esprit de se précipiter sur un terrain de tennis et de devenir très chaude et très rouge au visage. , comme le faisait Tora Aikenhead, à onze heures et demie un dimanche matin. (Observons, pour ce que ça vaut, que malgré sa déclaration de la veille, Winnie n'était pas allée à l'église.)

Le partenaire de Tora était son mari ; elle était très agile, lui un peu lent, mais un bon placeur. Contre eux, Dennehy était plutôt en colère que joué – un homme de trente-cinq ans, un peu trapu, avec des cheveux hérissés couleur sable et une moustache de la même teinte, dont la torsion martiale vers le haut était pour le moment maîtrisée par la transpiration. Il ne pouvait jouer nulle part et il jouerait au filet. Pourtant, le match fut serré, car son partenaire, Godfrey Ledstone, était vraiment un joueur, même s'il ne prenait visiblement pas ce match au sérieux. Un cliché brillant aux moments critiques, avec des excuses riantes pour un tel hasard, trahissait qu'il était dans une classe différente de ses compagnons.

Le jeu s'est terminé par la défaite des Aikenheads et les joueurs se sont rassemblés autour de Winnie. Dennehy était manifestement triomphant et de nouveau enragé lorsque ses derniers adversaires lui dirent clairement que sa part dans la victoire était moins que rien. Il a déclaré que « l'effet moral » de sa présence au filet était incalculable.

"Vos coups possèdent certainement cette qualité", a admis Stephen.

Sous le couvert de la dispute amicale, Winnie se tourna vers Ledstone, qui s'était assise à côté d'elle. Elle le trouva déjà en train de la regarder ; la conscience qu'elle désirait son attention la fit rougir un peu.

"Comme tu joues facilement ! Je veux dire, tu donnes au jeu une apparence si simple."

"Eh bien, si je veux impressionner la galerie, le vieux Dennehy est un partenaire plutôt utile, n'est-ce pas ? Mais j'avais l'habitude de jouer un peu une fois, avant de me lancer dans les affaires."

"Pas le temps maintenant ? On m'a dit que tu vas à Londres jusqu'à trois jours par semaine !"

"Je vois que Mme Aikenhead m'a trahi. Vous a-t-elle dit autre chose ?"

"Eh bien, elle m'a dit à quoi tu ressemblais, mais je le sais par moi-même maintenant."

"M'a-t-elle rendu justice, Mme Maxon ?" Il avait de jolis yeux bleus et les utilisait pour rehausser la valeur de ses mots.

"Je ne veux pas la mettre toi et elle en désaccord", sourit Winnie.

"Ah, tu veux dire qu'elle ne l'a pas fait ?"

Le sourire de Winnie restait mystérieux. C'était là un jeu auquel elle pouvait jouer, même si elle s'en était abstenue pendant de nombreux jours. Il est indéniable qu'elle y est revenue avec le plus d'enthousiasme.

"Je vais demander à Mme Aikenhead ce qu'elle a dit."

"Cela ne vous dira pas ce que j'en pense."

"Alors comment puis-je le savoir ?"

"Est-ce si important pour toi de le savoir ?"

"Je ressens juste une sorte de... enfin, un léger intérêt, je dois l'admettre." Il semblait raisonnable de supposer que le tennis sur gazon n'était pas non plus le seul jeu auquel il avait joué.

"La simple beauté n'a pas beaucoup d'importance chez un homme, n'est-ce pas ?" » dit Winnie.

"Voilà, si tu m'as donné quelque chose d'une main, tu me l'as repris de l'autre !"

« Quelles sont vos affaires, M. Ledstone ? »

"Je dessine des motifs – des motifs décoratifs pour la porcelaine, des brocarts et parfois des éventails. Je peux faire une grande partie de mon travail ici –

comme Mme Aikenhead vous l'a peut-être dit, au lieu de me représenter comme un chien paresseux, ne faisant rien pendant quatre jours. pendant la semaine."

"J'ai été amenée à vous faire une injustice", a admis Winnie avec beaucoup de gravité. "Est-ce une bonne affaire ?"

"Très sous-payé", a-t-il ri.

"Et j'ai peut-être mangé dans une de tes assiettes ?"

"Oui, ou tu t'es assis sur un de mes coussins, ou tu t'es éventé avec un de mes éventails."

« Cela semble servir d'introduction, n'est-ce pas ?

"Oh, plus que ça, s'il te plaît ! Je pense que cela devrait être considéré comme l'établissement d'une amitié."

Les trois autres s'étaient dirigés vers la maison. Winnie se leva pour les suivre. Alors que Ledstone prenait place à ses côtés, elle tourna les yeux vers lui.

"Je n'ai pas beaucoup d'amis au point d'être très difficile à ce sujet", dit-elle avec une note de mélancolie dans la voix.

Le soupçon de tristesse suivit sa raillerie avec un certain effet artistique. Pourtant, c'était assez authentique. Les quelques minutes d'oubli – de satisfaction absorbée par l'esprit et les ruses de sa femme – touchaient à leur fin. Peu d'amis l'avaient en effet ! Elle ne comptait pratiquement aucun intime en dehors de Shaylor's Patch lui-même. Être Mme Cyril Maxon était une vie exigeante ; il était limité, entravé, presque absorbé. Les maris sont parfois à peine moins jaloux de leurs amies que des hommes. Cyril en faisait partie.

La vanité de Ledstone était flattée, sa curiosité piquée. Le soupçon de mélancolie ajoutait une touche de compassion. Son tempérament susceptible avait suffisamment de matière et de réserve pour une première impression très mémorable de Mme Maxon. Bien qu'encore un jeune homme – il n'avait pas plus de vingt-sept ans – il n'était novice ni dans le côté le plus léger ni dans le côté le plus sérieux de l'amour ; il pouvait apprécier l'impression qu'il recevait et reconnaître l'impression qu'il faisait.

C'est grâce à la réserve instinctivement rusée de Mme Maxon qu'en rentrant à la maison , il se sentait encore plus sûr de vouloir lui plaire que de l'avoir déjà fait dans une mesure considérable. La réserve n'était pas tant dans les mots : elle avait laissé sa franche plaisanterie montrer assez clairement qu'elle aimait son compagnon ; il s'agissait plutôt de manières et de port d'attache. Ce n'est que sur un soupçon de mélancolie – une seule fois – qu'elle a mis ses yeux à un usage significatif. Il avait conscience d'avoir fait de plus grandes visites sur le sien. C'était assez vrai ; c'était lui l'homme, et il était célibataire. Ledstone ne pouvait pas être accusé d'un respect exagéré pour le mariage, mais il savait qu'il faisait un mauvais compliment à une femme mariée s'il supposait à l'avance qu'elle sous-estimerait les obligations de son statut.

Lorsqu'ils entrèrent dans le long salon bas et lambrissé qui donnait sur le jardin, Mme Lenoir était déjà arrivée et trônait au milieu de la pièce ; elle avait le don d'investir avec une dignité presque royale tout siège qu'elle avait la chance d'occuper. C'était une grande femme d'apparence frappante, pas grosse, mais de forte constitution, avec une quantité de cheveux blancs (disposés sous un énorme chapeau noir), un visage pâle, des yeux sombres et des sourcils noirs très droits. Elle avait de longues mains fines qu'elle utilisait constamment dans des gestes dramatiques. Stephen Aikenhead lui avait attribué une manière « vraiment grandiose ». On pouvait le trouver un peu trop grandiose, y trouver un trop fort parfum de condescendance et de gêne. Cela pourrait être dû au fait qu'elle avait été, à sa manière, presque un personnage historique – et qu'elle avait certainement côtoyé des personnages historiques. Ou bien on pouvait y voir un instinct de protection exagéré jusqu'à la hauteur, une hâte d'exiger des hommages, de peur de manquer même de respect. Quelle que soit son origine, elle était là, mais pas dans une mesure assez forte pour gâcher fatalement l'effet de sa beauté ou l'attrait de sa personnalité. A l'exception du chapeau, elle était habillée très simplement ; bien plus, même le chapeau est devenu simple, lorsque le spectateur a eu le temps de le maîtriser. D'un côté, elle ne portait que son alliance - elle avait épousé M. Lenoir assez tard et était maintenant veuve depuis plusieurs années - de l'autre un seul diamant fin, généralement considéré comme d'époque anté-lenoirienne. Lord Hurston était une attribution probable.

Winnie était en mer, mais trouvait la brise exaltante et n'était pas perturbée par le mouvement. C'était un être réactif, prenant la couleur de son environnement. Un peu moins d'exigence de la part de son mari aurait pu faire d'elle une épouse à jamais obéissante ; Ce qu'une liberté de pensée, d'action et d'exploitation d'elle-même plus étendue pourrait faire — et aboutir — se suggérait dans une vague question vague en ce premier jour complet de liberté.

Au déjeuner, Dick Dennehy ne pouvait échapper à sa victoire au tennis sur gazon. Il commença par exposer la théorie du jeu. Il fut entendu en silence, jusqu'à ce que Tora Aikenhead observe de son ton serein : "Mais tu ne joues pas bien du tout, Dick."

"Quoi?" cria-t-il avec indignation en essayant de tordre une moustache encore humide.

"La théorie contre la pratique, c'est toujours ainsi", a déclaré Stephen.

"Eh bien, dans un sens, vous avez raison", concéda Dennehy. "Il faut un prêtre pour vous dire quoi faire et un homme pour le faire."

"Mettons un 'non' dans la première moitié de la proposition", a déclaré Ledstone.

"Et une femme en seconde période ?" » ajouta Mme Lenoir.

"C'est sûrement pour ça qu'ils s'aiment tant", suggéra Dennehy. "Chacun justifie si bien l'existence de l'autre. Ils se maintiennent au travail !" Il se frotta les mains avec un rire agréablement enfantin.

"J'essaie toujours d'être sérieux, même si c'est très difficile avec les gens qui viennent chez moi." Stephen était hypocritement grave.

"Vous êtes sérieux parce que vous êtes athée", observa Dennehy.

"Je ne suis pas athée, Dick."

"Le Pape vous appellerait tel, et c'est suffisant pour un bon catholique comme moi. Comment ne pas vous comporter correctement quand vous ne croyez pas que la pénitence puisse vous faire du bien ?"

"Le point faible de la pénitence", a fait remarquer Tora, "c'est qu'elle ne fait aucun bien à l'autre partie".

Winnie risqua une question douce : « L'autre partie ?

"Il y en a toujours un", a déclaré Mme Lenoir.

Stéphane sourit. "J'aime toujours chercher un exemple contradictoire. Or, si un homme se boit à mort, il profite des revenus, il accélère la richesse de ses héritiers, favorise le succès de ses rivaux, satisfait l'inimitié de ses ennemis et enrichit." la conversation de ses amis. Quant à son travail, s'il en a, *il n'y a pas d'homme nécessaire* .

"Il me semble que tout irait bien si personne ne perdait son temps et ses efforts pour l'arrêter", a déclaré Dennehy, un abstinent, et l'instant d'après buvant de la bière au gingembre de manière immodérée.

"Il serait sûr de faire du mal à quelqu'un", a déclaré Mme Lenoir.

"Et pourquoi ne pas blesser quelqu'un ? Je suis sûr que quelqu'un me fait toujours du mal", objecta vivement Dennehy. "Comment le monde s'en sortirait-il autrement ? Est-ce que je ne garde pas mon cantonnement seulement jusqu'à ce qu'un homme meilleur puisse me chasser ?"

"Oui," dit Stephen. "'Le prêtre qui a tué le tueur et sera lui-même tué' : ce système n'est en aucun cas obsolète dans la civilisation moderne."

"Obsolète ! C'est son âme, son essence, son évangile." C'est Mme Lenoir qui a parlé.

"Une définition de la concurrence ?" demanda Stéphane.

"Oui, et du progrès, comme on dit."

Tora Aikenhead était consolatrice, bienveillante et imperturbable. « Être tué quand on est vieux et faible, qu'en est-il ?

"Mais vous ne pensez pas que vous êtes vieux et faible. C'est ça le choc", s'écria Dennehy.

"C'est plutôt un choc", a reconnu Mme Lenoir. "La vérité sur soi-même est toujours un choc, ou même la véritable opinion d'une autre personne."

Winnie Maxon se souvenait de la façon dont elle avait administré à son mari son « affreux visage » ; elle se rappelait aussi, plutôt tristement, qu'il l'avait bien pris. Il faut toujours blesser quelqu'un, même quand on veut un droit aussi évident que la liberté ! Une déclaration définitive d'incompatibilité doit être blessante, du moins lorsqu'elle n'est pas réciproque.

C'est une chose ennuyeuse d'avoir, voire de constituer en sa propre personne, un cas pertinent et intéressant, et de se voir interdire de le produire. Si seulement Winnie Maxon pouvait porter son cas devant l'entreprise alors qu'ils étaient si bien d'humeur à s'en occuper ! Elle sentait non seulement qu'elle recevrait de précieux conseils (dont elle ne pouvait douter qu'ils soient favorables à son côté), mais aussi qu'elle prendrait elle-même un nouveau rang ; Fournir un dossier à ces esprits spéculatifs doit être un passeport pour leur estime. Regrettant amèrement sa malheureuse promesse, elle commença à contester la justice de s'être tenue liée par cette promesse, et à accuser son mari des motifs qui l'avaient extorqué. Il a dû vouloir la priver de ce qu'elle rechercherait naturellement et à juste titre : les conseils de ses amis. Il a dû vouloir l'isoler, la laisser mener seule son acharné combat. Bavarder en public était une chose, consulter deux ou trois bons amis en était sûrement une autre ? Les promesses doivent être tenues ; mais ne devraient-ils pas aussi être interprétés raisonnablement, surtout lorsqu'ils ont été exigés pour des motifs aussi douteux ?

S'égarant ainsi, sans doute pour la première fois de sa vie, dans les dédales de la casuistique, la novice aventureuse fut récompensée par une idée vraiment géniale. Pourquoi ne présenterait-elle pas son cas en termes généraux, comme un exemple imaginaire, hypothétique ? La promesse serait tenue, mais les conseils et le réconfort (car, bien sûr, les conseils seraient confortables) seraient au rendez-vous. Aussitôt conçu, aussitôt exécuté ! Seulement, malheureusement, l'exécution s'est accompagnée de beaucoup de confusion et de rougeurs non négligeables – une démonstration certes pas inconvenante, mais tristement compromettante. C'était aussi bien qu'ils soient arrivés à l'étape du café et que la femme de chambre ait quitté la pièce.

Dennehy ne l'a pas découverte. Ce n'était pas un homme observateur et il s'intéressait plus aux questions générales qu'aux personnes individuelles. Winnie eut donc l'avantage d'entendre une dénonciation approfondie de la ligne de conduite qu'elle avait adoptée et qu'elle était résolue à maintenir. Les royaumes pourraient — et dans la plupart des cas devraient — tomber ; c'était une question de politique. Mais le mariage et la famille, c'était une question de foi et de morale. Il a demandé à l'hypothétique dame de Winnie d'endurer ses souffrances et de chercher sa récompense ailleurs. A la fin de ses propos, Tora Aikenhead sourit et lui offrit un abricot confit. Il avait certainement parlé avec beaucoup de chaleur.

Stephen devina la vérité, et cela expliqua ce qui l'avait intrigué dès le début : la visite soudaine de sa cousine, non accompagnée de son mari. Il avait soupçonné une dispute. Mais il n'avait pas deviné de rupture. Il fut surpris du courage de Winnie ; il faut avouer qu'il était aussi assez stupéfait qu'on lui demande de considérer Cyril Maxon comme si invivable. Cependant, Winnie devrait être la mieux placée pour le savoir.

"Oh, voyons, Dick, il y a des limites — il doit y en avoir. Vous serez peut-être obligé de prendre la ligne haute, mais le reste d'entre nous est libre de juger les affaires sur le fond. À cette heure de la journée, vous ne pouvez pas vous attendre à ce que les femmes rester assis dessus et écrasé toute leur vie.

Godfrey Ledstone n'avait pas beaucoup parlé. Maintenant, il s'est rangé du côté de Winnie.

"Un homme doit apprécier une femme, ou comment peut-il lui demander de rester avec lui ?"

"Je ne vois pas pourquoi elle ne ferait pas ce qu'elle veut", a déclaré Tora. "D'autant plus que tu mets en scène un cas où il n'y a pas d'enfants, Winnie."

Mme Lenoir était plus réservée. "Qu'elle se décide à tout supporter ou à ne plus le supporter du tout. Parce qu'elle ne changera jamais un homme comme ça."

Un seul qui affirme le contraire — et c'est un témoin nécessairement prévenu ! Elle réclama Mme Lenoir pour elle, malgré la réserve. Les trois autres étaient évidemment pour elle. Winnie était heureuse d'avoir défendu sa cause. Non seulement elle était réconfortée ; d'une manière ou d'une autre, elle se sentait plus importante. N'étant plus une simple auditrice, elle avait contribué au débat. Elle se serait sentie encore plus importante si elle avait eu la liberté de déclarer que c'était elle-même qui incarnait l'objet en question.

Pour une telle conséquence supplémentaire, elle n'eut pas longtemps à attendre. Après le départ des invités, Stephen Aikenhead est venu la rejoindre dans le jardin.

"Je ne veux pas me mêler de ce qui ne me regarde pas, mais je pense que certains d'entre nous avaient l'idée que... eh bien, que tu parlais de toi, en fait, au déjeuner. Ne dis rien si tu ne veux pas." Seulement, bien sûr, Tora et moi aimerions vous aider.

Elle le regarda, rougissant à nouveau. « J'ai promis de ne pas le dire. Mais puisque vous l'avez deviné… »

"J'en suis terriblement désolé."

"Au moins, j'ai promis de ne rien dire jusqu'à ce que ce soit réglé. Eh bien, c'est réglé. Donc, je n'ai pas vraiment rompu ma promesse."

Stephen ne jugeait pas nécessaire – ni peut-être facile – de porter un jugement sur ce point.

"En tout cas, il vaut mieux que nous le sachions, je pense. Je suis sûr que tu trouveras Tora capable de t'aider maintenant."

Elle ne pensait pas à Tora, ni à la tirade de Dennehy, ni même à la réserve de Mme Lenoir.

« Pensez-vous que M. Ledstone… l'ait deviné ? »

Stéphane sourit. "Il a pris une position très nette du côté de la femme lorsque vous exposez votre parabole. Je devrais dire qu'il est probable qu'il a deviné."

ainsi que le secret fut divulgué, bien que la promesse fut tenue ; et Winnie se retrouvait un objet de sympathie et son destin une question d'importance à Shaylor's Patch. Il suffit peut-être de dire qu'elle se serait conduite très bien si, pour une interprétation scrupuleuse de sa promesse, elle avait renoncé à ces consolations. Ils étaient très réels et précieux. Ils niaient la triste finalité qu'elle avait fixée à sa vie de femme. Ils ont transformé son cas ; au lieu d'un échec, c'est devenu un problème. Un peu d'audace de vision, une bouffée d'air libre de Shaylor's Patch, une gorgée du vin nouveau de la spéculation - et voilà la victime devenue expérimentateur !

CHAPITRE V

LES GRANDS ALLIÉS

Même si le révérend Francis Attlebury avait voué dans son âme au célibat et n'avait jamais flirté depuis qu'il avait obtenu son diplôme à Oxford il y a vingt-trois ans, il avait plus de connaissances sur l'esprit de la femme que la plupart des hommes mariés n'en acquièrent avec plaisir ou douleur. Les femmes venaient à lui avec leurs ennuis, leurs griefs, parfois même leurs péchés ; ce n'était pas plus son affaire de faire caca sur les griefs que d'atténuer les péchés ; on ne porte pas une croix avec plus de gaieté et, en général, plus loin, parce qu'un passant assure qu'elle est en réalité très légère.

C'était un homme grand et robuste – un de ses griefs était qu'il avait l'air abominablement bien nourri en dépit d'un constant renoncement à lui-même – et il possédait un visage d'une jovialité native et invincible. Il avait maintenant l'air plutôt jovial en écoutant Cyril Maxon, reconnaissait qu'il avait été honteusement utilisé et concluait dans son esprit que si les négociations devaient se poursuivre dans cet esprit, elles pourraient tout aussi bien ne pas être engagées du tout. Il ne s'agissait pas de prouver à quel point elle avait eu tort de partir, mais de la récupérer. Elle aurait plus de chances de revenir si l'on lui reconnaissait qu'elle avait au moins une bonne excuse pour y aller. Cyril Maxon ferait-il une telle concession – ou laisserait-il quelqu'un la faire à sa place ?

Les deux hommes étaient de vieux amis intimes ; de plus, Maxon était même désireux de reconnaître une autorité dans le bureau d'Attlebury, ainsi qu'une confiance dans son jugement personnel.

"Tu ne lui feras pas croire qu'elle a toujours eu tort en prouvant que tu as toujours eu raison, Cyril."

"Dois-je dire que j'avais tort là où je sais que j'avais raison ?"

« Vous avez probablement déjà dit que vous aviez raison. Avez-vous besoin de le répéter ? »

"Je suis prêt à lui pardonner, absolument et sans réserve."

« Voudriez-vous aller un peu plus loin, faire quelque chose de plus difficile ? Accepter le pardon ? Le diplomate sourit. "Pardon conditionnel, on pourrait peut-être l'appeler. Pardon au cas où elle aurait quelque chose à pardonner ?"

Maxon éclata d'une impatience naturelle face à l'incompréhensible. " Sur mon honneur, je ne comprends pas de quoi elle a à se plaindre. Je l'ai tirée d'un foyer pauvre, je lui ai donné tout le luxe, elle partage ma carrière... Je n'ai pas besoin de faire preuve de modestie avec vous, Frank... Je lui ai donné une fidélité absolue... » Il termina par un geste désespéré des mains.

Attlebury n'a ni argumenté ni réprimandé. "Y a-t-il quelqu'un qui a de l'influence sur elle, qu'elle aime et sur qui elle compte ?"

« Je détesterais que quelqu'un d'autre soit entraîné là-dedans – sauf toi, bien sûr. Je lui ai demandé de venir vers toi.

"Oh, je sais que je suis suspect. Je ne devrais pas être bon." Il sourit avec contentement. "Personne à qui tu puisses penser ?"

"Eh bien, l'homme qu'elle a consulté à ce sujet était Hobart Gaynor." Son ton était plein d'aversion à contrecœur à l'égard d'une telle consultation.

"Hobart Gaynor ? Oui, je le connais. Ce n'est pas un mauvais choix, Cyril, si elle sentait qu'elle devait s'adresser à quelqu'un. Ce n'est pas tout à fait notre façon de penser, mais c'est un très bon garçon."

"Pourquoi met-il son nez dans mes affaires ?"

" Allons, allons, elle a mis son joli nez dans son bureau, sans aucun doute, et il préférerait probablement qu'elle ne le fasse pas. J'ai l'expérience des dames en détresse, Cyril. Je suis, en fait, comme le Grand Duc. " dit des auteurs - lorsqu'il était chancelier d'Oxford, vous savez - très exposés à eux.

"Je ne suis pas venu ici pour discuter de Hobart Gaynor."

" J'espère que nous faisons parfois des choses plus sages que ce que nous faisons — ou à quoi sert une conversation ? Parlons de Hobart Gaynor à la lumière, disons, d'un ambassadeur ou d'un intermédiaire. Vous avez l'air très formidable, Cyril. . Avez-vous souvent regardé Mme Maxon comme ça ? Si c'est le cas, j'espère qu'elle aurait fait quelque chose de vraiment méchant, parce que si elle ne l'avait pas fait, vous l'avez fait.

À cet instant précis, la note de réprimande et d'autorité résonna clairement dans sa voix. Le lendemain, il redevint l'ami, le conseiller, le diplomate.

"Laissons Gaynor lui transmettre un message de paix. Le passé sera révolu, les fautes des deux côtés, un nouveau départ, et ainsi de suite."

Cyril Maxon avait ressenti le reproche ; il baissa la tête. Mais il s'inquiétait terriblement.

"Je ne peux pas me résoudre à lui en parler."

"Laissez-moi. C'est votre femme, vous savez. Si elle avait mal tourné, ne pourriez-vous pas penser qu'un de vos efforts aurait… eh bien, aurait fait la différence ?"

"Que dois-je lui dire de dire ?"

"Laisse-moi lui dire quoi dire – tu essaies d'honorer mon projet lorsqu'il est présenté. Peut-être – Dieu sait – nous nous battons pour son âme, Cyril, et on nous demandera comment nous nous sommes comportés dans le combat, shan. n'est-ce pas ?

Cyril Maxon était toujours prêt à reconnaître qu'il avait peut-être eu tort – à le reconnaître à Dieu ou au représentant de Dieu ; il détestait le confier à un semblable sans prérogatives. Attlebury avait habilement déplacé le lieu et changé le tribunal. Un homme peut être sûr qu'il a raison contre sa femme – ou *vice versa* . Qui ose présenter une déclaration « non coupable » sans réserve devant la Haute Cour du Ciel ? Il est certain que certains chefs d'accusation dans l'acte d'accusation seront bien formulés et bien prouvés.

"Je pense que je connais mes défauts", a-t-il déclaré avec une humilité complaisante.

Le sourire d'Attlebury devint encore plus jovial. "Ô savant gentleman !"

Le disciple tenait toujours l'homme naturel sous contrôle. Maxon sourit, quoique aigrement.

"J'ai peut-être été exigeant."

"Vous étiez peut-être un âne", sauta aux lèvres de l'ecclésiastique, mais resta muet. "Des allocations, Cyril, des allocations !" murmura-t-il doucement. "Nous devons tous travailler avec des allocations."

"Faites ce que vous voulez, Frank. Je veux que les choses soient mises au clair. Vous le savez. Je pense que je devrais avoir de sa part une expression de... enfin, de regret."

"Tu ne reviendras pas pour le transmettre ?" Attlebury sourit. "En fait, plutôt de force ?"

Resté seul, le prêtre se livra à un de ses divertissements : la contemplation de la folie de ses disciples. Ce n'était pas une folie de croire en lui et en son autorité : sur ce point, il était d'une sincérité irréprochable. Ce qui a touché sa veine satirique, c'est qu'il fallait tous les duper – et ils étaient tous crédules. Avant de pouvoir les améliorer, il fallait les convaincre qu'ils étaient meilleurs qu'ils ne l'étaient déjà. De misérables délinquants ? Certainement. Mais avec des « potentialités » ? Encore plus certainement – et à un degré inhabituel. Pas question de briser le roseau meurtri, il faut le mettre en éclats. Et le lin fumé serait ravivé avec un filet de kérosène. Ce pape s'était complètement trompé à propos de Tannhäuser ; il aurait dû lui dire que ses actes récents ne représentaient pas sa vraie personnalité. Il y a de la joie pour un pécheur qui se repent. Pour Attlebury, il y avait de l'enthousiasme à l'idée d'une telle possibilité. Il le savait, il s'en voulait ; la gloire n'était ni en lui ni pour lui. Mais l'instinct sportif était profond – une cause de pénitence douloureuse et d'amusement perpétuel et non régénéré de lui-même.

"J'aimerais battre ces mendiants libres-penseurs !" AMDG ? Il pria à genoux pour qu'il en soit ainsi – et de manière si exclusive – que le révérend Francis Attlebury ne recherche et n'obtienne aucun avancement, aucune louange, pas même la louange de Dieu, mais puisse quand même dire : « Je suis un serviteur inutile ». et j'y crois toujours.

A tout cela s'ajoutait, jusqu'au plus profond de son être, la rivalité primitive d'homme à homme, obstinée dans le cœur du prêtre célibataire. "Ce cher vieux Cyril est un imbécile avec les femmes. Il n'y connaît rien." Cette phase de pensée a été sévèrement réprimée. Ce n'est pas une branche du savoir sur laquelle il appartient à un homme – pas même à un ecclésiastique – de se flatter. En premier lieu, c'est faux ; au deuxième – ou au même – endroit, dangereux.

Ainsi, de grandes forces ont commencé à se déployer contre la petite Winnie Maxon, considérant son affirmation de liberté comme un grave scandale et une grave offense. Il y avait la Famille, incarnée dans son mari légitimement marié ; il n'y avait rien de moins que l'Église catholique, parlant inexorablement selon les phrases diplomatiques de M. Attlebury ; la Sagesse du Monde, sa logique, son bon sens devaient trouver leur expression – et quelle meilleure expression ? – chez l'ami sobre, l'avocat avisé, l'homme modéré Hobart Gaynor. Pourrait-elle lancer un défi à ces grands alliés ? Si tel était le cas, pourrait-elle espérer autre chose qu'une défaite totale et immédiate ? Juste une petite femme, pas très forte, pas très sage, avec en réalité pour seul argument une idée très nébuleuse et floue selon laquelle, quoi qu'ils disent tous, c'était dommage qu'elle soit malheureuse toute sa vie ! Les alliés lui diraient que beaucoup de gens ont été malheureux toute leur vie, mais (ajouteraient-ils) personne n'a besoin de l'être. A eux deux, ils avaient un remède complet. C'était sa faute, pas la leur, si elle ne voulait pas l'avaler.

A Shaylor's Patch, alors que les journées d'été s'écoulaient sous le soleil et dans des brises chaudes et parfumées de fleurs, où elle était réconfortée, caressée, louée, où régnait une indulgence infinie, elle avalait quelque chose de tout à fait différent du médicament que les alliés proposaient pour lui. son traitement. Elle buvait un vin nouveau et capiteux. Elle voyait avec de nouveaux yeux, voyageait à travers de nouvelles terres de pensée et de sentiments. Son esprit se réjouissait comme d'une grande émancipation - de pouvoir enfin bouger, vivre, se retrouver, rencontrer ses semblables, rendre grâce à un monde non plus son maître d'oeuvre, mais le pourvoyeur de ses joies et de ses mieux dans ses plaisirs. De quoi devrait-elle avoir peur dans une telle humeur, de quoi aurait-elle honte ? À Shaylor's Patch, il semblait que la rébellion serait non seulement admirable, comme c'est souvent le cas, mais qu'elle serait facile, ce qui est très rarement le cas.

Pour le Grand Monde réel – cet amalgame de toutes les forces des trois alliés, cette chose puissante qui enveloppe tellement la plupart des gens du berceau à la tombe que leurs spéculations ne s'y éloignent pas plus – et souvent bien moins – que leurs actions – Cette grande chose avait à peine un représentant parmi tous ceux qui allaient et venaient. Ces gens appartenaient à différents petits mondes, qui s'étaient pour ainsi dire détachés du grand, et avaient acquis leurs propres petites atmosphères et petites orbites ; de temps en temps, ils se heurtaient, mais personne ne s'en souciait : aucune des deux planètes ne semblait être une épingle meilleure ou pire pour la rencontre. Chacune était habitée par quelques maîtres et un corps de disciples parfois peu plus nombreux ; les enseignants et les disciples semblaient très occupés, très heureux et (pour être franc) dans de nombreux cas agréablement satisfaits d'eux-mêmes. Ils ont peur du grand monde – de peur qu'ils n'entrent en collision avec lui et ne soient réduits en miettes à de misérables atomes ? Même pas un peu! Car, voyez-vous, le grand monde était, malgré son apparence imposante et menaçante, réellement moribond, alors qu'eux étaient jeunes, vigoureux, en croissance. La paralysie s'était installée dans les jambes du Géant. Il ne pouvait pas les attraper. Bientôt, la maladie allait atteindre son cœur. Il mourrait et ils partageraient tous ses biens. Se disputeraient-ils entre eux, ces enfants du progrès ? Ils le feraient probablement, comme ils l'admirèrent joyeusement. Ce qui importe? De telles querelles sont stimulantes, bonnes pour le cerveau et le cœur, éclairantes. Enfin, pas de querelles du tout. La seule véritable querelle mortelle fut avec le Géant. N'y aurait-il aucun danger de voir naître un nouveau Géant, né de l'union de tous, tout aussi despotique, tout aussi léthargique que l'ancien ? Ils ne sont pas entrés dans cette spéculation lointaine, et leur patience discrète peut être imitée ici.

Dans l'ensemble, ils furent probablement trop durs envers le Géant ; ils n'ont pas suffisamment pris en compte les difficultés liées au fait d'être si grand, si lourd et si complexe. Ils lui reprochèrent de ne pas avoir tenté toutes les expériences imaginables ; il rétorqua qu'il ne voulait pas risquer une explosion à grande échelle. Ils se moquaient de lui parce qu'il ne courait pas ; une créature de sa taille était plus en sécurité en promenade. On lui proposa toutes sortes de préparations nouvelles ; il craignait une indigestion à grande échelle. Il redoutait et détestait certains d'entre eux ; à certains moments, il était très amusé ; pour d'autres, il avait une admiration lente – ils avaient peut-être raison, il lui faudrait une génération ou deux pour y réfléchir, et il le leur ferait savoir en temps voulu par ses canaux accrédités.

Pour certains amis de Stephen Aikenhead, il était un peu difficile de penser en tant qu'êtres humains ; ils semblaient simplement incarner des opinions.

Le docteur Johnson a observé un jour – et peu de personnes seront en désaccord avec lui – qu'il serait fastidieux d'être marié à une femme qui parlerait sans cesse de l'hérésie arienne. Mme Danford, une femme aux yeux vifs et aux mouvements vifs, dénonçait sans cesse les écoles de garçons. Dennis Carriston voulait que la race humaine prenne fin et, de manière assez constante, a ennuyé les membres existants presque jusqu'à leur extinction ou son meurtre. C'étaient des adeptes de la mode ; mais la majorité ne méritait pas équitablement cette description. C'étaient des ouvriers, des réformateurs, des questionneurs, tous sérieux, beaucoup intelligents, certains même pleins d'humour (ce qui n'est pas si courant chez les réformateurs), un ou deux éminents par leurs réalisations. Mais tous les questionneurs et les spéculateurs – à deux exceptions notables près, Mme Lenoir et Godfrey Ledstone. Ces deux-là n'avaient aucune querelle avec l'opinion orthodoxe et avaient pour elle un très grand respect ; ils n'auraient jamais pensé à justifier leurs écarts par rapport à la pratique orthodoxe. Ils étaient prêts à payer leurs amendes – s'ils étaient arrêtés – et ne contestaient pas la compétence du magistrat.

Godfrey Ledstone aurait fait un excellent « homme de la ville », ce maître inconditionnel, serein et païen des arts et du luxe de la vie. La pauvreté froide – les moyens limités et la nécessité de travailler – limitaient ses opportunités. En eux, il était fidèle au type et obéissant au code, profitant de ses élasticités, soucieux de l'observer là où il était rigide ; jusqu'à présent, il ne trouvait d'ailleurs aucune violation à se reprocher.

Il ne commettait désormais aucune infraction. Ne pas faire ce qu'il faisait l'aurait, à ses propres yeux, qualifié de fou, d'homme aux manières disgracieuses et à la sensibilité défectueuse, de prude et d'idiot.

La brise remuait les arbres ; tranquillement, à l'abri des nuages grossiers, le soleil se coucha ; une tranquillité langoureuse masquait la lutte acharnée des bêtes et des hommes : les hommes cessaient de leur travail, le lion ne cherchait pas encore sa nourriture auprès de Dieu.

"J'irai dans ma tombe en me demandant si le profil ou le visage complet est meilleur."

Elle s'agita paresseusement sur sa longue chaise, et lui donna le profil à considérer à nouveau.

"Beau, mais froid, distant, vraiment décourageant !"

"Vous dites autant de bêtises que Mme Danford ou M. Carriston."

"Maintenant, laissez-moi faire la comparaison ! En pleine face, s'il vous plaît !"

"Vous allez peut-être me peindre un tableau. Maintenant, êtes-vous content ?"

"Je suis plus ou moins apaisé... pour le moment."

Stephen Aikenhead se prélassait sur la pelouse, la pipe à la bouche. Il remarqua les deux et secoua sa tête hirsute — marquant, questionnant, trouvant tout cela très naturel, voyant les ennuis que cela pouvait apporter, sans formule pour l'essayer — à moins que, là aussi, les choses ne soient en solution.

Elle rit légèrement. "Vous devez être prudent avec moi, M. Ledstone. N'oubliez pas que je ne suis pas habitué à la flatterie !"

"Les choses auxquelles vous êtes habitué ! Bon Dieu !"

"J'ose dire que j'exagère." Délicatement, elle demanda plus de pitié, plus d'approbation.

"Je ne le crois pas. Je crois qu'il y a des choses pires, des choses dont on ne peut pas parler." On verra qu'à présent, dix jours après l'arrivée de Winnie, la fameuse promesse avait été complètement jetée par-dessus bord.

"Oh, je ne pense pas, vraiment non. N'est-ce pas un joli ciel, M. Ledstone ?"

" En effet , c'est vrai, et c'est un joli monde aussi, Mme Maxon. Ne l'avez-vous pas trouvé ainsi ? "

"Pourquoi tu continues à parler de moi ?"

« Est-ce que je ne peux pas parler de la chose à laquelle je pense ? Comment puis-je m'en empêcher ? »

Son sourire, indulgent envers lui, plaidait pour elle aussi.

"C'est horriblement difficile de ne pas le faire, n'est-ce pas ? C'est pourquoi j'ai tout raconté, je suppose."

Stephen Aikenhead, après avoir secoué la tête, était entré dans la maison, cherchant une nouvelle recharge pour sa pipe. Il trouva le courrier du soir et, n'ayant rien d'autre à faire, apporta une lettre à Mme Maxon.

"Pour toi", dit-il en faisant une apparition soudaine et quelque peu déconcertante à son coude. Il souffla régulièrement, tendant la lettre à Winnie, tandis qu'il regardait son ami Godfrey avec un regard gentil mais interrogateur.

« Mon Dieu, Stephen ! »

"Eh bien, j'aime toujours les lettres qui valent un 'Bon Dieu', Winnie."

"Hobart Gaynor vient ici demain."

"Je ne connais pas ce monsieur. Un de vos amis ? Très heureux de le voir."

"Venant de... de Cyril !"

"Oh!" Le petit mot était considérablement allongé. "C'est une autre paire de chaussures !" semblait-il dire.

Elle se redressa et posa ses pieds sur le sol.

"Pour me faire revenir, je suppose !"

"On ne pouvait guère s'attendre à ce qu'il ne tente pas sa chance – Cyril, je veux dire."

Ses yeux étaient tournés vers Stephen. En les ramenant à sa lettre, elle capta au passage le regard de Godfrey Ledstone. La rencontre dura une seconde ou deux. Elle fit tourner sa jupe, sur une cheville exposée inconsidérément par son mouvement rapide. Son regard tomba à la lettre. Celui de Godfrey restait sur son visage – et elle le savait bien.

"Je dois voir Hobart, mais je n'y retournerai pas. Je ne le ferai pas, Stephen."

"Très bien, ma chère. Restez ici - plus longtemps, mieux ce sera pour nous. Dois-je envoyer un message à Gaynor pour qu'il vienne ?"

"Veux-tu?"

Le dernier regard de Stephen – considérablement brouillé par la fumée de tabac – était plutôt une reconnaissance des faits qu'un jugement. "Je suppose que tout cela comptera", pensa-t-il en rentrant à la maison. Cela comptait certainement. Godfrey Ledstone ne faisait rien contre le code. Il introduisait néanmoins une complication dans le problème de Winnie Maxon. Au début, la liberté avait pour elle un contenu négatif : c'était l'affranchissement des choses, des frictions, des querelles, de l'écrasement. Était-ce tout ce que signifiait cette liberté ? N'était-ce pas pour autant en faire une chose vide et stérile ?

"Vous serez ferme, Mme Maxon ?"

Godfrey se pencha en avant sur sa chaise ; le changement d'attitude le rapprocha étonnamment d'elle. Elle se leva rapidement, en retraite instinctive.

"Je dois entendre ce que Hobart a à dire." Elle croisa son regard une fois de plus et lui sourit d'un air suppliant. Il haussa les épaules, l'air boudeur. Ses lèvres se courbèrent en un sourire plus large. "C'est juste envers Cyril. Tu ne viens pas dîner ? Alors... bonne nuit."

CHAPITRE VI

FRUIT DE L'ARBRE

Hobart Gaynor entreprit son ambassade à contrecœur. Il était très occupé par ses propres affaires – il devait se marier dans quinze jours – et il n'a été convaincu qu'à contrecœur par la suave démonstration de M. Attlebury quant à l'endroit où se trouvait son devoir, et par les belles promesses que ce zélé diplomate a faites à Cyril. Le nom de Maxon. Abandonnant la question de savoir si tout allait mal dans le passé, Attlebury s'engagea à ce que tout aille bien à l'avenir ; tout ce qu'une femme raisonnable peut demander, avec une large marge pour les caprices par-dessus le marché. C'était l'offre, en bref. Gaynor en doutait et, même s'il souhaitait du bien à Winnie Maxon, il ne désirait en aucun cas devenir responsable d'elle ; il ne voulait ni persuader ni dissuader. En fait, au début, il se contenterait de présenter équitablement l'invitation de Maxon. Attlebury a persisté ; la femme était jeune, jolie, d'un caractère peu stable ; sa seule sécurité était d'être avec son mari. Son vieil ami n'a pas pu résister à l'appel ; il est entré en ligne. Mais lorsqu'il demanda à Cicely Marshfield d'applaudir son action, il ne put s'empêcher de sentir qu'elle était, pour reprendre son expression familière, plutôt « reniflante » à ce sujet ; elle ne semblait pas pleinement apprécier son obligation de sauver Winnie Maxon.

Il arriva à Shaylor's Patch avant le déjeuner. Stephen Aikenhead le reçut avec une cordialité, légèrement teintée, semble-t-il au visiteur, de compassion. Les manières de Tora renforçaient l'impression ; elle le traitait comme un homme bon voué à l'échec. " Bien sûr, vous devez lui parler", a déclaré Stephen. "Vous l'aurez après le déjeuner." Il a parlé du discours plutôt comme d'une cérémonie à accomplir que comme d'une conférence susceptible de produire des résultats pratiques.

« J'espère que vous me soutiendrez – et Mme Aikenhead aussi ? dit l'ambassadeur.

Les Aikenheads se regardèrent. Tora sourit. Stephen se frotta le front. Au moment où le déjeuner était annoncé, et le lendemain, Winnie entra dans la pièce, suivie de près par Godfrey Ledstone.

Quand Hobart la vit, un nouveau doute l'envahit – un doute non pas sur le succès (il en doutait déjà assez), mais sur le bien-fondé de sa mission. Elle ressemblait à une femme différente du rebelle désespéré qui était venu le voir à Lincoln's Inn Fields. Ses yeux étaient brillants, il y avait de la couleur sur ses joues ; ses manières, sans perdre leur quiétude et leur retenue attrayantes, étaient gaies et joyeuses. Il y avait peut-être quelque chose dans ce qu'elle avait dit sur le fait d'avoir été « écrasée » chez son mari ! Il ne s'agit peut-être pas simplement d'un simple épanouissement de rhétorique féminine.

"Le pays a fait des merveilles pour toi, Winnie", dit-il en lui serrant la main.

"Je me repose bien." À Hobart, elle sembla ajouter : « Pourquoi venez-vous le déranger ?

Un autre présage défavorable aux yeux de l'envoyé était le plaisir évident qu'elle prenait à la présence et à la conversation de Ledstone ; et une autre encore était la certitude discrète mais évidente du jeune homme que tout ce qu'il disait et faisait serait bien reçu. Devant les attentions fascinantes de Ledstone, tout autant que l'amitié affectueuse et indulgente des Aikenheads, il dut lui demander de lui tourner le dos. Pour quoi? Un paquet de promesses faites par Attlebury au nom de Maxon ! Avaient-ils une valeur pratique bien plus grande que ce que promettent et font les vœux des parrains et des marraines lors du baptême d'un bébé ? Pourraient-ils changer l'homme naturel en Maxon et lutter contre son péché originel ? Mais, d'un autre côté, les amitiés indulgentes, et plus encore les attentions charmantes, n'étaient-elles pas exactement les dangers contre lesquels il était venu la mettre en garde ? Elle était jeune, jolie et d'un caractère pas très stable — les mots d'Attlebury revinrent. L'amitié indulgente minerait ses défenses ; alors les attentions charmantes délivraient leur assaut. Non, Attlebury avait raison, sa propre mission était juste ; mais cela était dur pour la pauvre Winnie Maxon. Messager réticent, prophète trop sensible à l'autre côté du débat (ce que les prophètes ne devraient jamais être), il ne se trouva pas à la hauteur des forces qui bougeaient et dominaient désormais Winnie Maxon. Elle avait été résolue alors qu'elle ne faisait que pleurer et rêver de liberté. Serait-elle moins résolue maintenant qu'elle y avait goûté ? Et en profitait-elle maintenant, non pas au milieu de froncements de sourcils ou de reproches, mais avec le visage de ses amis et l'approbation généralement, mais pas universelle, implicite de toutes les personnes qu'elle rencontrait ? Attlebury pourrait donner l'impression que la désapprobation du grand monde extérieur est une chose terrible ; abritée à Shaylor's Patch, Winnie n'entendit pas sa voix. Attlebury pourrait faire allusion à de terribles dangers ; de tels hommes pensaient qu'il était « dangereux » pour une femme d'avoir du plaisir dans sa vie !

Elle écoutait Hobart avec assez de gentillesse et de patience, mais toujours en secouant de manière répétée sa jolie tête. Certaines promesses la faisaient rire – elles étaient tellement différentes du Cyril Maxon qu'elle connaissait.

"Ça ne sert à rien", a-t-elle déclaré. "Quoi que ce soit bien ou mal, je n'y retournerai pas. La loi devrait me libérer (c'était le résultat du Patch de Shaylor !). Puisque ce n'est pas le cas, je me libère, c'est tout. "

"Mais qu'est-ce que tu vas faire ?"

"Soit tu prends un cottage ici, soit un petit appartement à Londres."

"Je ne t'ai pas demandé où tu allais vivre, mais ce que tu allais faire." Hobart était un homme patient, mais rares sont les gens qui sont à l'abri d'un échec flagrant, d'un mépris serein de leurs arguments.

"Oui ? Oh, j'ose dire que je vais faire un peu de mouvement. J'entends beaucoup parler de ce genre de choses ici, et cela m'intéresse plutôt."

"Oh, tu n'es pas le genre de femme qui s'enfonce dans un mouvement, comme tu appelles."

"Je peux me faire des amis, comme les autres, je suppose. Je n'ai pas besoin de m'enterrer."

"Oui, tu peux te faire des amis assez vite ! Winnie, tu évites le nœud du problème."

"Oh, tu es de retour devant tes dangers ! Eh bien, je pense que je peux me faire confiance pour me comporter correctement."

"Tu devrais en être sûr."

"Es-tu poli ?"

"Oh, arrête la politesse ! C'est une question vitale pour toi."

La couleur monta sur ses joues ; pour la première fois, elle montra un signe d'embarras. Mais l'embarras et les sentiments dont il était issu, ces sentiments nouveaux de ces quinze derniers jours, ne pouvaient la faire vaciller. Ils renforcèrent sa résolution avec toute la puissance de l'émotion. Ils rendaient le « retour » encore plus terrible, un renoncement désormais aussi bien qu'un esclavage. Ses yeux, mais pas ses paroles, avaient promis à Godfrey Ledstone qu'elle ne reviendrait pas en arrière. Alors, comme Hobart Gaynor le demandait, qu'allait-elle faire ? Le moment de poser cette question n'est pas venu. Il y avait du plaisir maintenant – pas encore de la perplexité.

Elle eut un rire vexé. "Que ce soit vital ou non, c'est en tout cas une question pour moi, comme vous le dites vous-même, et pour moi seul. Et je dois le risquer, Hobart. Après tout, il y a différentes, enfin, des idées, sur ce genre de sujet. , n'est-ce pas ?" Ici, Shaylor's Patch a de nouveau montré son influence.

"J'aurais préféré que tu ne sois pas venu dans cette maison," dit-il lentement.

"J'ai été plus heureux ici que n'importe où au monde. Qu'avez-vous contre ?"

"Eh bien, je ne peux pas prétendre en savoir grand-chose, mais est-ce que des homosexuels ne viennent pas ?"

"Beaucoup!" elle a ri. "C'est très amusant."

Il souriait, fronçait les sourcils, avait l'air et se sentait même un peu stupide – comme le fait l'homme moyen lorsqu'il se trouve appelé à adopter une ligne morale.

« Plutôt… euh… troublant ? » risqua-t-il boiteusement.

"Très stimulant."

"Eh bien, je ne peux pas en dire plus. J'ai fait mon travail. Prends soin de toi, Winnie."

"Oh oui, je le ferai ; vous pouvez en être sûr. Hobart, voulez-vous dire à Cyril que je suis vraiment, vraiment désolé, et que j'espère qu'il sera heureux, et lui souhaiter un splendide succès et prospérité ?"

"Je lui dirai... si tu ne veux pas t'écrire toi-même."

"Je ne pourrais pas. Cela rouvrirait tout. Je t'écrirai, s'il y a des affaires à régler."

Hobart Gaynor, réfléchissant à la conversation sur le chemin du retour en ville, décida que Winnie avait progressé à grands pas. Eh bien, si elle choisit de prendre sa vie en main, elle doit elle-même en tirer le meilleur parti. Il ne prétendait pas se sentir tout à fait à l'aise – il ne parvenait pas à se sortir Godfrey Ledstone de la tête – mais il ne dit rien de ces appréhensions lorsqu'il rapporta l'échec de sa mission. Il a également transmis le message de Winnie à son mari. Les lèvres de Cyril Maxon se posèrent dessus, presque sauvagement. "Nous verrons", dit-il. Il ne pouvait pas l'empêcher de faire ce qu'elle avait fait, mais il ne voulait pas reconnaître que cela établissait un état de choses permanent ou reconnu. Pour l'époque désobéissante, Winnie était toujours sa femme. Il n'accepterait pas ses adieux. Sa maison lui était toujours ouverte et, après une bonne période de pénitence, son cœur.

Un exemple évident de « En solution » de Stephen Aikenhead ! Ce qui constituait pour Cyril une relation indissoluble (et plus encore), non même temporairement suspendue, mais plutôt défiée et violée, était pour sa femme une chose désormais - par sa décision finale - terminée et terminée dans la mesure où elle l'affectait. position envers Cyril lui-même. Il était enfin hors de sa vie. Elle avait enfin sa vie. Pas tout à fait libre, cette vie qu'elle avait conquise par son courage audacieux. Elle reconnaissait toujours ses limites, même si elle grignotait le fruit de l'Arbre de la Connaissance qui poussait à Shaylor's Patch. Et pourtant, combien incomparablement plus libre que l'ancienne vie ! Elle était étonnée de constater avec quelle facilité, avec quel léger pincement au cœur et avec quelle immense satisfaction elle avait rompu le lien – ou avait brisé les limites, car elle se sentait remarquablement comme un écolier se livrant à une folie interdite. Quelles grandes choses un peu de

courage fera ! Comme les difficultés disparaissent lorsqu'on les affronte !
Pourquoi, pendant cinq années entières, n'avait-elle pas vu que la porte était
ouverte et n'en était-elle pas sortie ? La voilà… dehors ! Et rien de grave ne
semblait se produire.

"Eh bien, je l'ai fait maintenant pour de bon et tout", a-t-elle déclaré à
Stephen Aikenhead.

"Oh oui, tu l'as fait. Et qu'est-ce que tu vas faire ensuite ?"

" Exactement ce que Hobart m'a demandé ! Pourquoi devrait-il… ou
pourquoi devriez-vous le faire ? Si une femme ne se marie pas ou devient
veuve, vous ne lui demandez pas ce qu'elle va faire ensuite ! Considérez-moi
célibataire, ou, si vous comme une veuve. »

"C'est très bien, c'est très bien dit. Je suis réprimandé!" Stephen sourit
confortablement et largement. "Vous les femmes, vous dites bien les choses.
Mais puis-je vous faire remarquer que, si vous étiez le genre de femme à
laquelle vous me demandez de penser, vous vivriez probablement assez
heureusement avec Cyril Maxon ?"

Le point lui était présenté assez clairement. Elle sourit pensivement. "Je
pense que je vois. Oui!"

"Les gens diffèrent aussi bien que les cas."

Elle s'assit à côté de lui, très intéressée. Il semblait qu'ils parlaient d'elle.

"Hobart Gaynor est plutôt inquiet à mon sujet, je pense."

"Et toi, à propos de toi ?"

"Non, je suis juste plutôt excité, Stephen."

"Vous êtes un petit bateau et c'est une grande mer."

"C'est ce qui est excitant. Je suis sans littoral depuis des années. Oh, échoué,
quelle que soit votre meilleure métaphore pour quelqu'un qui gâche toute
cette belle vie!"

"Pensez-vous que vous avez rendu votre mari heureux ?"

La question était inattendue. Mais il n'y avait aucun aspect de la situation trop
désespéré pour que Stephen le remarque.

"Je ne sais vraiment pas", a déclaré Winnie. "J'ai toujours eu l'impression
d'être plutôt… enfin, plutôt mineur."

"Je ne m'y attendais pas — je ne m'y attendais vraiment pas, tu sais."

« En supposant que je l'étais, ou en supposant que je ne l'étais pas, qu'est-ce
que cela signifie ? »

"Je l'ai juste regardé de son point de vue pendant une minute."

"Est-ce qu'il m'a rendu heureux?"

"Oh, certainement, l'affaire n'a pas été couronnée de succès dans tous les domaines", concéda précipitamment Stephen.

"Il a dit que le mariage n'avait pas été inventé uniquement pour rendre les gens heureux."

"Eh bien, je suppose qu'il a un argument là-dessus. Mais vous avez probablement pensé que l'institution pourrait ajouter un peu plus de cet ingrédient d'ailleurs ?"

"C'est plutôt mon sentiment... oui. Vous aussi, vous avez bien présenté les choses, de temps en temps, Stephen."

"Vous souffrez du désavantage d'être une femme très attirante."

"Nous devons supporter nos infirmités avec patience, n'est-ce pas ?"

Elle était ce soir dans une rare veine de plaisir excité, gaie, provocante, admirablement provoquante, exultant de sa liberté, faisant miroiter devant ses yeux éblouis toutes ses possibilités. Stephen eut un petit rire profond.

"Je pense que je vais entrer et dire à Tora que je suis incroyablement amoureux de toi," remarqua-t-il en se levant de sa chaise.

"Ce serait terriblement amusant d'entendre ce qu'elle dit. Mais... n'est-ce pas ?"

Un rire roulant, plein d'applaudissements, mais non dénué de pitié, résonna sur la pelouse tandis que Stephen rentrait à la maison.

Non, Stephen n'était pas amoureux d'elle ; c'était certain. Il admettait tous les doutes imaginables quant à son devoir, mais n'en nourrissait aucun quant à son inclination. Ce trait de sa puissance, compte tenu de l'humeur actuelle de Winnie, aurait été vexatoire s'il avait eu la chance d'être le seul homme au monde, ou même le seul dans ou à proximité de Shaylor's Patch. Winnie était assise dans le crépuscule, souriant malicieusement. Elle n'avait aucune crainte pour elle-même ; elle avait encore moins formé de projets. Elle était simplement en train de rebondir joyeusement après une longue répression. Son esprit exigeait beaucoup de plaisir, avec peut-être une touche de malice — une malice vraiment inoffensive. Tant de choses lui semblaient une dette attendue depuis longtemps de la vie et du monde. Pourtant, le péril était là, invisible pour elle. Car il y a un danger lorsque les désirs de divertissement et de malice se concentrent constamment autour d'une figure, trouvant en elle, et en elle seulement, leur réalisation imaginée.

Mais péril était-il le bon mot ? Était-ce le mot approprié à utiliser à Shaylor's Patch ? N'étant pas idiot, Stephen Aikenhead voyait assez clairement la probabilité qu'une certaine chose se produise – ou soit en train de se produire. Mais comment considérer cette chance ? La loi, formée par telle ou telle influence, historique, sociale et religieuse, avait imposé à cette jeune femme un fardeau plus lourd qu'elle ne pouvait supporter. Stephen commença donc à examiner l'affaire. Rétorquez : elle aurait dû être plus forte ! Cela ne semblait pas être une réplique très utile ; c'est peut-être vrai, mais cela ne mène nulle part. La loi avait alors échoué avec la jeune femme. Maintenant, il disait : « Eh bien, si vous ne faites pas cela, au moins vous ne ferez rien d'autre avec mon accord – et mon accord est hautement nécessaire à votre confort, certainement ici, et, comme beaucoup de gens le croient, ci-après, par la suite." C'est peut-être vrai, car il est difficile de nier la proposition générale selon laquelle les lois doivent être respectées, sous peine de sanctions. Pourtant, dans ce cas particulier, il y avait quelque chose de plutôt vindicatif. Ce n'était pas comme si la jeune femme voulait cambrioler des églises ou faire des poches – des choses manifestement offensantes et blessantes pour ses voisins. Tout ce qu'elle voudrait (en supposant que la chose se produise) serait de se comporter d'une manière parfaitement naturelle et normale. Tout ce à quoi elle s'opposerait serait une stérilisation imposée par la loi d'un grand côté de sa nature. Elle ferait du tort à son mari ? S'il y avait eu tort, le tort majeur résidait-il sûrement dans le fait de l'abandonner, et non dans le fait de tirer le meilleur parti de sa propre vie par la suite ? Elle pourrait avoir des enfants : souffriraient-ils ? Vivant dans le monde social où il vivait, Stephen ne voyait pas qu'ils devaient souffrir sensiblement ; et ils étaient, après tout, hypothétiques – insérés dans l'argumentation dans un souci d'exhaustivité logique. Elle blesserait les convictions et les sentiments des autres ? Sans doute, mais cet argument allait trop loin. Chaque innovateur, chaque réformateur, voire même chaque homme politique combattant, fait de même. L'époque où l'on encerclait les opinions et où l'on menaçait de poursuites les intrus était sûrement révolue.

Alors, est-ce qu'elle se ferait du mal ? L'argument descendait brusquement du général au particulier. Elle quitta le principe et en vint à la prudence, ne se demandant plus ce qu'elle avait le droit de faire, mais ce qu'elle serait sage de faire dans son propre intérêt. Un homme peut considérer qu'une chose n'est pas mauvaise, et pourtant être insensé s'il le fait dans un endroit où les voisins sont si sûrs de son iniquité qu'ils l'éviteront dans l'étang des chevaux. Mais supposons que ce soit un homme puissant et vaillant, que personne ne veut affronter ! Il peut claquer des doigts sur les voisins et suivre sa propre conscience ou ses inclinations, sans peur et sans se soucier de la désapprobation.
"C'est tout ce que je peux aller", conclut Stephen en se frottant le front, comme il en avait l'habitude dans les moments de méditation. La conclusion

ne semble pas tout à fait morale ni tout à fait logique, mais elle pourrait assez bien fonctionner dans la pratique ; gouvernement par la loi, c'est-à-dire l'opinion de la majorité, pour les faibles (eux-mêmes la majorité), gouvernement par leur propre conscience et leurs inclinations pour les forts. Il s'agissait probablement d'une description grossière de ce qui se passait généralement, si les termes faible et fort pouvaient être considérés comme résumant l'ensemble complexe des circonstances et du caractère d'un homme ; les deux doivent absolument être pris en compte.

Mais qui sont les forts ? Comment peuvent-ils juger de leurs prouesses avant d'être au cœur de la mêlée ? Si cela ne leur réussit pas, il est trop tard — et c'est parti pour l'étang des chevaux ! Vous rendez un mauvais service à un ami si vous le flattez en cette matière. Lorsqu'il se retrouvera dans l'étang, il ne sera pas si reconnaissant de votre bonne opinion.

Winnie entra, les yeux brillants, chantant doucement, se dirigeant vers l'étage à un rythme précipité.

"Je serai en retard pour le dîner !" elle a pleuré. "J'ai rencontré M. Ledstone et il m'a fait faire une petite promenade."

« Est-ce que ça vous a plu ? » » demanda poliment Stephen.

"Oui, merci, Stephen, beaucoup."

Elle était partie. Stephen soupira. Elle n'avait qu'une seule vie — c'était le plaidoyer tacite de sa jeunesse, de sa beauté et de sa joie de vivre nouveau-née. Dites ce que vous voulez, le plaidoyer était convaincant.

CHAPITRE VII

UN CODE ET UNE THÉORIE

Sonder l'esprit de Godfrey Ledstone reviendrait à se heurter à l'étrange paquet d'idées qui constituent la moralité quotidienne du jeune homme moyen – le code mentionné plus haut. Cet amalgame de règles, d'exceptions, de compromis, de rigueurs et d'élasticités peut être condamné ; on ne peut pas le ricaner ou le rejeter à la légère. Elle a, en somme, satisfait des siècles ; ce n'est qu'à de rares intervalles qu'il a été sérieusement entravé par les pouvoirs en place, par l'Église, ou par l'État, ou par l'État dirigé par l'Église.

Y intervenir sérieusement, c'est soulever une ruche de questions, vastes, difficiles, si profondément gênantes qu'elles consternent les hommes d'État, laïcs ou ecclésiastiques – questions non seulement morales et religieuses, mais sociales et économiques. La condamnation formelle et la tolérance pratique laissent ces questions en sommeil. Le code continue, exerçant sa juridiction clandestine semi-secrète – une loi jamais promulguée, mais largement respectée, une religion qui compte des millions d'adhérents et pas un seul prédicateur. Plutôt une manière étrange de vivre le monde ? Plutôt une tentative désespérée de trouver un équilibre entre nature et civilisation ? Sans aucun doute. Mais bien sûr, ce n'est que temporaire. Nous serons tous bons un jour. Pour nous rendre tous bons, pour permettre à nous tous d'être bons immédiatement – eh bien, on ne sait pas si cela pourrait impliquer une reconstitution radicale de la société. Et même cela servirait-il le tour ?

Le code n'a jamais eu d'adepte plus inconditionnel et plus satisfait que Godfrey. Sans théoriser – il n'aimait pas les théories et s'en méfiait de bonne humeur – il a atteint exactement cet équilibre de conduite qu'approuve le code ; s'il en avait parlé (le code ne favorise pas trop de paroles), il aurait pu dire qu'il n'était « pas un saint » mais qu'il « jouait le jeu ». Ses confrères comprendraient parfaitement ce qu'il voulait dire. Et la dernière chose au monde qu'il envisageait ou désirait était d'attaquer ou de bafouer ouvertement les normes acceptées. Le code n'encourage jamais un homme à faire cela. En outre, il avait un père, une mère et une sœur, des gens orthodoxes, très attachés et fiers de lui ; il ne ferait ni ne dirait volontairement quoi que ce soit qui puisse les choquer. Même d'un point de vue professionnel – mais quand les motivations supérieures suffisent pour trancher la question, pourquoi ont-elles besoin d'invoquer l'alliance quelque peu compromettante d'autres purement prudentielles ?

Il était désormais très amoureux de Winnie Maxon, mais il était aussi désespérément en colère contre elle et contre tous les aimables théoriciens de Shaylor's Patch. L'opportunité lui avait semblé parfaite pour ce qu'il souhaitait, et ce qu'il souhaitait lui semblait exactement l'un des compromis permis : une élasticité idéale ! À qui cela ferait-il du tort ? Pas Cyril Maxon, sûrement ? Il était hors cour. Qui cela offenserait-il ? Il n'y avait personne à offenser si l'affaire était gérée tranquillement – comme cela pourrait être le cas ici, dans le pays. Et elle l'aimait bien ; bien qu'il n'ait encore fait aucune déclaration, il ne pouvait douter qu'elle ne l'aimait beaucoup.

Mais les théoriciens s'en étaient pris à elle. Lorsqu'il tâtonnait délicatement, discutant de sa situation, ou, à proprement parler, de celle des femmes en général dont les mariages s'étaient révélés un échec, elle se penchait en arrière, paraissant adorablement jolie, et sortait calmement une remarque d'un caractère profondément déconcertant.

"Si jamais je décidais de lier à nouveau ma vie à celle d'un homme, je devrais le faire très ouvertement. Je devrais le dire à mon mari et à mes amis. Je devrais considérer que je fais exactement la même chose que si je me mariais à nouveau. Je J'en ai parlé avec Tora l'autre soir, et elle était tout à fait d'accord avec moi.

D'accord avec elle ! Tora lui avait bien sûr mis cela en tête, pensa Godfrey avec colère. L'idée avait la marque de Tora marquée par son irrationalité sereine et directe.

"Mais cela signifierait une horrible dispute, et la... une affaire, et tout ça !"

"J'espère que ce sera le cas. Mais Cyril n'approuve pas le divorce."

"Alors tu ne pourras jamais... devenir régulier, aussi longtemps qu'il vivra."

"Je pense que je devrais être régulière, sans devenir régulière", répondit-elle en souriant.

"A quoi ça sert de défier le monde ?"

"N'est-ce pas la seule manière de modifier les mauvaises choses ?"

"Il faut beaucoup de courage pour faire des choses comme ça, bien ou mal."

"Je devrais compter sur l'homme que j'ai aimé pour me donner du courage."

Godfrey ne voulait pas admettre que l'homme qu'elle aimait (comme il l'espérait) manquait de courage. La réponse l'irrita ; il était assis, les sourcils froncés, boudeur, sa gaieté habituelle tristement voilée. Les yeux de Winnie scrutèrent son visage pendant un moment ; puis, avec un soupir, elle regarda la pelouse et la vallée en contrebas. Elle a été déçue de l'accueil réservé à sa grande idée. " Bien sûr, il faudrait que les deux personnes soient très amoureuses l'une de l'autre", ajouta-t-elle d'une voix un peu hésitante.

Il a trouvé une issue à ses difficultés. "Plus un homme aime une femme, moins il est susceptible de consentir à la mettre dans une telle position", argumente-t-il. Son visage s'éclaira ; il était satisfait de son argument ; c'était bien, selon le code.

"Ce serait la seule position honorable pour elle", rétorqua Winnie.

Il se releva en colère ; tout cela était tellement déraisonnable. "Je dois y aller."

"Viens-tu à quelque chose demain ?"

"Non, je serai en ville demain. J'ose dire que j'y resterai une nuit ou deux." C'était en guise de vengeance – ou de punition. Montrez-lui à quel point elle a aimé Shaylor's Patch sans lui !

Elle se tourna vers lui en lui tendant la main ; dans ses yeux, il y avait de la raillerie, moitié reproche, moitié gaie. "Revenez de meilleure humeur!" dit-elle.

"Je suis idiot de revenir." Il lui baisa la main et la regarda fixement dans les yeux avant de s'éloigner.

Lui-même à la fois homme pauvre et épris de plaisirs, Godfrey eut la chance de posséder un ami aisé et dévoué, toujours ravi de « l'héberger » et de lui offrir la meilleure de l'hospitalité. Bob Purnett et lui étaient d'anciens camarades de classe et ne s'étaient jamais perdus de vue. Bob avait quatre mille dollars par an pour lui (mais pas de sa propre initiative) et, l'été, il n'avait pas de travail à faire ; en hiver, il chassait. C'était un être jovial et très populaire, sauf auprès du comité de la maison et du cuisinier de son club ; pour ces malheureux fonctionnaires, il ressemblait à une cour d'assises perpétuelle présidée par un « juge suspendu ».

Il offrit à Godfrey un beau dîner et un magnum de bon bordeaux ; qu'il soit à son honneur d'avoir bu — et donné — du bon bordeaux lors de petits dîners. Il savait qu'il valait mieux ne pas être intempérant. Ne voulait-il pas continuer à chasser le plus longtemps possible ? Godfrey n'était pas non plus enclin à l'excès en matière de consommation de vin. Pourtant le dîner, le bordeaux, la vieille amitié, la liqueur, le bon cigare faisaient leur œuvre. Godfrey se retrouva à plaider la cause. Cela parut curieux à Bob Purnett.

"Mais c'est de la pourriture", observa-t-il. "Tu es marié ou tu ne l'es pas, hein ?" Lui-même ne l'était pas – très clairement. « Ça doit être très joli, sinon elle ne s'attendrait pas à ce que tu le supportes ?

Godfrey rit. Il y avait une véracité primitive dans la conversation de Purnett. Il n'était pas sophistiqué par la pensée ni empêtré dans la théorie – ce qui était très différent des gens de Shaylor's Patch.

"Elle est très jolie, et absolument une dame, et hétéro, et tout ça."

"Alors laissez tomber", a conseillé Bob Purnett.

"Je n'y peux rien, mon vieux." Encore une fois la note primitive : le cri selon lequel il y a des limites à l'endurance humaine ! Godfrey n'avait pas eu l'intention de le dire. Le dire était une illumination pour lui-même. Jusqu'à présent, il avait pensé qu'il pouvait y remédier — et il le ferait s'il était confronté à des théories et à l'irrationalité.

« Allons dans une salle ? » Suggéra Bob.

"Je voudrais une soirée tranquille et juste une mâchoire."

Bob avait l'air gravement sympathique. "Oh, tu l'as dans le cou !" » dit-il avec une touche d'émerveillement respectueux dans la voix — quelque chose comme la crainte que les fous inspiraient à nos ancêtres. Godfrey était possédé !

"Oui, je l'ai fait - et je ne sais pas quoi faire."

"Eh bien, que diable vas-tu faire ?" » demanda Purnett. Son visage sain, rougeaud et sans rides exprimait une honnête perplexité. "Ça doit être une petite carte de rhum, n'est-ce pas ?"

"Je n'y peux rien, Bob."

"C'est maladroit !"

En fait, ces deux adeptes du code — peut-il s'agir d'honnêtes adeptes, car ils ne l'ont ni inventé ni défendu, mais simplement en ont hérité ? — étaient franchement perplexes. Il existe un terme en logique — dichotomie — une division nette, une coupure en deux, une opposition de contradictoires. Vous êtes honnête ou pas honnête, sobre ou pas sobre. Raisonnement approximatif, mais les tribunaux de police doivent y travailler. Vous êtes donc régulier ou irrégulier. Mais les gens qui veulent rendre réguliers les irréguliers — c'est un choc aussi grand pour les adhérents du code que leurs principes le sont pour les défenseurs d'une loi différente. La négation de ses présupposés est toujours un choc, car il faut bien partir de quelque part. C'est un « choc pour le crédit » — un crédit quelconque — et comment chacun d'entre nous peut-il s'en sortir sans crédit ?

"Apportez deux autres vieilles eaux-de-vie, Walter", ordonna M. Purnett. C'était la seule mesure immédiate et pratique.

"Pas pour moi, mon vieux."

Bob fit un signe de tête en conséquence à Walter. Son visage était incroyablement solennel.

"J'ai parfois envie de tout couper", dit Godfrey avec inquiétude.

"Eh bien, il y a d'autres femmes dans le monde, n'est-ce pas ?"

"Non, non. Je veux dire tout ça. A quoi ça sert ?" Le visage frais du jeune homme paraissait momentanément las et vieux ; il jeta dans la cheminée son bon cigare à peine fumé.

Bob Purnett savait qu'il valait mieux ne pas polémiquer contre une telle humeur ; on pourrait tout aussi bien argumenter contre un mal de dents.

"Rentrons à la maison et couchons-nous tôt", suggéra-t-il. Il bâilla et essaya de cacher son action. Il était dévoué à son ami, mais son ami avait soulevé un puzzle, et les puzzles le fatiguèrent bientôt, sauf les petits en bois, pour lesquels il avait un faible.

Godfrey Ledstone combattit pendant trois jours entiers ; essayant vraiment de « tout couper », de maîtriser à nouveau les sentiments qui l'avaient dominé, de ne pas retourner à Shaylor's Patch. Un jour, il alla voir son peuple, le père, la mère et la sœur, qui étaient orthodoxes, si attachés et fiers de lui. Ils vivaient à Woburn Square. Le vieux monsieur avait été comptable dans une assez bonne conduite des affaires, et avait pris sa retraite avec une assez bonne compétence ; du moins, il n'était pas vraiment vieux, mais, comme certains hommes, il s'adaptait facilement, même prématurément, à la vieillesse. Tout dans la maison semblait à Godfrey réglé surnaturellement ; il semblait même décidé d'une manière ou d'une autre qu'Amy ne se marierait pas. Et il était étrange de penser que M. et Mme Ledstone s'étaient mariés un jour, avaient (comme il faut le présumer) souffert de ces terribles sentiments, avaient peut-être douté, craint, lutté, apprécié. Aujourd'hui, tout était si paisible à Woburn Square ; la seule question vraiment aiguë était l'impôt sur le revenu – c'était certainement un grief pour M. Ledstone. Godfrey appréciait les quelques heures de repos, la tendresse et la fierté. Il semblait alors tout à fait possible de « tout couper », oui, tout.

Bob Purnett partit pour une courte visite, laissant son confortable appartement à la disposition de son ami. Pourquoi ne pas rester à Londres, faire un bon travail et revoir quelques-uns de ses collaborateurs à Woburn Square ? Un bon et sage programme. Mais le quatrième jour, une rafale vint souffler par la fenêtre le bon et sage programme – une rafale qui ressemblait à une gorgée de vin fort, enivrante et accablante. Il jeta son crayon en criant : « Ça ne sert à rien !

Il a été essayé au-delà de ses capacités. Il dressa un réquisitoire vague et informe, mais chargé d'une poignante indignation, contre l'ordre général des choses, contre ce qui poussait un homme à la folie, puis le qualifia de « fou » avec des fers brûlants. La vieille protestation, le cri de la créature contre l'injustice de la création ! Une heure plus tard, il était en route pour la campagne, de retour à Shaylor's Patch. Pour lui, l'affaire était réglée. Il ne s'en rend peut-être pas compte ; il y est allé, non pas guidé par un but précis, mais poussé par le désir. Mais « Selon mes conditions si je peux, selon les siennes si je le dois », interprète le bourdonnement confus et agité de son cerveau.

Pour un homme dans un tel cas, les gens qu'il rencontre au cours de son voyage semblent étrangement reposants, incroyablement en paix. Le vieil homme avec sa pipe, le jeune employé avec son journal de sport, l'ouvrier dans les champs, le bambin avec son jouet, tous présentent une illusion d'existence sereine, que l'homme au taon regarde avec envie et avec mépris. Ils possèdent leur âme – il est possédé. Eh bien, Bob Purnett pourrait-il porter cette expression de crainte ! Pendant un certain jour, l'homme normal doit reprendre possession, et il peut découvrir que les farces les plus étranges ont été faites par le locataire temporaire : meubles brisés, dettes contractées, et ainsi de suite, pour tous ces délabrements et responsabilités il, malheureux, est tenu pour responsable. responsable! Heureusement , il n'est pas si rare, après tout, que le locataire temporaire ait fait de la beauté, et non du chaos, et ait laissé derrière lui des dons généreux pour enrichir la vie jusqu'à ce que la vie elle-même disparaisse.

Stephen Aikenhead était assis sur la pelouse avec sa petite fille Alice, récemment rentrée pour les vacances. Elle lui lisait à haute voix ; il fumait sa pipe, et de temps en temps sa grosse main passait avec caresse sur la petite tête baissée aux doux cheveux bruns. L'histoire parlait d'une certaine princesse à qui une fée avait offert le don de la jeunesse éternelle à condition qu'elle ne s'évanouisse jamais ni de peur ni de joie. Tout s'est bien passé pendant de très nombreuses années . Des générations sont nées et sont mortes, et la princesse avait encore dix-sept ans. Elle a survécu à soixante-dix-sept premiers ministres. Mais finalement, un très beau palefrenier, qui était apparu assez mystérieusement aux portes du château et avait été mis au service de la princesse sans (semble-t-il) aucun «caractère», fut éjecté de son cheval alors qu'il servait sa maîtresse royale. , et voilà, la princesse s'est évanouie de peur qu'il ne soit mort, et s'est évanouie à nouveau de joie lorsqu'elle a découvert qu'il ne l'était pas ! Il se révéla alors comme le roi du royaume voisin, et ils se marièrent et vécurent heureux pour toujours. Seulement, bien sûr, la princesse a perdu le don de la jeunesse éternelle.

"J'adore ces histoires de princesses, Alice", a déclaré Stephen. "Lisez-m'en une autre. J'aimerais qu'il y ait beaucoup plus de princesses. Il n'y en a pas la moitié assez aujourd'hui. Elles sont si pittoresques et il leur arrive des choses si joyeuses. Bonjour, Godfrey, tu es de retour ?"

Godfrey avait envoyé le fiacre avec ses bagages et était entré par la porte du jardin. Il est arrivé juste à temps pour entendre la fin de l'histoire. Le lecteur et l'auditeur étaient proches de la porte du salon. Tandis que son nom était prononcé, Godfrey entendit un petit mouvement venant de l'intérieur : le bruit du mouvement des jupes d'une femme. Sa nature impressionnable répondait à un nouvel attrait, ses yeux facilement réceptifs contemplaient une nouvelle vision. Tandis qu'il regardait le grand homme et sa petite fille, si heureux l'un dans l'autre, si en paix et pourtant jamais ennuyés, il souhaitait que sa liaison ne puisse se dérouler ni selon ses conditions ni selon les siennes, qu'elle ne soit ni une tromperie ni une tromperie. un défi, mais cela pourrait être la chose la plus ordinaire, la bonne vieille chose qui, après tout, servait assez bien le tour de la plupart des gens. Il y a eu des échecs, mais c'était dans l'ensemble de la nature et dans l'ensemble, c'était un succès. Qui s'y est vraiment opposé ou l'a remis en question ? Pour qui l'institution était-elle odieuse ? Des déchirures et des manivelles, répondit-il dans sa langue vernaculaire concise ; en réalité, cela a assez bien fonctionné pour tout le monde – avec, sans aucun doute, des tolérances faites ici et là.

Le doux bruissement retentit à nouveau dans le salon. Puis Winnie Maxon se tenait sur le seuil avec des yeux brillants et accueillants.

"Eh bien, voudriez-vous l'histoire de la princesse au cœur brisé ?" demanda Alice.

« Tout sur une princesse ! » » dit Stephen avec une belle libéralité.

"Ça a l'air triste, Alice. Si c'est triste, ne le faisons pas," plaida Winnie.

"Oh, après que tous les vieux médecins aient essayé de le réparer, un est arrivé, beaucoup plus vieux et beaucoup plus ridé que tous les autres——"

"Je garderai quand même un œil sur ce pratiquant", intervint Stephen. "Je commence à connaître les ficelles du métier !"

"Et il l'a réparé avec un énorme anneau d'or qu'il avait coupé au petit doigt d'un géant qu'il avait tué lors d'une promenade."

"Quel gars!" dit Stéphane. "Prince déguisé, Alice ?"

"Eh bien, père, bien sûr qu'il l'était !"

Stephen secoua sa grosse tête et leva ses grandes lunettes vers le ciel. « Et ce type Dennehy ose se dire républicain ! Maintenant, qui – qui, je vous le demande – s'en foutrait d'un président déguisé ? Lisez-moi encore quelques princesses, Alice.

Ils ont tous apprécié les princesses. Alors parfois, pendant une heure, un petit enfant nous conduit vers la paix.

CHAPITRE VIII

SUBVERSIF

Encastré dans ses propres conceptions comme dans un roc, Cyril Maxon refusait de croire que son épouse n'en « aurait pas bientôt assez ». Il refusait d'accepter l'échec de l'envoyé par la bouche duquel il avait été amené à faire de si grandes concessions et des promesses si généreuses. Pourraient-ils finalement ne pas la déplacer ?

Son devoir envers elle, ce devoir inexorable dont aucun de ses actes ne pouvait le libérer, lui demandait un nouvel effort. Attlebury était de son avis dans ce sens, quoique maintenant avec moins d'espoir d'une issue favorable ; il détecta le fait que le désir de justification de son disciple n'était pas moins fort que son espoir de sauver Mme Maxon, et craignit pour le résultat de ce mélange d'objets. Il se hasarda à un rappel.

" Bien sûr, vous voulez pouvoir sentir que vous avez fait tout ce que vous pouviez, mais le plus important est de le faire avec succès. À notre avis, elle a plus en jeu que vous."

"Je crois que je peux la persuader si je vais la voir."

Voulait-il vraiment dire persuader – ou voulait-il dire effrayer ? Attlebury doutait et, parce qu'il en doutait, il doutait encore davantage de la question. Le disciple n'a pas fait preuve de fair-play dans la cause ; un enseignant doit souvent s'en plaindre.

Quelle que soit la forme que Cyril Maxon avait pu prévoir dans son esprit pour l'entretien qu'il proposait, il n'y avait aucun doute sur la façon dont Winnie avait reçu l'avis de son intention de la retrouver dans son asile à Shaylor's Patch. Cela la remplit de panique ; cela la conduisit vers ce qui semblait désormais son seul refuge. Sa terreur devait sûrement faire un appel irrésistible à la fois à l'ardeur et à la chevalerie de son amant ? Ou alors il n'était pas un amant. Tora et elle étaient d'accord sur ce point, même si cela n'avait pas été dit trop crûment entre elles.

"Je ne peux pas le voir, je ne le verrai pas", déclara-t-elle à Stephen Aikenhead, courant enfin vers l'homme de la maison, rebelle à la domination masculine comme elle l'était.

"Plutôt difficile de refuser, s'il vient ici !"

"Alors je ne serai pas là quand il viendra, c'est tout." Sa peur la rendait injuste. "Si vous ne voulez pas me protéger – ou si vous ne pouvez pas le faire – je dois agir par moi-même." Elle se précipita hors de la pièce, ne laissant à Stephen aucune chance de protester que les verrous et les barres de Shaylor's

Patch étaient à son service, et qu'un siège d'un avocat en colère faisait partie de sa journée de travail.

Elle avait peur d'elle-même ; elle se méfiait de son courage. Elle voulait avoir un motif obligatoire dans sa force ; son instinct était de faire quelque chose qui rendrait irrévocablement impossible le retour chez elle. L'insistance de son mari a précipité la crise, même si sa patience aurait difficilement pu l'éviter.

Godfrey Ledstone a eu les nouvelles en premier de Tora Aikenhead. Ses yeux calmes lui demandaient assez clairement quel rôle il devait jouer. Tora avait suivi sa ligne et considérait aussitôt que l'hésitation était impossible. Son idée naturelle aurait été de la réconforter avant l'arrivée de Maxon, puis de nouveau après son départ, et de se cacher confortablement lorsqu'il était là. Ainsi s'exécutait le code, discret et élastique. Il savait désormais – trop bien – que ce n'était pas ce que ces gens intransigeants attendaient de lui. De leur point de vue étrange, il était déjà allé trop loin pour recourir à cet expédient commode. La liberté sociale pourrait, semble-t-il, être plus exigeante que la servitude sociale. Car si l'on était toujours libre de faire ce qu'on voulait, il fallait évidemment se garder bien de laisser entendre trop sans réserve ce que l'on aimerait faire ; puisqu'il ne saurait être question d'invoquer l'impossibilité pour défendre un engagement non tenu.

"Elle est terriblement malheureuse. Elle déclare qu'elle doit partir avant qu'il vienne. Elle n'ose pas le rencontrer."

"Pourquoi pas?" » demanda-t-il brusquement. Un autre sentiment s'éveilla en lui.

"Eh bien, il l'a toujours dominée. Il pourrait encore briser sa volonté."

"Tu veux dire qu'elle pourrait rentrer ? Céder et repartir ?"

"Cela semble être ce dont elle a peur, elle-même."

Tora ne doutait pas plus du bien-fondé de ses idées que Cyril Maxon des siennes. Pourquoi le ferait-elle, aurait-elle demandé, simplement parce que les siens étaient neufs, alors que les siens étaient vieux ? À son avis, la nouveauté était une présomption de mérite dans une perspective, puisque les anciennes vues avaient produit un monde manifestement si imparfait à tous points de vue. Forte de son opinion, elle n'a pas hésité à utiliser les armes les plus adaptées pour assurer son triomphe. Si la jalousie de Godfrey contribuait à ce résultat, pourquoi était-il illégitime de la laisser jouer son rôle ? Jamais femme n'a eu moins peur de ce que les hommes appellent la responsabilité.

"C'est tout simplement horrible de penser à la pauvre petite dame qui redevient cette brute", a-t-il déclaré.

"Oh, n'abuse pas de lui. J'ose dire qu'il est aussi malheureux qu'elle. Et il pense qu'il a raison. Je ne suis pas sûr que tu ne penses pas qu'il a raison, vraiment." Tora sourit face à sa poussée astucieuse. " Donc tu es la dernière personne qui devrait l'abuser."

"Oh, qu'importe ce que je pense ?" s'écria-t-il avec impatience.

Il y avait encore suffisamment de son ancienne humeur et de ses vieilles idées en lui pour susciter un ressentiment contre Tora, pour lui faire sentir qu'elle lui forçait la main et le contraignait à accepter une responsabilité plus grande que celle qu'il avait négociée. Les théoriciens doivent toujours être à la hauteur ! Ils semblent prendre un plaisir positif à prouver que vous êtes obligé d'aller jusqu'au bout, jusqu'au bout ! Que le confortable à mi-chemin ne servira jamais ! Peut-être ne reflètent-ils pas suffisamment que l'homme moyen n'est pas du tout encouragé à se lancer.

Mais Winnie elle-même avait un véritable pouvoir pour remuer son cœur — et maintenant, en effet, comme jamais auparavant, puisqu'elle semblait impuissante sauf pour lui, et désespérée sauf en lui, et pourtant en et à travers lui à la fois courageuse et confiante — le pouvoir le plus profond, le plus profond. puissant, flatterie de sexe en sexe. De simples amis ne pouvaient plus aider maintenant ; de simples convictions, le simple sentiment d'avoir raison ne serviraient à rien. Elle les avait, mais elle devait aussi avoir l'amour. À cette humeur, tout l'homme en lui répondait.

"Il suffisait de ce dernier ennui pour me faire parler."

"Je ne pense pas avoir besoin de parler", murmura-t-elle avec son sourire délicatement tremblant. "Tu sais tout, tout ce que c'est formidable. Je n'en ai pas honte, Godfrey. Et tu n'auras pas honte de moi, n'est-ce pas ?"

La question ne le déconcertait plus désormais. Pour le moment, il avait perdu cette vision de l'avenir qui l'avait autrefois inquiété et alarmé. Ses phrases étaient peut-être éculées, mais elles étaient sincères lorsqu'il lui disait qu'il affronterait le monde, si seulement elle était à ses côtés.

"Tout sera exactement comme vous avez dit que vous souhaitiez que ce soit, si jamais vous joignez à nouveau votre vie à celle d'un homme." Il a cité presque verbalement, manquant juste son « lien » poétique.

Winnie l'embrassa avec une chaleureuse et jolie gratitude. "Cela enlève mon dernier doute", lui dit-elle. "Je serai fière maintenant, aussi fière qu'une femme ! Et aujourd'hui, pour quelques heures, oublions tout, sauf que nous sommes des amants promis." Elle passa son bras sous le sien. "Vous tuerez le géant, prendrez sa bague et réparerez le cœur brisé de la princesse !"

"Je dis, est-ce que tu fais de moi un prince déguisé, Winnie ?"

"Eh bien, tu ne te sens pas comme un prince maintenant ?" demanda-t-elle avec la douce audace d'une femme qui se sait aimée, et qui, pour son amant, se prend hardiment à l'estime de son amant.

Obéissant à son souhait, le monde extérieur effectua une de ses disparitions, très obligeante, sinon de longue durée. Même Woburn Square a pris sa retraite avec tact, sans se poser la question de savoir quelle pourrait être son opinion sur les débats. Bien sûr, ce point pourrait être considéré comme sans importance pour le moment, du moins.

Pour la deuxième fois donc, selon l'expérience récente de Winnie Maxon, avec un peu de courage, les choses se sont avérées faciles ; les difficultés disparaissaient lorsqu'on y faisait face ; vous avez fait ce que vous pensiez avoir le droit de faire, et rien de terrible ne s'est produit. Il ne s'est certainement rien passé de terrible ce soir-là à Shaylor's Patch. Il y avait une cour romantique, idyllique, avec l'homme ardent et galant, la femme gaie mais timide ; tout était orthodoxe, vraiment conventionnel. Il s'était engagé à ce que l'affaire se déroule selon les lignes de Winnie ; ce fut sa grande et belle concession — ou conversion. Il l'observa très honorablement ; elle devenait de plus en plus tendre et reconnaissante.

« Un autre homme que vous, oui, même un autre homme que j'aimais, aurait pu me blesser ce soir », murmura-t-elle en se séparant à la porte après le dîner.

"Je ne pourrais jamais te blesser, même avec mon amour."

Elle lui prit la main et l'embrassa. "Je te fais confiance contre tout le monde, Godfrey."

"Vous pouvez me faire confiance."

Son cœur chantait, même lorsque son amant la quittait.

Pour ce qui suivit, au cours des deux ou trois jours pendant lesquels elle résidait encore à Shaylor's Patch, les gens trouveront les noms qui leur plairont, puisque son histoire est, nécessairement, quelque peu concernée par des questions controversées. Certains peuvent parler de parodie inconvenante, d'autres de farce vaine ; d'autres trouveront peut-être une protestation non dénuée de pathos – une protestation selon laquelle elle a rompu avec l'ordre ancien uniquement parce qu'elle le devait, qu'elle aurait envie de transférer dans sa nouvelle entreprise ce qu'il y avait de bon dans l'ancien esprit, que son entreprise était pour elle un acte solennel. et chose haute. Ils devaient être mari et femme ensemble ; il doit lui acheter la bague qui symbolisait l'union ; ils devaient avoir de bons et vrais témoins : rien ne devait être secret, tout était honnête et sans honte. Il doit même y avoir un petit cérémonial, un échange devant des amis sympathiques, une déclaration selon laquelle elle se tient à elle, et lui à elle, en tout amour et confiance, et à l'exclusion de tous les autres peuples du monde. Pour toujours? Jusqu'à ce que la mort les sépare ? Non, les prémisses interdisaient péremptoirement cette conclusion consacrée. Mais aussi longtemps que l'amour qui les liait désormais sanctifiait encore le lien qu'il avait noué. Satisfaite en son cœur que l'amour ne pourrait jamais mourir, elle définissait sans effarement les conséquences de sa mort. En tout cas, aurait-elle répondu à un opposant, pourraient-ils être pires que ce qui lui était arrivé lorsque son amour pour Cyril Maxon est mort violemment par écrasement - est mort et s'est pourtant vu, au nom de tout ce qui est sacré, privé de dignité. enterrement?

Et pourtant, il y avait des réticences. « Est-ce que les gens comprendront ? » était sa grande question.

Tora – intransigeant et pondéré – répondit que la plupart d'entre eux n'essaieraient même pas de le faire, et ajouta : « Qu'importe ? Stephen a demandé : « Eh bien, tant que vos amis le font ? Son amant a juré que, que son action soit approuvée ou non, aucune langue ne pourrait s'opposer à son honneur ou à ses motivations.

Le dernier jour arrivait – le jour où les deux hommes devaient partir ensemble, Godfrey depuis son chalet d'été dans le village de Nether End, près de Shaylor's Patch, Winnie depuis son havre sous le toit amical des Aikenhead. Une maison a été prise à Londres, mais ils devaient d'abord faire une escapade d'une semaine – une lune de miel – dans le nord du Pays de Galles. Winnie mettait maintenant la touche finale à ses préparatifs en écrivant les étiquettes de ses bagages. Le nom qu'elle a écrit semblait harmoniser avec bonheur l'indépendance personnelle avec l'union des cœurs et des destinées : Mme. Winifred Ledstone.

Le bruit des pas d'un homme lui fit lever les yeux. Elle vit Dick Dennehy devant elle. Il revenait du jardin et était sur le point d'arracher son chapeau en la voyant.

"M. Dennehy ! Je ne savais pas que vous veniez ici aujourd'hui."

" Moi non plus, Mme Maxon, jusqu'à il y a quelques heures. J'ai découvert que je n'avais rien à faire, alors j'ai couru voir comment vous alliez tous. "

"Certains d'entre nous viennent tout juste de s'en sortir", sourit Winnie. "Tu es à l'heure pour dire au revoir."

"Pourquoi, où vas-tu ? Je suis désolé que tu partes."

Avec un regard coquin, Winnie poussa une étiquette de bagage vers lui sur la table. Il le prit, l'étudia et le reposa sans un mot.

"Bien?" » dit Winnie.

Il étendit une paire de mains potelées aux doigts écartés et secoua sa tête aux cheveux choqués dans un désespoir sincère quoique humoristique.

"Vous êtes tous des païens ici, et ça ne sert à rien de vous parler comme si vous étiez autre chose."

"Je ne suis pas un païen, mais si l'Église soutient l'État par des lois injustes..."

Il agita un large index. "Même une tribu païenne a ses coutumes. N'importe quelle coutume vaut mieux qu'aucune ! Vous ne pouvez pas aller à l'encontre des coutumes de la tribu pour rien. Je parle de païen à païen."

"Les coutumes ne peuvent-elles jamais être modifiées ?" Winnie était de retour à son ancien point.

"Vous n'êtes pas assez forte pour ce travail, Mme Maxon." Sa voix était pleine de pitié.

Mais Winnie n'était pas d'humeur à accepter la pitié. " Vous me traitez de païen. Supposons que nous soyons en 50 ou 100 après JC, et non en 1909 après JC. Je pense que vous seriez un païen, et je... eh bien, en tout cas, je devrais essayer de gâcher mon courage d'être chrétien. martyr."

Il a reconnu un coup sûr. "Oh, vous êtes tous très intelligents !" grommela-t-il. "Je parie que Stephen vous a appris cela. Cela vient de son atelier, si je connais le cachet ! Alors prenez-le comme vous le dites : attendez-vous avec impatience votre martyre ?"

Peut-être pensait-elle plus à la couronne qu'au bûcher, et dans ce qui doit être reconnu comme étant le bon esprit. "Je n'ai pas l'air très malheureux, n'est-ce pas ?" » demanda-t-elle radieuse.

« Vous partez avec lui aujourd'hui, n'est-ce pas ? Elle hocha gaiement la tête. L'homme naturel s'affirme soudain chez Dennehy. Il a souri. "C'est plus que ce que le jeune chien mérite, bien sûr !"

"Oh, eh bien, tu es un païen maintenant !" » rit Winnie, visiblement très contente.

"Je me demande ce que Mme Lenoir en dira."

Le plaisir de Winnie fut légèrement secoué.

"Pourquoi Mme Lenoir devrait-elle être juge dans une affaire comme la mienne ?" » demanda-t-elle plutôt froidement.

"Oh, je ne fais pas de comparaison", murmura-t-il vaguement. Il y avait néanmoins un point de comparaison dans son esprit. Mme Lenoir, elle aussi, s'était rebellée contre les coutumes de la tribu et, bien que les motifs de la rébellion différent, les résultats peuvent être les mêmes. "Eh bien, je te souhaite bonne chance de toute façon," continua-t-il en tendant la main. "J'espère qu'il te rendra heureux, car tu lui donnes beaucoup, par les pouvoirs, tu l'es !"

"J'espère que je donne autant que ce que je reçois."

Il grommela quelque chose d'inarticulé alors qu'il passait à côté d'elle et sortait par la porte du jardin. Winnie s'occupait de lui avec un sourire toujours aux lèvres. Si c'était le pire auquel elle pouvait s'attendre, ce n'était rien de bien terrible. C'était même plutôt amusant ; elle ne pensait pas qu'elle s'était retrouvée en deuxième position dans cette rencontre.

Stephen entra un instant plus tard et, à son rapport sur l'arrivée de Dennehy, partit chercher son ami dans le jardin. Mais Dennehy était introuvable ; on ne le revit plus ce jour-là. Il est retourné directement à Londres ; il ne pouvait pas empêcher l'acte, mais il ne serait pas complice.

"Eh bien, s'il n'est pas d'accord avec ce que nous faisons, je pense qu'il a raison de ne pas rester", a déclaré Tora. Pourtant, Winnie se sentait un peu blessée.

Puis vint la parodie, ou la farce, ou la protestation, ou peu importe comment on décidera de l'appeler, dans laquelle Winnie formellement - à un œil hostile peut-être plutôt théâtralement - en présence de ses témoins, fit pour elle-même ce que les pouvoirs qui lui permettaient de faire. cela ne ferait pas l'affaire pour elle - a déclaré la fin de son union avec Cyril Maxon et a prêté serment à Godfrey Ledstone. Godfrey aurait préféré que cette petite cérémonie (si elle avait dû être célébrée) se déroule en privé, mais il y joua son rôle de bonne grâce. Ce serait bientôt fini — et bientôt lui et elle partiraient ensemble.

Et la petite Alice pendant tout ça ? Elle avait été envoyée jouer avec la fille du jardinier. Il s'agirait en effet d'une théorie de mauvais augure qui obligerait un enfant à réfléchir à la loi sur le mariage et le divorce avant d'atteindre l'âge de onze ans. Même Tora Aikenhead n'est pas allée aussi loin et, comme on l'a vu, les tendances théorisantes de Stephen ont été contenues dans le cas de son enfant.

Puis ils partirent et, à leur arrivée à Londres, ils furent accueillis par Bob Purnett, qui les accueillit chaleureusement et leur offrit un déjeuner au champagne, où tout fut très joyeux et gai. Il y avait en effet un scintillement malicieux dans les yeux de Bob Purnett, mais peut-être n'était-ce rien de plus que ce que la coutume permet, même dans le cas des mariages les plus orthodoxes - et de toute façon, l'opinion de Bob Purnett n'était pas de ce type d'opinion à laquelle les opinions de Winnie pouvaient le plus naturellement adhérer. on s'attend à ce qu'il fasse appel. Il traita Winnie très poliment et l'appela Mme Ledstone. Elle ne se rendait pas compte qu'il aurait fait la même chose si... enfin, dans le cas de n'importe quelle dame pour laquelle un ami réclamait le traitement et le titre.

Le lendemain matin, deux lettres arrivèrent dûment et ponctuellement à leurs destinations respectives. Tout devait être ouvert, tout devait être honnête ! Winnie n'avait pas trouvé le sien difficile à écrire, et Godfrey ne lui avait rien dit sur la difficulté extraordinaire qu'il avait eue pour lui. L'une était adressée à Cyril Maxon, Esquire, KC, au Temple ; l'autre à William J. Ledstone, Esquire, à Woburn Square. Or, dans aucun de ces endroits, les opinions de Shaylor's Patch n'étaient susceptibles d'être acceptées, ni même tolérées. Non, ni celui de Bob Purnett non plus. Mais en effet, s'il fallait faire un choix, ces dernières auraient pu paraître, non pas plus morales, mais au moins moins subversives dans leur tendance. Une chose qui est subversivement immorale doit sûrement être pire qu'une chose qui est simplement immorale ? En admettant l'immoralité dans les deux cas, les subversifs n'ont aucune jambe sur laquelle s'appuyer. Ils sont poussés à affirmer qu'ils ne sont pas du tout immoraux – ce qui ne fait que les rendre encore plus subversifs.

Et le dictionnaire définit la « subversion » en ces termes : « L'acte de renversement, ou l'état d'être renversé ; peut le laisser pour le moment.

CHAPITRE IX

AUCUNE PROCÉDURE !

Dans l'appartement de Cyril Maxon au Temple, appartement très agréable avec vue sur une large étendue de fleuve, la journée commença comme d'habitude. À neuf heures et demie, M. Gibbons, le commis, arriva ; à dix heures moins le quart, le diligent cadet, qui occupait la petite chambre et s'acharnait pour le conseil du roi, parut ponctuellement. A dix heures pile, Maxon lui-même entra. Ses mouvements étaient tranquilles ; il avait une affaire dans le journal – une question importante de surestaries – mais il était peu probable qu'elle soit abordée avant le déjeuner. Il salua M. Gibbons bonjour, ordonna au garçon de surveiller les progrès du tribunal auquel son affaire était assignée, passa dans sa propre chambre et s'assit pour ouvrir ses lettres. Une fois ces éléments éliminés, il lui restait quelques opinions à rédiger, avec du temps pour un dernier parcours de son mémoire, aidé par la note du junior diligent.

Une demi-heure plus tard, M. Gibbons ouvrit la porte. Maxon lui fit signe de répondre avec impatience.

"Je suis occupé, Gibbons. Ne me dérange pas. Nous ne pouvons pas encore être au tribunal ?"

"Non, monsieur. C'est un gentleman qui vient vous voir. Affaires très urgentes, dit-il."

"Non, non, je te dis que je suis occupé."

"Il m'a fait une faveur particulière. En fait, il semble très contrarié : il dit que c'est une affaire privée." Il jeta un coup d'œil à une carte qu'il portait. "C'est M. Ledstone, monsieur."

"Oh," dit Maxon. Ses lèvres se fermèrent un peu plus alors qu'il prenait une lettre qui se trouvait à côté des papiers légaux devant lui. « Ledstone ? » La lettre était signée « Winifred Ledstone ».

"Oui Monsieur."

"Quel homme âgé ?"

"Oh, assez âgé, monsieur. Gros et air gris."

La réponse dissipa une idée farfelue qui était venue à l'esprit de Maxon. Si ce couple l'informait si poliment de leurs actes, ils seraient peut-être même capables de lui rendre visite !

"Eh bien, fais-lui entrer." Il haussa les épaules d'un air dégoûté.

Gros et aux cheveux gris (comme l'avait observé M. Gibbons), mais ressemblant visiblement à son beau fils, M. Ledstone a fait une entrée très désolée et très troublée. Maxon s'inclina sans se lever ; Gibbons installa une chaise et se retira.

« Je dois demander mille pardons, M. Maxon, mais ce matin, j'ai reçu une lettre alors que j'étais assis au petit déjeuner, M. Maxon, avec Mme Ledstone et ma fille. C'est terrible !

"Etes-vous le père de M. Godfrey Ledstone ?"

"Oui, monsieur. Mon garçon Godfrey, j'ai reçu une lettre de lui. La voici."

"Merci, mais je suis déjà en possession de ce que votre fils a fait. J'ai eu des nouvelles de Mme Maxon. J'ai sa lettre ici."

"Ils sont fous, M. Maxon ! Je veux dire que tout cela est public ! Que devons-nous faire ? Que dois-je dire à Mme Ledstone et à ma fille ?"

"Vous devez vraiment suivre votre propre voie à ce sujet."

"Et mon pauvre garçon ! C'est un bon fils, et sa mère lui est dévouée, et..."

La colère de Cyril Maxon s'est manifestée dans l'un de ces discours pour lesquels sa femme avait un petit surnom. "Je ne vois pas en quoi le fait que votre fils se soit enfui avec ma femme m'oblige, ou même me donne le droit, de m'immiscer dans vos affaires familiales, M. Ledstone."

La détresse aiguë est quelque peu insensible à la satire.

"Bien sûr que non, monsieur", dit M. Ledstone en s'essuyant le visage avec tristesse. "Mais que faut-il faire ? Il n'y a pas vraiment de mal chez ce garçon. Il est jeune..."

"Si vous souhaitez insinuer que ma femme est principalement en faute, vous êtes entièrement bienvenu dans tout réconfort que vous et votre famille pouvez tirer de cette hypothèse."

Ledstone posa ses mains sur la table entre eux et regarda Maxon d'un air plaintif. Il était déconcerté et perplexe ; il croyait ne pas avoir pleinement compris lui-même ni la situation. Il fit appel à son artillerie la plus puissante, ce qui constitue l'élément le plus extraordinaire de l'affaire.

"Le garçon suggère en fait qu'il devrait amener votre... qu'il devrait amener Mme... qu'il devrait amener la dame voir Mme Ledstone et ma fille !" Il souffla cette atrocité suprême en respirant rapidement et s'épongea de nouveau le visage.

« Vous êtes maître dans votre propre maison, je suppose ? Vous pouvez décider qui recevoir, M. Ledstone. Il repoussa un peu sa chaise ; ce mouvement indiquait sans aucun doute que son visiteur devait mettre fin à sa visite. M. Ledstone n'a pas compris l'allusion.

"Je suppose que vous allez... vous allez engager une procédure, M. Maxon ?"

"Je ne crois pas au divorce."

"Tu ne le feras pas ?"

"J'ai dit que je ne croyais pas au divorce." Une exaspération croissante, durement contenue, résonnait dans sa voix.

Un soulagement visible éclaira le visage de M. Ledstone. "Tu ne le feras pas ?" Il a répété. "Oh, eh bien, c'est quelque chose. Cela nous laisse du temps en tout cas."

Maxon sourit – pas amicalement. "Je ne pense pas que vous devez supposer que votre fils et la dame qui se fait appeler maintenant Mme Ledstone seront aussi heureux que vous le paraissez."

"Oh, mais s'il n'y a pas de procédure !" murmura Ledstone. Puis il osa une suggestion. "Une influence privée pourrait-elle être exercée?"

"Pas le mien", dit sombrement Cyril Maxon.

"Pourtant, vous ne proposez pas d'engager une procédure !" Il mâchait presque affectueusement la miette de réconfort.

Cyril Maxon se réfugiait dans le silence ; ne pas répondre à cet homme était probablement le meilleur moyen de se débarrasser de lui – et il avait déjà défini son attitude à deux reprises. Le silence régna pendant une minute ou deux.

« Je suppose que ma femme et ma fille doivent le savoir. Mais quant au reste de la famille... » M. Ledstone parlait de ses difficultés personnelles. Maxon restait immobile et silencieux comme une statue. "Tout cela sera peut-être rafistolé. Il retrouvera la raison." Il jeta un coup d'œil à Maxon. "Mais je ne dois pas vous garder, M. Maxon." Il se leva. " S'il n'y a pas de procédure... " Maxon frappa brusquement la sonnette sur sa table ; Gibbons ouvrit la porte. "Merci. Bonjour, M. Maxon." Le silence de Maxon resta intact alors que son visiteur sortait d'un pas traînant.

La nature de Maxon, dure et fière, peu tendre dans l'affection, très tenace dans la dignité, ne trouvait plus de place pour aucun autre sentiment que le dégoût, un double dégoût de la méchanceté et de l'absurdité, de la chose elle-même et de la méprisable prétention dans laquelle il se trouvait. le couple a cherché à le dissimuler. L'intrusion de Ledstone – c'est ainsi qu'il considérait la visite du père de Godfrey – intensifia son dégoût indigné pour toute cette affaire. Devoir en parler à un homme comme ça ! A lui demander d'user de son influence ! Il sourit sinistrement alors qu'il essayait de s'imaginer en train de faire ça. Il plaide auprès de sa femme, il faut le supposer ; donner de sages conseils au jeune homme peut-être ? Il ne demandait plus qu'à pouvoir se laver les mains d'eux deux et de la famille Ledstone. Vraiment, avant tout, de la famille Ledstone ! Comme leur pensée l'énervait ! L'enseignement de M. Attlebury sur le devoir de sauver une âme a disparu. N'avait-il pas, à son tour, le droit de se prévaloir de la doctrine des limites de l'endurance humaine ? Est-il fait uniquement pour les pécheurs – ou uniquement pour les épouses ? Maxon estimait que cela s'appliquait avec une force écrasante à tout rapport ultérieur avec la famille Ledstone - et il ordonna à M. Gibbons d'agir en conséquence, si le besoin s'en faisait sentir. M. Gibbons avait remarqué l'écriture de Winnie, qu'il connaissait naturellement, sur sa lettre, et se demandait s'il pouvait y avoir un lien entre cela et l'étrange visite et l'ordre péremptoire. Il savait depuis deux ou trois semaines que Mme Maxon n'était plus dans Devonshire Street ; il entretenait des relations très amicales avec le cocher qui conduisait le coupé de Cyril Maxon.

M. Ledstone, heureusement ignorant de l'aspect qu'il prenait dans les pensées de Maxon, rentra chez lui à pied jusqu'à Woburn Square, prudent et préoccupé par beaucoup de choses. Bien qu'il fût un homme bon et aux vues orthodoxes, on ne peut pas non plus dire qu'il était principalement occupé du devoir de sauver les âmes ; Sauver un scandale était, bien que sans doute moins important, beaucoup plus urgent. En fait, il passait en revue les noms de tous ceux de sa famille et de ses amis qu'il ne voulait pas connaître de cette affaire et qui n'auraient besoin d'en rien savoir, si les choses étaient bien gérées et si Godfrey était raisonnable. Il souhaitait avoir cette liste prête à produire pour le confort de son entourage familial immédiat. Ils... Mme. Ledstone et sa fille doivent être informés. Cela serait sûr de les « atteindre » d'une manière ou d'une autre, et Mme Ledstone jouissait du prestige d'avoir un cœur faible ; il ne serait jamais possible qu'une chose pareille lui parvienne sans les précautions nécessaires. En colère contre son fils, il ne voulait pas que celui-ci prenne le risque d'avoir cela sur la conscience ! En fait, la manière dont les choses parviennent aux gens est souvent extrêmement déconcertante. C'est un point que Shaylor's Patch aurait dû prendre en compte.

Compte tenu du cœur faible, Mme. Ledstone ne l'a jamais exposé à l'inspection sceptique d'un médecin - il l'a d'abord dit à Amy, Amy à propos de laquelle il semblait établi qu'elle ne se marierait jamais, même si elle venait tout juste d'avoir vingt-cinq ans. Il montra à Amy la lettre de Godfrey, son fils ; il indiqua l'atrocité suprême avec un index accusateur.

"Oh, elle lui a fait mettre ça", dit Amy avec une indifférence méprisante et un discernement absolu de la vérité.

M. Ledstone était en ébullition. « Quelle impudence !

Amy baissa les yeux sur ses pieds – chaussés de bonnes chaussures solides, raisonnables, mais pas laides ; elle était une grande marcheuse et pas une mauvaise joueuse de hockey. "Je me demande à quoi elle ressemble", a déclaré Amy. "J'ai vu le nom de M. Maxon dans le *Mail* assez souvent. Qu'as-tu pensé de lui, papa ?" Elle avait toujours gardé l'ancien nom de son père.

M. Ledstone cherchait une description de ses impressions. "Il ne m'a pas semblé très sympathique. Il ne semblait pas se sentir beaucoup avec nous, Amy."

"Déteste l'idée même de nous, je suppose", remarqua Amy. Elle se tourna de nouveau vers la lettre de Godfrey ; un léger sourire apparut sur ses lèvres. "Il a l'air d'être amoureux !"

« La question est : comment maman va-t-elle le prendre ?

"Oui, bien sûr, chérie," acquiesça Amy, un peu distraitement. Pourtant, d'une manière générale, il s'agit d'une question vaste ; elle a joué un grand rôle, pour le meilleur et pour le pire, dans l'histoire de l'humanité.

Mme Ledstone – une femme de cinquante-cinq ans, mais toujours jolie et avec de jolis airs de joliesse (il est agréable de voir leur grâce fanée, comme les pétales d'une fleur aplatis dans un gros livre) – l'a pris à peine, mais pas tout à fait avec le chagrin et la consternation vides, ou avec le spasme du cœur, que son mari avait craint pour elle. Elle a effectivement dit : "L'idée !" lorsque l'atrocité suprême – la suggestion d'amener Winnie chez elle – fut mentionnée ; et elle approuva cordialement la liste des parents et amis qui ne devaient rien savoir de tout cela. Elle rendit aussi un hommage digne et parfaitement sincère aux convenances indignées. Mais derrière tout cela se cachait le même genre d'intérêt qui était apparu dans les commentaires de sa fille – et qui existait plus explicitement dans les pensées de sa fille. Ces Maxon – cette Mme Maxon, car le mari était un personnage subalterne, bien que défendant ses propres intérêts – avaient brusquement fait irruption dans la vie ordonnée de Woburn Square, non seulement en défiant ses convictions, mais en excitant sa curiosité, la mettant soudainement en contact avec lui. avec des choses et des pensées qu'il n'avait vues que dans les journaux ou (dans le cas d'Amy) de temps en temps au théâtre, où des drames « d'idées » étaient présentés. Bien sûr, ils savaient que de telles choses se produisaient ; on peut savoir cela à propos d'une chose, et pourtant trouver cela très étrange quand cela nous arrive.

"Il y avait toujours quelque chose chez ce garçon", a déclaré Mme Ledstone. Le flou était extrême, mais la fierté se cachait dans la remarque, comme l'oignon dans la salade.

Et elle, comme son mari, a été extrêmement réconfortée par la nouvelle qu'il n'y aurait pas de procédure. "Sa carrière n'en souffrira pas, père." Elle semblait se redresser, comme au bord du laxisme moral. "Mais, bien sûr, il faut y mettre un terme immédiatement." Elle relut un passage de la lettre de Godfrey. "Oh, quelle oie ce garçon ! Il a la tête tournée ; ça se voit. Je suppose qu'elle est jolie... ou ce qu'on appelle intelligent, peut-être."

"Tout cela est déplorable, mais le plus grossier est l'effronterie de la femme." Cette effronterie était entièrement le fait de la femme — un point de vue méchant, mais peut-être dans ce cas-ci plus méchant qu'injuste. "Comment a-t-elle pu te regarder en face, mère ?" M. Ledstone serra la main de sa femme avec sympathie.

"Eh bien, nous devons l'éloigner d'elle le plus tôt possible."

Un pessimiste — un de ces mortels facilement découragés qui déplorent que rien n'ait été réalisé dans le bref laps de temps de leur propre génération — pourrait comparer le monde à une lourde boule à laquelle sont attachées cinq mille ficelles. À la fin de chaque séance, quelqu'un tire fort ; mais tous tirent dans des directions différentes. Effort universel, fatigue universelle, et la grosse boule reste exactement là où elle était ! Winnie était là, cœur et âme dans sa croisade, la tenant grande, presque sainte. Mais la seule idée à Woburn Square était d'y mettre un terme au plus vite ! — Et en attendant de l'étouffer, de le faire taire, de conserver la possibilité de ne plus pouvoir en parler dès qu'il serait terminé. heureusement fini. Aucune procédure ! Quel réconfort !

" Bien sûr, nous ne pouvons rien avoir à faire avec elle. Mais qu'en est-il de lui, tant que ça dure, je veux dire ? " M. Ledstone pose la question. "Nous devrions marquer notre—notre horreur."

"Oui, père, mais nous ne pouvons pas abandonner ce pauvre garçon parce qu'il s'est trompé. Qu'en penses-tu, Amy ? Après tout, tu es une grande femme maintenant." (Mme Ledstone se défendait contre un sentiment intérieur d'indélicatesse en évoquant l'affaire devant sa fille célibataire.)

"Oh, plus nous pouvons l'amener ici, mieux ce sera", était le point de vue d'Amy. "Il comprendra alors ce que nous ressentons."

"Amy a raison", déclara le père avec insistance. "Et toi aussi, maman. Nous ne devons pas l'abandonner. Nous devons exercer notre influence."

"Je veux entendre la propre histoire du pauvre garçon, pas une lettre écrite avec la femme à ses côtés", a déclaré Mme Ledstone.

« Est-ce qu'il viendra sans elle ? » demanda Amy.

" Sans elle — ou pas du tout ! C'est mon devoir de vous protéger, vous et votre mère, Amy. Et maintenant, vraiment, je dois lire mon journal. " Dans l'excitation du matin, dans sa hâte de retrouver Cyril Maxon, dans sa terreur de la procédure, il avait omis le rite.

"Je n'ai pas encore fait le lavage", a déclaré Mme Ledstone.

"C'est l'heure de la promenade de Snip", a ajouté Amy.

La vie a dû continuer, malgré Winnie Maxon – tout comme on lit que certains ont vécu leur routine ordinaire tout au long de la Révolution française.

Snip était l'Aberdeen terrier d'Amy Ledstone – et, disons-le tout de suite, un chien extrêmement attirant et accompli ; il « mourait » pour le roi et se plaignait si l'on parlait du chancelier de l'Échiquier. Amy lui a prodigué son surplus d'affection – ce qui restait de son amour pour sa mère, son père et son frère, son affection pour ses oncles, tantes et cousins, et une ou deux amitiés perdues qui ont survécu à l'époque où elle était écolière. Les chiens viennent parfois chercher ces aubaines. Mais aujourd'hui, alors qu'elle avançait le long d'Euston Road et dans Regent's Park, ses pensées étaient moins occupées par Snip que d'habitude. Obstinément, ils s'attaquèrent à Winnie Maxon ; sur plus que Winnie Maxon – sur les affections mal régulées en général. Elle en avait lu dans des romans (qui en sont si largement occupés), les avait vus exposés dans des pièces de théâtre, pincé les lèvres sur eux dans les journaux. Tout cela n'était pas la même chose, pas plus qu'un tremblement de terre en Chine n'est la même chose qu'un cambriolage dans sa propre maison. Les voilà, en fait dans le cercle familial ! Il ne s'agit pas d'une simple « dissipation », mais d'une détermination bien établie à réduire à néant les règles. Quelle sorte de femme était cette Mme Maxon ? Qu'est-ce qui l'avait poussée à cela ? Elle avait « supporté plus que n'importe quel être humain ne pouvait le faire » – c'est ce que disait la lettre de Godfrey. Elle « réclamait désormais un peu de bonheur », qui « ne faisait de tort à personne ». Elle a seulement « pris ce que la loi devait lui donner : la liberté d'un esclavage insupportable ». Les phrases de la lettre étaient vives dans les souvenirs d'Amy. Une femme qui s'est rebellée contre la loi : son argument contre la loi ne devrait-il pas être entendu ? N'avait-elle pas au moins droit à une audience ? Après tout, dans l'état actuel des choses, elle n'avait rien à voir avec sa réalisation – rien de direct, en tout cas. Cela semblait un plaidoyer plausible pour Mme Maxon. Mais d'un autre côté, parce qu'elle avait été lésée, ou qu'elle avait subi des mauvais traitements, ou qu'elle avait eu de la malchance, de continuer et de faire ce qui était, selon l'entraînement et les préjugés d'Amy, la seule chose absolument impardonnable, la chose difficilement nommable… "Je ne vois pas comment elle pourrait le faire, quoi qu'elle pense !" s'exclama Amy en entrant dans le Broad Walk.

Les gens iront, lorsqu'ils en auront le droit, voir d'autres personnes pendues, ou voir des meurtriers dans leurs cellules, ou voir une femme se battre en audience publique pour sa renommée comme pour sa vie. C'est quelque chose de ce genre d'intérêt qui a fixé les pensées d'Amy sur Winnie Maxon. Il y a une certaine admiration, une certaine pitié dans ce sentiment – et certainement une grande curiosité à l'égard de telles personnes dans l'esprit moyen, l'esprit respectueux des lois, l'esprit non spéculatif, l'esprit entraîné à considérer les conventions comme des éternités et les coutumes nationales comme des lois divines. .

Soudain, un sourire apparut sur ses lèvres. Serait-ce vraiment faux ? Elle et Godfrey avaient toujours été « de très bons amis ». Elle aimerait l'être encore. Quelle très bonne amie il la considérerait si... si elle ne traitait pas Mme Maxon comme de la saleté ! Si elle — Amy tremblait intellectuellement tandis que les spéculations se développaient — sans rien en dire à la maison, allait la voir, se faisait des amis, essayait de comprendre son point de vue — l'appelait « Winnie » ! L'appeler « Winnie » semblait le point suprême, le pivot sur lequel tournait son attitude.

Puis vint un froid doute. « Est-ce qu'elle voudra s'appeler Winnie ? "Est-ce qu'elle aura envie de me voir ?" "Elle est jolie, elle est intelligente, elle a été en société." Tomber amoureux d'un homme n'implique pas nécessairement de se préoccuper de l'opinion de sa jeune sœur. À quel point Mme Maxon était-elle jolie, à quel point était-elle intelligente ?

L'intérêt pour Winnie Maxon s'est accumulé de source après source. Oui, et de la part d'Amy Ledstone, l'intérêt pour elle-même grandissait également, mêlé d'un peu d'inquiétude. Elle semblait avoir voyagé loin dans ses méditations — et elle avait presque oublié Snip. Mais il était peu probable que ces spéculations aboutissent finalement à grand-chose. Amy elle-même l'a reconnu. Ils ne produiraient probablement rien d'autre qu'un soupçon de sympathie, traîtresse pour son foyer, à l'égard de Winnie stérile et inexprimée. Ils ne pouvaient pas l'empêcher d'être contre Winnie ; ils ne pouvaient que lui faire regretter de devoir l'être. Malgré tout, c'était une victoire durement gagnée contre les préjugés de son esprit et les canons de sa vie.

CHAPITRE X

ENVELOPPES MAUVES

La première condition pour pouvoir se faire plaisir, c'est d'avoir de quoi vivre. Stephen Aikenhead avait tout à fait raison à ce sujet. L'épargne, exercée par vous-même ou par quelque bienfaisant précurseur, confère l'indépendance ; vous pouvez vivre du monde tout en le bafouant. (Dans les limites du droit pénal, bien sûr, mais pourquoi être un criminel si vous avez de quoi vivre ? Il vous manque la seule bonne excuse.) Imaginez l'état des choses s'il n'en était pas ainsi - si les banques, les chemins de fer, les quais, les brasseries pourraient vous refuser vos dividendes au motif d'irrégularité dans votre vie privée ! Quel quart de jour soudain et profond de réforme des mœurs parmi les classes aisées s'ouvre devant notre vision fantastique ! Vraiment de quoi faire pâlir d'envie le clergé et les ministres de toutes confessions !

Cette condition économique était remplie pour la création de Godfrey Ledstone – juste remplie selon les idées de Winnie, et rien de plus. Elle gagnait cent cinquante livres par an ; Les gains de Godfrey étaient en moyenne d'environ deux cents, ou un peu plus. Son père avait pris l'habitude de lui donner un chèque de cinquante dollars à Noël, mais on ne pouvait guère compter sur cet ajout maintenant. Ce n'était pas de la richesse ; pour quelqu'un qui était habitué à Devonshire Street et aux revenus croissants d'un conseil du roi, ce n'était en aucun cas de la richesse. Mais c'était suffisant ; avec soin, il soutiendrait les petits locaux qu'ils avaient pris près de la gare de Baron's Court à West Kensington : un studio, une petite salle à manger, deux chambres à coucher, une salle de bains et « les bureaux habituels » (les « bureaux habituels », inhabituellement exigus). Aucune possibilité d'expansion ! Mais ils n'avaient pas l'intention de s'étendre pour le moment.

Ici, Winnie s'est assise pour défier ou convertir le monde. Elle a dû entamer les démarches avec sa cuisinière-femme de ménage. Défi, et non conversion, était ici certainement le mot, et Godfrey était nettement vexé lorsque Winnie en avait parlé à la cuisinière et à la servante. Puisqu'il n'y avait pas de procès, fallait-il vraiment que la bonne femme en soit informée ?

L'occasion de cette – leur première – dispute était petite, mais en aucun cas insignifiante. Winnie tenait Godfrey à sa promesse qu'il n'aurait pas honte d'elle.

"Parmi nos amis, je voulais dire, bien sûr", a expliqué Godfrey. "Parmi des gens instruits et réfléchis qui peuvent apprécier votre position et notre point de vue. Mais cette femme pensera simplement que vous êtes... eh bien, que vous êtes ce que vous n'êtes pas, vous savez."

"Comment le peut-elle, alors que je lui ai tout raconté ?"

Il haussa les épaules. "Attends de lui faire exploser quelque chose, tu verras ce que je veux dire", dit-il.

"Alors je vais la renvoyer." Le petit visage fier de Winnie était très rouge.

Godfrey avait observé certains aspects de la vie. Ils eurent successivement trois servantes-cuisinières et furent au bord du désespoir lorsque Dick Dennehy leur trouva une vieille Irlandaise qui ne savait pas cuisiner du tout, mais était entièrement charitable. Dick lui avait parlé de la situation au préalable ; Winnie n'avait aucune occasion d'y faire référence. Winnie ne le fit pas et essaya de ne pas se sentir soulagée. Elle cessa également d'en parler aux femmes de ménage occasionnelles, qui venaient « à la journée ». Godfrey avait peut-être raison de penser que cela était superflu. Dennehy venait souvent, et ils avaient d'autres visiteurs, certains amis célibataires de Godfrey, d'autres appartenant aux habitués de Shaylor's Patch - Mme. Danford et M. Carriston, par exemple. Mme Lenoir est également venue, non pas de son plein gré (elle ne l'a jamais fait), mais en réponse à une invitation de Winnie. Godfrey ne parut pas très enthousiaste face à cette invitation.

"Mais tu avais l'air de l'aimer tellement à Shaylor's Patch," dit Winnie surprise.

"Oh oui ! Demande-lui alors, si tu veux." Il ne formula aucune objection ; mais dans son esprit, il y avait l'idée que Winnie ne se rendait pas vraiment compte à quel point elle devait être très prudente dans sa position.

Tels étaient les petits nuages qui passaient, obscurcissant un instant le bonheur de l'un ou de l'autre.

Pourtant, ils étaient très heureux. Godfrey était sincèrement amoureux ; Winnie aussi, et pour elle il y avait en plus la joie – la nouvelle merveille – d'être libre. Libre, mais pas seul. Elle avait un compagnon et pourtant pas un maître. Son esprit était le meilleur des deux. Elle ne s'en rendait pas explicitement compte, mais inconsciemment et instinctivement, elle prenait la direction de la plupart de leurs activités et de leurs divertissements. Ses goûts guidaient leurs intérêts et leurs loisirs – les livres qu'ils lisaient, les concerts et les théâtres qu'ils « extrayaient » de leur maigre marge d'argent disponible. Cette initiative était d'un plaisir indicible pour l'ancienne Mme Maxon, une chose absolument nouvelle dans sa vie et absolument satisfaisante. Cette liberté, cette liberté de s'étendre, de grandir, de se développer, était ce que sa nature avait désiré. Même si elle mettait complètement son amour de côté – et comment devrait- elle le faire ? – cela semblait en soi justifier son refus d'être plus Mme Maxon et de devenir Mme Winifred Ledstone. En fait, cela était lié à son amour, car la moitié de la joie de ces nouveaux voyages et aventures de l'esprit résidait dans le fait de les partager avec Godfrey.

Il semblait encore que tout était possible avec un peu de courage, que toutes les difficultés disparaissaient lorsqu'on les affrontait avec audace. Y aurait-il eu une difficulté plus énorme que celle de Cyril Maxon ? Il avait disparu dans l'espace !

Après environ six semaines de cette existence agréable – pendant lesquelles les difficultés s'effacèrent au moins avec tact, sauf dans les bagatelles qui ont été légèrement signalées – un phénomène commença à s'imposer à l'attention de Winnie. Godfrey n'était pas un homme de grande correspondance ; il faisait la plupart de ses affaires en personne et effectuait d'autres communications nécessaires principalement par téléphone (c'était un luxe auquel ils avaient convenu qu'ils devaient « courir » au prix d'un autre luxe, non précisé, auquel il devait renoncer). Maintenant, il commençait à recevoir assez souvent un certain type d'enveloppe – trois fois par semaine peut-être. C'était une enveloppe mauve, un peu plus grande que l'ordinaire. Winnie se gardait bien de scruter ces enveloppes – elle ne vérifiait même pas les cachets de la poste – mais elle ne pouvait s'empêcher de remarquer que, même si les enveloppes étaient toujours semblables, l'écriture de l'adresse variait. En fait, elle a noté trois variétés. Étant une femme d'une certaine perspicacité, elle n'avait pas vraiment besoin d'inspecter les cachets de la poste. Godfrey avait un père, une mère et une sœur. On lui écrivait, on lui écrivait des lettres assez volumineuses, qu'il ne lisait pas en compagnie, mais qu'il rangeait dans sa poche ; ils n'ont jamais réapparu et ont probablement été éliminés secrètement, sur place ou à l'extérieur. Elle ne l'a jamais non plus détecté en train de répondre à une question ; mais dans le cadre de son travail, il passait de nombreuses heures loin de chez lui et appartenait à un modeste petit club du quartier de Covent Garden ; il y avait sans doute du papier à lettres.

Ces enveloppes mauves commençaient à troubler la paix, ou du moins le bonheur, du petit ménage. Les matins où ils venaient étaient moins gais que les autres matins ; une contrainte se manifestait dans les salutations et les adieux. C'étaient des rappels – des rappels inquiétants – du grand monde extérieur, du monde qui était défié. Sa famille était à Godfrey Ledstone : trois membres de sa famille, dont un au cœur faible.

Trois semaines d'enveloppes mauves ont fait leur travail. L'un était venu le samedi ; le dimanche matin, Godfrey a présenté ses excuses à Winnie. Il ne pourrait pas la rejoindre dans leur excursion habituelle de l'après-midi – pour une promenade, ou pour aller à une galerie de photos, etc.

"Ma mère ne va pas très bien, elle n'est pas forte, tu sais. Il faut que j'aille chez les miens."

" Bien sûr que vous le devez, Godfrey. Mais... sans moi ? "

"Oui." La dépassant en se dirigeant vers la cheminée, il lui serra la main un instant. Puis il lui tourna le dos, tandis qu'il remplissait sa pipe avec des doigts inhabituellement maladroits. "Oh, j'ai essayé ! Ils m'ont harcelé pendant des semaines - vous l'aurez probablement deviné - et je leur ai répondu - lettre après lettre. Cela ne sert à rien ! Et hier, mon père a écrit que ma mère était vraiment très bouleversée." Il se retourna et parla presque violemment. "Tu ne vois pas que je dois y aller, Winnie ?"

" Bien sûr que vous le devez", répéta-t-elle. "Et je ne peux pas venir s'ils... s'ils ne me laissent pas entrer !" Elle réussit à sourire. "Tout va bien. Je vais me promener seul."

Il a essayé de trouver le bon côté de la situation. " J'aurai peut-être plus de chance de les convaincre si j'y vais. Je ne suis pas douée pour les lettres. Et maman m'aime beaucoup. "

" Bien sûr que tu dois y aller, " répéta encore une fois Winnie. Qu'avait Winnie à dire d'autre – alors que Mme Ledstone n'était pas forte et était vraiment très bouleversée ?

"Je n'en ai vu aucun depuis... oh, ça doit faire trois mois... et j'y allais tous les dimanches, quand j'étais en ville."

"Eh bien, tu y vas aujourd'hui, ma chérie. Tout est réglé !" Elle s'approcha de lui et l'embrassa délicatement. "Et nous ne désespérerons pas d'eux, n'est-ce pas ? Quand pars-tu ?"

"Je—j'avais l'habitude d'aller déjeuner. Ils veulent que je le fasse. Et je repars après le thé."

"Eh bien, fais exactement ce que tu faisais. J'espère que je le ferai avec toi dans quelques semaines."

"Oh, je l'espère, ma chérie."

Il n'avait pas la lueur d'un tel espoir. Lui demander s'il en avait même le souhait eût été poser une question embarrassante. Le code dans lequel il fut l'élève de Bob Purnett reconnaît une division assez stricte de la vie en compartiments. Il était certainement l'amant de Winnie ; il était fort douteux qu'il soit son converti. Être son amant, c'était enfreindre la loi ; être sa convertie, c'était le nier. Avant de la rencontrer, il faisait partie de ceux qui envisagent toujours de se conformer à la loi – un jour ; au bon moment de la vie, ou au bon moment avant la mort, selon la manière la plus précise de le dire. Il était prêt à dire au Tribunal : « J'ai mal agi » – mais pas à dire : « Vous – ou vos interprètes – avez eu tort. Godfrey Ledstone était un homme très ordinaire.

Ainsi, après un déjeuner solitaire (une saucisse restée froide du petit-déjeuner et une tasse de thé), Winnie s'est lancée dans une expédition solitaire. Elle a pris le train de Baron's Court à Hyde Park Corner, avec l'idée de profiter des "teintes d'automne" en compagnie de Rotten Row et de la Serpentine. Mais tandis qu'elle marchait, ses pensées n'étaient pas tant tournées vers les teintes automnales que vers Woburn Square – vers cette famille si étroitement liée à sa vie, et pourtant si indiciblement lointaine, pour qui elle était pire qu'une menace – elle était une présence présente et active. malédiction – qui pour elle était quelque chose de malavisé, presque ridicule, et pourtant intensément formidable – en réalité l'incarnation concrète de tout ce contre quoi elle devait lutter, la chose à travers laquelle le grand monde la frapperait, la blesserait et la tuerait très probablement . si c'était possible. Et la famille et Winnie se considéraient de manière si absolue, si manifeste, n'est-ce pas ! À tort ou à raison, elle savait très bien, tandis qu'elle se dirigeait vers la Serpentine, qu'à cet instant précis, à Woburn Square, ils essayaient de lui éloigner son homme ; pour lui faire honte d'elle (il avait juré de ne jamais l'être), pour lui faire la jeter, la laisser bloquée, au ridicule et à la ruine de son expérience. Avec un souffle soudain, elle ajouta : « Et mon cœur brisé !

Juste au moment où elle s'approchait du lac, elle aperçut - parmi les promeneurs qui jusqu'alors semblaient des ombres insignifiantes à son esprit préoccupé - une silhouette familière, Hobart Gaynor ! Son cœur bondit de joie soudaine ; voici un vieil ami sympathique, l'homme qui comprenait pourquoi elle avait fait ce qu'elle avait fait. Mais Hobart Gaynor n'était pas seul. Son attitude radieuse et satisfaite d'elle-même était justifiée par la jolie beauté de la jeune fille qui marchait à ses côtés : son épouse, qu'il avait épousée il y a un mois, Cicely Marshfield. Winnie lui avait envoyé des félicitations, de bons vœux et un cadeau ; tout cela avait été cordialement reconnu dans une lettre écrite trois jours avant le mariage. La cérémonie s'était déroulée à la campagne, et dans le calme (à cause du décès d'une tante) ; aucune question ne s'est posée quant à savoir qui devait ou non être invité à y assister.

Son cœur allait à Hobart. Il l'avait aimée; elle l'avait toujours beaucoup aimé. Dans son enfance terne et sans incident , il lui avait procuré des moments de plaisir ; dans cette horrible vie conjugale, il avait été de temps en temps un refuge. Elle ne connaissait pas Cicely, mais Hobart aurait sûrement choisi une fille sympa, qui serait une amie, qui comprendrait tout, à qui on pourrait parler de tout ? Avec un sourire heureux et une jolie rougeur, elle rencontra Hobart et son épouse Cicely. Elle le vit lui parler, un mot rapide et précipité. Cicely répondit : Winnie vit le tour rapide de sa tête et le mouvement de ses lèvres. Il parla une fois de plus, juste au moment où Winnie hochait la tête et lui souriait, et qu'il levait la main vers son chapeau. Puis vint la rencontre. Mais avant que cela ait vraiment commencé, le cœur de Winnie s'est transformé en leader. Le visage de Hobart était rouge ; sa main se tendit vers la sienne avec une forte réticence. La grande fille blonde se tenait si grande, si droite, baissant les yeux, s'inclinant, ne tendant pas la main du tout, ignorant l'appel pathétiquement comique dans les yeux embarrassés de son mari.

Les mots enthousiastes de félicitations, de cordialité et d'amitié de Winnie se sont heurtés à un « Merci » glacial, prononcé sous une protestation évidente, pour cause de *force majeure* . Winnie posa ses yeux sur ceux de Hobart, mais les siens furent détournés ; un sourire rigide sur ses lèvres rendait un horrible hommage à la courtoisie.

Winnie a mené l'affaire aussi brièvement que possible. Elle n'a pas tardé à prendre exemple.

"Eh bien, je suis heureuse de vous avoir croisé", dit-elle, "et quand vous serez installé, je dois venir vous voir. Vous ne voudrez pas être dérangé pour l'instant."

Une fois de plus, le regard de Hobart séduisit désespérément sa femme. Mais sa femme lui a laissé la réponse.

"Nous sommes encore un peu chaotiques", trébuche-t-il. "Mais bientôt, j'espère, Winnie——"

"Je vous préviens. N'ayez pas peur ! Maintenant, je dois me dépêcher... au revoir."

"Au revoir", dit Cicely, avec une autre inclinaison de la tête - elle semblait si haute au-dessus de celle de Winnie, regardant d'une telle altitude.

"Au revoir, Winnie." Une gentillesse, étrangement honteuse d'elle-même, avait du mal à s'exprimer dans la voix de Hobart.

Quand les deux hommes furent passés – après un intervalle de sécurité – Winnie se tourna et regarda leurs silhouettes qui s'éloignaient, la jeune fille hautaine et droite, le large dos solide du cher vieux Hobart, quelque peu courbé par beaucoup de travail de bureau. Winnie souriait ; c'est parfois la seule chose à faire.

"Ce n'est pas mon jour de chance." Elle exprima donc ses pensées, associant la rencontre à Hyde Park à ce qui se passait maintenant – à ce moment précis – à Woburn Square ; car ce n'était pas encore l'heure du thé, et la visite de Godfrey durerait, selon la coutume, jusqu'après le thé.

Elle rentra chez elle et l'attendit au crépuscule de la soirée d'automne. Une appréhension la possédait ; elle ne savait pas quel effet Woburn Square aurait pu avoir sur lui. Mais il arriva vers six heures, joyeux, affectueux, inchangé. En revanche, au sujet de sa visite à domicile, il s'est montré plutôt réticent.

"Ils étaient tous très gentils – et je ne pense vraiment pas que la situation de ma mère soit pire que d'habitude. À propos de sa frêle ordinaire." Il semblait enclin à écarter l'affaire avec ce bref résumé. "Et qu'as-tu fait de toi-même ?"

"J'ai pris le métro jusqu'au parc et je me suis promené." Elle fit une pause. "J'ai rencontré Hobart et Cicely Gaynor."

"Oh, l'heureux couple ! Comment s'épanouissaient-ils ?"

"Ils… eh bien, ils m'ont mis en garde, Godfrey. Au moins, elle l'a fait – et il a dû emboîter le pas, bien sûr."

Godfrey s'était servi du whisky et de l'eau gazeuse ; Gobelet à la main, il traversa le studio et revint.

"Hobart est l'une des rares personnes au monde que j'aime vraiment."

"Eh bien, tu sais, Winnie, tu voulais que ce soit ainsi. Je t'assure que je ne trouve pas cela tout à fait confortable non plus." Il vida le verre d'un long trait et le posa sur la table.

Elle se releva vivement, s'approcha de lui et lui passa les bras autour du cou ; elle ne pouvait que l'atteindre, car il était grand.

« Et ils s'en sont tous pris à moi – et à vous à propos de moi – aussi à Woburn Square, je suppose ?

"Sur mon honneur, tu n'as pas été mentionné une seule fois pendant tout ce temps, Winnie. Ils étaient tous les trois terriblement gentils et heureux de me voir."

Le visage de Winnie arborait à peu près le même sourire que lorsqu'elle avait regardé le dos droit de Cicely Gaynor s'éloigner d'elle.

"C'était plutôt intelligent de leur part", remarqua-t-elle. "Je n'ai jamais parlé de moi !"

« Etes-vous tout à fait juste ? Il parla doucement et l'embrassa.

"Non, chérie", dit-elle en fondant en larmes. "Comment puis-je être juste alors qu'ils essaient de t'enlever de moi ?"

"Ni eux ni personne d'autre ne peut faire ça."

Et puis, pendant un moment encore, elle crut son amant et oublia le reste.

Mais le lundi matin, deux enveloppes mauves sont arrivées. Winnie descendit la première par hasard – et cette fois, elle regarda les cachets de la poste. Tous deux portaient l'empreinte « WC », indiquant clairement Bloomsbury. Winnie sourit et se proposa une excuse pour son enquête de détective.

"Vous voyez, je pensais que l'une d'elles pourrait provenir de Cicely Gaynor. Je suis presque sûr qu'elle utilise aussi des enveloppes mauves."

Le monde de la bienséance semblait se draper de mauve — une couleur pas très gaie, après tout.

Godfrey entra, jeta un coup d'œil aux deux enveloppes mauves, jeta un coup d'œil à Winnie et mit les enveloppes dans sa poche. Après un silence, il remarqua que le bacon était très bon.

CHAPITRE XI

UN NOM NON MENTIONNÉ

Alors que l'automne se transformait en hiver, les dimanches de Godfrey à Woburn Square redevinrent fermement une coutume hebdomadaire. Winnie pouvait difficilement nier que, dans les circonstances de l'affaire, ils constituaient un compromis équitable. Woburn Square avait droit à ses convictions, pas moins que Shaylor's Patch ; ce n'était pas à elle de le nier, si étroites qu'elle considérât les convictions ; et ce ne serait ni juste ni gentil de sa part, même s'il s'avérait possible, de séparer Godfrey de sa famille. Quoi qu'il en soit, à mesure que les visites devenaient régulières, les enveloppes mauves arrivaient moins fréquemment ; Il y avait là une certaine consolation, car un bon buffet peut être préféré à cent pincées. Elle essaya de se réconcilier à trouver ses propres divertissements pour le dimanche, et Godfrey, par loyauté, peut-être par pénitence, lui consacra la demi-congé du samedi. Pourtant, un poids pesait sur son esprit ; elle craignait la pression constante et incessante de Woburn Square, le lien familial, l'atmosphère familiale, le cœur faible de Mme Ledstone. En vérité, elle avait plus de raisons d'avoir peur qu'elle ne le pensait, plus d'ennemis qu'elle ne le pensait. Il y avait la façon native et profondément enracinée de voir les choses de son amant, très différente de la façon dont elle l'avait forcé ou cajolé. Il y avait le fait qu'il ne rencontrait pas toujours uniquement les membres de la famille à Woburn Square.

Malgré l'absence de Godfrey et la défection de Hobart Gaynor, Winnie n'était pas sans amis et sans distractions le dimanche. Parfois, Dick Dennehy venait, inébranlable dans sa désapprobation, mais ferme aussi dans son affection, et ouvertement méprisant à l'égard de Woburn Square. "Tu t'ennuierais à mourir là-bas", lui dit-il. "Et en ce qui concerne le principe de la chose, si vous pouvez vous moquer de l'Église catholique, je pense que vous pourriez vous moquer de la famille Ledstone."

Une proposition raisonnable, peut-être, mais pas convaincante pour Winnie. L'Église catholique ne lui a pas enlevé son amant tous les dimanches et ne lui a pas fait craindre de lui.

Mme Lenoir venait parfois ou invitait Winnie à prendre le thé avec elle. À la majesté de ses manières se mêlait maintenant une pitié contenue. Winnie était pour elle une petite femme très ignorante, s'efforçant d'accomplir une tâche réservée à des mains beaucoup plus fortes, et nécessitant un courage bien plus grand – voire une audace dont Winnie ne faisait pas preuve. Lorsque sa première passion se serait dissipée, ce qu'elle avait obtenu et ce qu'elle avait perdu lui reviendrait. Elle ne risquait que trop de constater qu'elle n'avait rien obtenu ; et elle avait certainement beaucoup perdu, car Mme Lenoir avait tendance à se moquer de « l'écrasement » de Cyril Maxon. Elle était tout à fait claire sur le fait qu'elle n'aurait pas été écrasée et appréciait moins les pouvoirs de résistance de Winnie. Mais, étant une femme sensée, elle ne dit rien de tout cela : c'était soit trop tard, soit trop tôt. Son point de vue ne se reflétait que dans ce soupçon de compassion dans ses manières – la pitié du voyageur fatigué pour le jeune qui commence si allègrement son voyage.

Winnie trouvait consolation et plaisir à discuter de ses affaires avec ces deux amis. Un autre visiteur lui apporta un soulagement salutaire sur le sujet. Godfrey avait amené un jour Bob Purnett au studio. Sa première visite n'était en aucun cas la dernière. Sa saison de travail était commencée ; il chassait cinq jours par semaine ; mais il avait l'habitude de rentrer en ville le samedi soir et d'y passer le dimanche. Il s'avéra donc , naturellement et sans aucune intention malveillante, que ses visites avaient généralement lieu le dimanche après-midi, lorsque Godfrey était absent ; parfois il restait et partageait leur simple dîner, souvent il les emmenait dîner dans un restaurant, et peut-être revenait avec eux pour parler et fumer, et ainsi rentrer chez lui, sobre, ordonné et à l'heure. — prêt pour le travail du lendemain.

Winnie et lui étaient en bonne santé l'un pour l'autre. Elle a oublié ses théories ; il avait une meilleure compagnie que d'habitude. Ils sont devenus de bons camarades et de grands amis. Godfrey était ravi ; ses absences du dimanche semblaient en quelque sorte tolérées ; il n'était pas hanté par l'image d'une Winnie solitaire. Il cessa de s'accuser parce qu'il aimait être à Woburn Square et qu'il en jouissait donc de plus en plus librement. Être heureux que votre amant puisse être heureux en votre absence est une émotion bonne et généreuse – savoir si caractéristique du zénith de la passion est une autre question.

Habitué plutôt à la prodigalité qu'à un raffinement économe, Bob s'émerveillait de la délicatesse de l'humble établissement de Winnie. Il admirait et, à son tour, avait pitié. La situation de son ami n'était pas un secret pour lui.

"Je me demande comment tu fais!" s'exclamait-il. "Est-ce que tu dois travailler terriblement dur ?"

"Eh bien, cela semble parfois difficile, parce qu'avant, je n'étais pas obligé de le faire. En fait , j'étais grondé si je le faisais." Elle a ri. "Je ne prétends pas aimer être pauvre."

"Mais vous l'avez fait assez vite, Mme Ledstone. Vous le saviez, je veux dire ?"

"Oh oui, je le savais, et je l'ai accepté, comme tu dis. Alors je ne me plains pas."

"Je te dis quoi : un jour, Godfrey et toi devrez venir faire une virée avec moi. Allez à Monte Carlo ou ailleurs et passez un bon moment !"

"Je ne crois pas que je devrais aimer du tout Monte-Carlo."

"Pas comme ça ? Oh, dis-je, je parie que tu le ferais."

"Je suppose que c'est un préjugé que de condamner même Monte-Carlo sans le voir. Peut-être que nous parviendrons à y aller un jour. Je pense que Godfrey l'aimerait."

"Oh, je l'ai emmené une fois, d'accord, avec—avec d'autres amis."

« Et vous, les hommes, avez tous joué comme n'importe quoi, je suppose ?

"Oui, nous l'avons fait un peu." Bob était intérieurement amusé par son hypothèse sur la nature de la fête – amusé, mais arrêté par un intérêt soudain, un respect et une touche de pitié de Mme Lenoir. S'il n'y avait eu que lui-même à avouer, il l'aurait avoué.

"Vous voulez garder l'ordre, M. Purnett", dit-elle en souriant. "Vous devriez vous marier et être obligé de dépenser votre argent pour votre femme."

Elle a intrigué Bob. Parce qu'elle était là, pas mariée elle-même ! Il ne pouvait échapper à cette division rigide et logique qui était la sienne – et celle de beaucoup d'autres personnes, comme Dennehy et autres.

"Je ne suis pas un homme qui se marie. Que le ciel aide la femme qui m'a épousé !" » dit-il avec une sincérité fantaisiste.

Elle vit la sincérité et y répondit avec un "Pourquoi ?"

Bob n'était pas doué pour l'analyse, ni sur lui-même ni sur les autres (même s'il faisait un effort rudimentaire sur Winnie). « La façon dont un type est bâti, je suppose. »

"Quel genre d'argumentation très concluante !" elle a ri. "Comment Godfrey est-il construit, M. Purnett?"

" Godfrey va bien. Il s'installerait s'il se mariait un jour. "

Les théories affluaient par la porte ouverte. Des théories lâches, s'ils avaient refusé une telle ouverture !

"Eh bien, n'est-ce pas ?" » demanda Winnie, avec une couleur dangereusement montante.

Bob Purnett était une image de honte et de confusion.

"Je pourrais me mordre la langue, Mme Ledstone... attendez, vous ne pensez pas que je suis... euh... ce que vous appelleriez un type qui s'immisce ? La façon dont mes amis choisissent de... régler leurs affaires entre eux n'a aucune importance. Le fait est que je ne pensais pas. Bien sûr , vous avez raison. Il… eh bien, il se sent bien marié. Et donc , il est bien marié, vous ne savez pas ce que ressent un type ? fin, n'est-ce pas ? Oui, c'est vrai, bien sûr.

Le pauvre homme était terriblement troublé. Pourtant, derrière toute sa consternation face à sa bévue, derrière sa pénitence accablante, se cachait la question obstinée : pouvait-elle vraiment penser que cela ne faisait aucune différence ? Aucune différence pour un homme comme Godfrey Ledstone, qu'il connaissait si bien ? Submergé par ses remords de lui avoir fait du mal, la question était pourtant là, au fond de son esprit. Des gens ni réguliers ni irréguliers, des gens qui déplacent les frontières (vraiment si bien installés !), comme c'était déroutant ! Quels pièges ont-ils tendus au causeur insouciant, au moraliste traditionnel – ou à l'immoraliste !

"Oh, je ne m'attends pas à ce que tu comprennes !" Winnie s'exclama irritable. "Je me demande si tu viens ici!"

"Je me demande si je viens ici ! Bon Dieu !" Il réfléchit à d'autres endroits où il était allé – et où il avait peut-être l'intention de revenir.

"Tu es une personne désespérée, mais tu es très gentille et gentille." La couleur s'estompa progressivement et Winnie sourit à nouveau, plutôt tremblante. "Nous n'en parlerons plus. Dis-moi comment se forme la jument alezane ?"

Pourtant, lorsqu'elle entendit parler de la jument, elle ne parut que passablement intéressée, et pour une fois Bob resta bouche bée sur le seul sujet sur lequel il avait l'habitude d'être éloquent. Il ne pouvait pas se pardonner sa hideuse erreur inexplicable ; parce qu'il s'était juré de toujours se rappeler que Mme Ledstone se considérait comme mariée. Mais ainsi, de temps en temps, nos habitudes de pensée font trébucher nos bonnes résolutions ; un homme ne peut pas toujours se rappeler de dire ce qu'il ne pense pas, aussi essentiel que soit l'accomplissement dans la société.

Winnie a retrouvé sa sérénité, mais n'a pas pu retrouver la sienne. Elle le vit et, par pitié, ne fit aucune opposition lorsqu'il se leva pour partir. Mais elle fut aimable, l'accompagna jusqu'à la porte et lui ouvrit elle-même. Il venait de se serrer la main et de mettre son chapeau, lorsqu'il s'écria d'un ton surpris : « Bonjour, qui est-ce ?

L'atelier était un peu en retrait de la rue ; un petit parvis dallé y donnait accès ; l'entrée était étroite et une maison faisait saillie de chaque côté. Pour un étranger, l'endroit n'était pas immédiatement facile à identifier. Juste en face se tenait maintenant une femme qui regardait autour d'elle, comme si elle doutait. Lorsque la porte s'ouvrit et que la lumière du bec de gaz du hall jaillit, elle franchit rapidement le portail du parvis et monta jusqu'à la maison.

Bob Purnett n'émit qu'un sifflement, mais Winnie l'entendit et le regarda rapidement. Il n'eut pas le temps de parler avant l'arrivée du visiteur.

"Est-ce que c'est celui de Mme Godfrey Ledstone ?" elle a commencé. Puis, avec une pointe de surprise, elle s'interrompit en s'exclamant : « Oh, vous, M. Purnett ! Il n'était pas du tout surprenant qu'il soit là, mais simplement qu'elle vienne par hasard quand il serait là.

"Oui, euh, comment vas-tu ?" dit Bob. "Je—je vais juste y aller."

"Si vous connaissez cette dame, vous pouvez me présenter", suggéra Winnie en souriant. "Mais j'ai bien peur de vous recevoir de manière plutôt informelle", a-t-elle ajouté au visiteur. "Je suis Mme Ledstone."

"Oui", dit le visiteur. Elle se tourna rapidement vers Bob. "M. Purnett, s'il vous plaît, ne dites rien à ce sujet à… à Godfrey."

"C'est sa sœur." Bob a effectué l'introduction aussi brièvement que possible, et aussi maladroitement.

"Ils ne savent pas que je suis venu, tu vois." Amy Ledstone parlait par saccades.

"Oh, tout va bien, Miss Ledstone. Bien sûr, je suis en sécurité." Il regarda Winnie désespérément. "Je—je ferais mieux de partir."

"Oui, je le pense. Au revoir. Entrez, Miss Ledstone." Elle rit doucement. "Vous nous avez tous les deux surpris, mais je suis très heureux de vous voir, même s'ils ne savent pas que vous êtes venu. Au revoir encore, M. Purnett."

Elle s'écarta pendant qu'Amy Ledstone entrait dans la maison, puis ferma lentement la porte, souriant tout en souriant à Bob Purnett. Une fois la porte fermée, il resta là pendant plusieurs secondes, puis s'éloigna avec un signe de tête menaçant. Il était stupéfait, presque hors de lui. La sœur de Godfrey ! Venir en secret ! Pourquoi? Encore plus de confusion dans les frontières ! Il pensait qu'il connaissait vraiment mieux Woburn Square que cela. Le souvenir de sa terrible erreur, cinq minutes auparavant, si impitoyablement aigu, fut englouti dans un flot d'étonnement. Il secouait la tête de temps en temps toute la soirée, jusqu'à ce que son compagnon de dîner lui demande, avec une sollicitude feinte, où il avait contracté la danse de Saint-Guy, et était-elle captivante ?

Amy Ledstone était très excitée. Elle respira rapidement en s'asseyant sur la chaise que Winnie faisait avancer. Winnie elle-même se tenait en face de son visiteur, très immobile, souriant légèrement.

« Je suis venu ici aujourd'hui parce que je savais que Godfrey ne serait pas là. S'il vous plaît, ne lui dites pas que je suis venu. Il ne reviendra pas encore, n'est-ce pas ?

"Pas une heure plus tard, en règle générale."

"Je l'ai laissé à Woburn Square, tu sais."

Winnie hocha la tête.

"Et je suis arrivé jusqu'ici."

« D'après ce que vous dites, je ne suppose pas que vous soyez venue juste pour me rendre visite, Miss Ledstone ?

"Non." Elle fit une pause, puis avec une sorte d'effort, "Mais je voulais te connaître. Eh bien, j'avais entendu parler de toi, et... mais ce n'est pas ça."

"S'il vous plaît, ne soyez pas agité ou... affligé. Et rien ne presse."

"Je me demande si vous savez quelque chose de ce que font papa, mon père et ma mère, de ce qui se passe à la maison, à Woburn Square ?"

"Je suppose que je peux deviner." Elle a souri. "D'abord les lettres, puis les visites ! N'avez-vous écrit aucune des lettres ?"

"Oui un peu." Elle bougeait avec agitation. "Pourquoi pas?"

"Je ne vous ai pas blâmé. Il est sans doute naturel que vous le fassiez. Mais alors... pourquoi venir ici, Miss Ledstone ?"

"Comme tu es belle!" Ses yeux étaient fixés intensément sur le visage de Winnie. "Oh, ce n'est pas juste, pas juste ! Ce n'est juste pour... envers personne, je pense. Savez-vous que votre nom n'est jamais prononcé à la maison - jamais - même lorsque nous sommes seuls ?"

"Cette partie de tout cela se trouve dans les lettres, je suppose ? Comment m'appelle-t-on ? L'enchevêtrement, ou la situation lamentable des choses, ou quoi ? Je ne sais pas, voyez-vous. Si vous ne parlez pas de moi, on ne parle pas beaucoup de toi ici non plus.

"Oh, eh bien, c'est… mauvais. Mais ce n'est pas ce que je voulais dire — pas tout ce que je voulais dire, du moins." Elle se pencha soudain en avant sur sa chaise. "Est-ce que Godfrey parle parfois des gens qu'il rencontre en dehors de nous ?"

"Non, jamais. Je ne devrais rien savoir d'eux, n'est-ce pas ?"

"A-t-il déjà mentionné Mabel Thurseley ?"

"Mabel Thurseley ? Non. Qui est-elle ?"

"Ils habitent près de chez nous, à Torrington Square. Sa mère est veuve, une de nos vieilles amies."

"Non, Godfrey n'a jamais rien dit à propos de Miss Thurseley."

"Elle est plutôt jolie – pas très, je pense. Ils sont confortablement lotis. Je veux dire, comme nous le pensons. Pas ce qu'on appellerait riche, je suppose." Elle se souvenait de Mme Maxon.

« Mon idée de la richesse aujourd'hui n'est pas extravagante. Mais s'il vous plaît, dites-moi pourquoi vous me parlez de Miss Thurseley. Êtes-vous venu ici pour faire ça ?

"Oui, je l'ai fait. On ne lui parle jamais non plus. C'est tout."

Winnie n'avait jamais avancé dans la conversation. Sa silhouette élancée, vêtue de noir moulant, se dessinait sur le mur gris du studio.

"Oh, c'est ça ! Je vois."

" Alors j'ai dû venir. Parce que comment ça va ? En quoi est-ce décent, Mme Maxon ? "

Winnie laissa passer le nom, voire à peine le remarqua. « Vos idées ne seraient-elles pas considérées comme plutôt farfelues ? elle a demandé, avec un sourire.

"Oh, j'ai l'impression que je n'ai pas d'idées", murmura Amy Ledstone.

"Chez vous, je suis considérée comme la chose qui existe, mais dont on ne parle pas, c'est fait et c'est fini."

Une fois de plus, le regard fixe d'Amy était posé sur son compagnon. "Oui", dit-elle, approuvant à plus de moitié la description d'elle-même que Winnie faisait d'elle-même, mais avec un doute sur le point de savoir si "chose" était entièrement le mot, si, si "chose" n'était pas le mot, la doctrine domestique pourrait être tout à fait juste.

"Et elle alors ?" continua-t-elle.

"Qu'en est-il de--?"

"Eh bien, Mabel… Mabel Thurseley."

"Oh oui ! Eh bien, je suppose qu'elle... elle sait ce que tout le monde sait... elle sait ce qui arrive souvent."

"Oh, mais pendant que ça se passe absolument ici ! Ils auraient peut-être attendu un peu de toute façon."

"Tu veux dire que… ça arrive ?"

La silhouette d'Amy se redressa à nouveau sur sa chaise.

"Essayez de voir si vous pouvez lui faire prononcer le nom de Mabel !"

Winnie fut frappée par cette suggestion. Son intérêt pour son visiteur devint soudain moins dérivé, plus personnel. Elle regarda les traits passablement favorisés et le physique robuste d'Amy. Il n'y avait vraiment rien chez elle qui suggérât des idées farfelues.

« Oh, s'il vous plaît, asseyez-vous ! Ne restez pas là comme si vous étiez transformé en pierre ! L'appel d'Amy était presque un gémissement. La silhouette mince était si immobile ; il semblait arrêté dans sa vie même.

"Je t'aime bien. C'est très gentil de ta part. Je—j'essaie de penser... Je ne peux pas te croire sur parole, tu sais. Je l'aime, je lui fais confiance."

Amy s'agita encore une fois, inconfortablement. " Papa et maman sont toujours à ses côtés. Ils pensent que ce sera une rédemption pour lui, voyez-vous. "

"Oui, je suppose que c'est le cas – la rédemption !" Soudain, elle bougea, faisant deux pas plus près d'Amy, de sorte qu'elle se tenait presque au-dessus d'elle. "Et vous pensez--?"

Amy la regarda, les larmes aux yeux. "Oh, je ne sais pas ! Que dois-je penser ? Pourquoi as-tu fait ça ? Pourquoi as-tu rendu tout impossible de toute façon ? Quelqu'un doit être malheureux maintenant !"

"Quelqu'un était malheureux avant – je l'étais. Et je suis heureux depuis un moment. C'est quelque chose. Il me semble qu'une seule personne a besoin d'être malheureuse même maintenant. Pourquoi est-ce pire ?"

L'horloge sonna six heures. Amy commença à se lever, alarmée.

« Il reviendra peut-être un peu plus tôt que d'habitude – nous finissons le thé vers cinq heures et demie. Par le métro… » Elle boutonnait nerveusement sa veste. "S'il m'attrapait !" murmura-t-elle.

"Je t'ai attrapé ici ?"

"Oh, comment puis-je les affronter ? Je ne suis pas marié, je dois vivre là-bas."

Winnie étendit ses bras maigres. "Seriez-vous avec moi si vous le pouviez ? Le voudriez-vous, Amy ? J'ai passé un si mauvais moment ! Et il était à moi en premier, vous savez."

Amy recula très peu. "Ne le faites pas!" Elle haleta. "Je dois vraiment y aller, Mme... oh, je dois vraiment y aller !"

"Oui, tu dois y aller. Il reviendra peut-être bientôt maintenant. Est-ce que nous nous reverrons un jour, je me demande ?"

"Oh, pourquoi tu l'as fait ?"

"Ce n'est pas ce que j'ai fait. C'est ce que tu en penses."

"Parce que tu me sembles merveilleux. Tu es—tu es tellement au-dessus de lui, tu sais."

"Ça n'aide pas, même si c'est vrai. Je détesterais y croire."

"Au revoir. Vous ne laisserez personne savoir que je suis venu ? Oh, pas Godfrey ?"

"Vous pouvez me faire confiance – et à M. Purnett aussi, je pense."

"Oh oui, je peux lui faire confiance. Au revoir !"

Sans lui tendre la main, et encore moins sans suggérer un adieu plus émouvant, Amy Ledstone se dirigea vers la porte. Cette fois, Winnie n'a pas escorté ni suivi son invité. Elle resta immobile, regardant son départ. Elle ne savait vraiment pas quoi lui dire ; L'attitude d'Amy était tellement équilibrée – ou plutôt pas équilibrée, mais confuse. Pourtant, juste avant que l'invité ne disparaisse, elle s'est retrouvée à crier : « Je suis reconnaissante, vous savez. Parce que penser comme vous à moi… »

Amy tourna la tête un instant. "Oui, mais je ne sais pas si tu en sortiras pire, après tout", dit-elle.

Puis Winnie resta seule, pour attendre Godfrey – et voir s'il ferait mention du nom de Mabel Thurseley, ce phénomène entièrement nouveau et formidablement significatif.

CHAPITRE XII

NOËL SUR LA PLACE WOBURN

A l'approche des fêtes de fin d'année, les gens aisés demandent : « Où irons-nous ? » ; les gens étroits : « Pouvons-nous aller n'importe où ? L'imminence de Noël fit prendre conscience à Winnie de cette différence (il n'est plus question aujourd'hui, comme autrefois, de Palestine et de Damas) ; mais la situation fut renversée par une invitation cordiale à passer du vendredi au mardi (samedi était le jour de Noël) à Shaylor's Patch. Ses yeux s'éclairèrent ; son ancien refuge paraissait à nouveau paisible et réconfortant. Elle déposa joyeusement la proposition devant Godfrey. Il était moins ravi ; il avait l'air plutôt vexé, voire un peu penaud.

"Ils le font tellement", objecta-t-il. « Se disputer sur tout, nuit et jour ! Ça ennuie un type.

"Tu ne t'ennuyais pas quand tu étais là-bas en été."

"Oh, eh bien, c'était différent. Et j'ai peur que maman soit déçue."

"A propos du dimanche, tu veux dire ? Tu ne pourrais pas courir pour la journée ?"

Il posa la main sur son épaule. "Je dis, je te le laisse, Winnie. Je te le laisse absolument, mais ma mère a à cœur que je passe Noël avec eux. Je n'ai jamais manqué un Noël de toute ma vie, et... eh bien, elle ne va pas très bien. , et il a une fantaisie à ce sujet, voyez-vous.

"Faites-le, bien sûr, Godfrey. Et venez me voir dimanche." Winnie était désormais déterminée à ce que Woburn Square n'ait aucun grief, à l'exception du grand, inévitable et insurmontable.

"Tu es une bonne sorte, Winnie." Il l'embrassa sur la joue.

"Mais je ne sais pas comment tu vas te déplacer ici !"

"Oh, je vais m'installer à Woburn Square pendant quelques nuits et faire du théâtre vendredi peut-être."

donc réglé, avec un certain embarras de la part de Godfrey, avec un léger sourire de la part de Winnie. Il passerait deux nuits et une journée entière à Woburn Square ; et il n'avait jamais mentionné le nom de Mabel Thurseley, même si Winnie lui avait fait des ouvertures et avait essayé de « pomper » délicatement. Et avec qui a-t-il pensé à « faire du théâtre » vendredi soir ?

Godfrey Ledstone — avec qui tout devait être simple et honnête — se trouvait accablé par un double secret. Il ne pouvait pas se résoudre à parler de Mabel Thurseley à Winnie. Dans les premiers jours de ses nouvelles relations avec

Mabel, il avait proposé sans enthousiasme à sa mère que la jeune fille soit informée de sa situation ; on lui avait prié en larmes de ne pas annoncer la honte de sa famille. Il avait perdu toute envie d'en faire la publicité maintenant. Il ne pouvait pas s'imaginer maintenant parler de cette affaire à Mabel, lui disant sans détour qu'il vivait et avait l'intention de vivre avec une femme qui n'était pas sa belle-épouse ; les épouses de toute autre sorte étaient totalement hors du champ de compétence de Mabel. Qu'il avait été un peu débauché – elle comprendrait cela, et peut-être qu'elle ne détesterait pas cela au fond de son cœur ; mais elle ne comprendrait pas et n'aimerait absolument pas Winnie Maxon. De toute façon, il était désormais trop tard ; il avait joué le rôle de célibataire trop longtemps – et, comme le murmurait une voix intérieure flatteuse quoique pleine de remords, avec trop de succès – lors de ces dimanches à Woburn Square, où Mabel venait souvent, d'où il était facile de se faufiler jusqu'à Torrington Square. M. et Mme Ledstone ne lui ont jamais reproché une heure de congé si elle était consacrée à rendre visite à Mme Thurseley, leur amie et voisine estimée.

Ce n'était pas qu'il ait conçu un amour passionné pour Mabel. Une fille aimable, stable, plutôt incolore et (comme le disait Amy Ledstone) pas très jolie, elle n'était guère susceptible d'engendrer cela. Il n'avait pas pour elle – et n'aurait probablement jamais pu l'avoir – le torrent de sentiments qui l'avait emporté à Shaylor's Patch et lui avait fait tout oser à cause des ordres de Winnie. Et il aimait toujours beaucoup Winnie elle-même. Mais l'attraction du monde – de son ancien monde – était forte sur lui ; Mabel l'incarnait. Bob Purnett avait raison à son sujet ; dans son plan de vie, après les gaiesté de la jeunesse, venait la « sédentarisation ». Et quand il s'agissait de voir les choses telles qu'elles étaient, lorsque les brumes floues de la passion se dissipaient, il lui était impossible de sentir que la vie avec Winnie s'installait. La vie avec Winnie était-elle réglée, tranquille, sereine, prête à regarder n'importe qui en face ? Non, c'était quand même être irrégulier, avoir des secrets, ne pas pouvoir dire aux gens avec qui on passait son temps. Ce n'était ni une chose ni l'autre ; c'était le lien, sans la caution, du service, c'était le défi sans les plaisirs de l'anarchie.

En cachette, avec persévérance, et en toute justice, avec amour, sa mère et son père travaillèrent sur lui. Le vieux couple faisait preuve de diplomatie ; ils n'ont lancé aucune attaque directe contre Winnie ni contre son mode de vie actuel ; ils essayaient seulement de lui faire voir quel mode de vie bien plus agréable s'offrait à lui, et quelle joie il donnerait à ceux qui l'aiment le plus au monde, s'il voulait l'adopter. Amener des cheveux gris avec chagrin dans la tombe – ce n'est pas une chose agréable pour un fils de ressentir ce qu'il fait ! Sans scrupules, ils ont utilisé Mabel Thurseley dans leur jeu ; sans scrupule, ils risquèrent le bonheur de la jeune fille ; leur devoir, selon eux, était envers leur fils, et ils ne pensaient qu'à lui. Mabel n'avait pas de foule de prétendants et aucun des talents d'une coquette. Le beau jeune homme fit bientôt son impression et s'aperçut bientôt qu'il avait réussi. Tout semblait facile, et cette fois très simple. C'est à un assaut puissant auquel il s'exposa lorsqu'il recommença à fréquenter Woburn Square.

Amy Ledstone regardait, irritable, agitée, avec mépris d'elle-même, se qualifiant de traître pour avoir parlé de Mabel à Winnie et de lâche pour ne pas avoir osé parler de Winnie à Mabel. Mais elle n'osait pas. Une habitude d'obéissance de toute une vie, une habitude de toute une vie d'accepter la sagesse parentale même lorsqu'elle s'en irritait, la tyrannie de ce cœur faible, étaient trop pour elle. Il lui manquait le courage de rompre, de bouleverser le projet familial. Et travailler activement pour Winnie était sûrement une responsabilité effrayante, même si elle pouvait la plaindre ? Travailler pour Winnie, c'était, en fin de compte, se ranger du côté de l'immoralité. Laissez Winnie travailler pour elle-même ! Elle était prévenue maintenant : c'était suffisant, et plus que suffisant. Pourtant, la sympathie d'Amy la rendait froide et irritable envers son frère. Il a mal interprété la cause de son attitude, l'attribuant à une violente désapprobation de Winnie et à un championnat de Mabel Thurseley. Les personnes âgées le caressaient, Amy le tenait à distance, mais pour Godfrey, leur fin et leur objectif semblaient être les mêmes.

"Winnie ne réalise pas ce que je vis pour elle", pensait-il souvent lorsque sa sœur était fâchée, lorsque sa mère lui disait au revoir les larmes aux yeux, lorsque son père lui tordait la main dans un silence expressif. , quand il s'est rendu vaillamment moins agréable qu'il ne savait l'être avec Mabel Thurseley.

Pourtant – et le fait était significatif – malgré tout, c'était avec un sentiment de vacances qu'après avoir accompagné Winnie à Shaylor's Patch, il fit ses valises et rentra chez lui – il considérait Woburn Square comme son chez-soi. Il a été accueilli avec une grande joie.

"Envie de t'avoir avec nous pendant deux jours entiers !" dit sa mère.

"Comme au bon vieux temps!" s'exclama son père, rayonnant de sourires sur le tapis du foyer.

Le théâtre était prévu. La santé de Mme Ledstone lui interdisait d'être membre du parti, mais M. Ledstone était prêt pour une sortie. Amy irait; et Mabel Thurseley avait été invitée à compléter le quatuor. Amy s'occupait de son père et Godfrey incombait à la responsabilité d'écuyer Miss Thurseley. Ils avaient de bonnes places dans le cercle vestimentaire ; M. Ledstone, Amy, Mabel, Godfrey, tel était l'ordre des séances. La pièce était une farce capitale. Ils étaient tous de bonne humeur, même Amy oubliant de se réprimander et se contentant d'être heureuse. La vie de Mabel n'était pas riche en gaieté ; elle a répondu volontiers à son stimulus. Ses joues brillaient, ses yeux devenaient brillants et provocateurs. Elle lança un nouvel appel à Godfrey.

"Je ne peux pas la laisser me prendre pour un imbécile." Il excusait donc ses attentions et son plaisir.

"Je suppose que tu vas beaucoup au théâtre, n'est-ce pas ?" elle a demandé. "J'imagine que tu es *blasé* !"

"Non, je n'y vais pas beaucoup."

"Pourquoi pas ? Ça ne te dérange pas d'y aller seul ?"

"Maintenant, pourquoi penses-tu que je dois y aller seul ?"

"Non, bien sûr que ce n'est pas nécessaire ! Comme c'est stupide de ma part ! Prenez-vous parfois... mesdames ?" Elle était espiègle sur cette question.

"Oui, de temps en temps."

"Maman ne me laisserait pas y aller seule avec un homme."

"Oh, nous ne demandons pas à maman. Nous y allons."

"Est-ce que tu sors quelque part tous les soirs ?"

"Oh non. Je reste souvent à la maison et je lis ou je travaille."

Il n'avait rien dit de faux, mais ce qu'il disait n'était qu'un gros mensonge — une déformation colossale de sa vie actuelle. L'image que sa dernière réponse lui fit penser : l'homme seul dans sa chambre isolée, en train de lire ou de travailler ! Pauvre homme, tout seul !

"Nous, les filles, avons tendance à penser que les célibataires sont toujours gays, mais je suppose qu'ils ne le sont pas ?"

" En effet, ce n'est pas le cas." La réponse de Godfrey fut décisive et plutôt sombre.

"Ou bien," rit-elle, "ils ne voudraient jamais se marier, n'est-ce pas ?"

"De toute façon, on se lasse de la gaieté et on veut mieux." Ses yeux se posèrent sur les siens pendant un moment. Elle rougit un peu ; et le rideau s'est levé au deuxième acte.

"Comme ta mère t'adore !" » commença-t-elle à l'entracte suivant. "Elle mourrait pour toi, je pense. Elle dit que tu es le meilleur fils du monde et que tu ne lui as jamais causé de problèmes."

La conscience de Godfrey souffrit d'un pincement au cœur, autant pour sa mère que pour lui-même.

"Je crains que les mères ne sachent pas toujours tout sur leurs fils."

"Non, je suppose que non. Mais il y a certaines personnes en qui tu peux avoir confiance."

"Allez, dis-je, tu me rends trop parfait à moitié !"

Elle a ri. "Oh, je ne vous accuse pas d'être un laiteux. Je n'aime pas les laiteux, M. Godfrey."

Elle continua donc , montrant innocemment son intérêt et sa préférence, et ce faisant, faisant sentir à Godfrey que sa famille et lui-même étaient complices d'une grande et odieuse conspiration. Mais il était encore temps d'en sortir, d'y mettre un terme. Il y avait deux façons de s'en sortir, juste deux et pas plus, pensa Godfrey. Ou bien il faut le lui dire, ou bien il faut qu'il n'y ait plus rien à lui dire.

Mais le moraliste le plus sévère n'exigerait guère que des décisions capitales et des aveux déchirants soient pris le jour de Noël. C'est sûrement une période proche ? Ainsi pensait Godfrey Ledstone, et, les observances religieuses de la journée ayant été honorées par toute la famille, le reste se passa joyeusement à Woburn Square. Les Thurseley, mère et fille, vinrent passer l'après-midi et revinrent dîner.

"C'est si gentil à vous d'avoir pitié de nous", dit Mme Thurseley, une femme agréable à la voix douce, placide et reposante, et qui disait la bonne chose. Elle ferait une excellente belle-mère… pour un homme.

Comme les gens démodés qu'ils étaient, ils avaient un muflier et beaucoup de gui et beaucoup des blagues habituelles sur les deux. Comme il n'y avait personne d'autre sur qui les plaisanteries pouvaient vraisemblablement être attachées (les souvenirs de M. Ledstone sur ses propres fréquentations tendaient vers le sentimental, alors que le sujet était, bien sûr, trop tendre dans le cas de la veuve Mme Thurseley), elles étaient naturellement pointées du doigt. Mabel et Godfrey. Mabel rit et rougit. En réalité, Godfrey devait jouer son rôle ; il ne pouvait pas avoir l'air d'un imbécile, qui ne savait pas flirter. Il a fini par flirter assez fort. Il eut sa récompense dans les rayons de tout le cercle, sauf Amy. Elle semblait plutôt de mauvaise humeur ce Noël-là ; elle a plaidé un mal de tête comme excuse. Lorsque Mme Ledstone souhaita bonne nuit à son fils, elle l'embrassa avec une affection agitée et murmura : « Je me sens plus heureuse que je ne l'ai été depuis longtemps, Godfrey chéri.

C'était la pression, l'assaut de l'amour – un amour urgent et désormais plein d'espoir. Mais son Noël ne devait pas se terminer sur cette note. Il y avait aussi la pression de la désapprobation et du mépris. Ni l'un ni l'autre n'était facile à supporter face à une disposition à la fois affectueuse et souple.

Les vieux se sont couchés. Amy resta, regardant son frère allumer sa pipe.

"Je ne vais pas me coucher, Amy ? Une pipe et je m'en vais !"

"Qu'est ce que tu crois faire?"

Il se détourna du feu, souriant de son air désarmant. "J'ai su toute la soirée que j'allais l'attraper de toi, Amy. Je l'ai vu dans tes yeux. Mais que peut faire un gars ? Il doit jouer un peu. Je n'ai en fait rien dit."

"Qu'en pense Mabel ?" Il y avait chez elle une formidable franchise. Mais il avait sa réponse, sa défense contre ce qu'il supposait être l'ensemble de l'acte d'accusation.

"Allez, sois juste. Je voulais lui dire... eh bien, je voulais qu'on lui donne un indice. Je l'ai dit au maître, mais le maître n'a pas voulu en entendre parler. La simple idée l'a tout envoyé... eh bien, l'a complètement bouleversée."

Les événements de la journée et des deux soirées avaient affecté Amy Ledstone.

"Tu voulais lui dire ? Elle ? Lequel ?"

"Bon Dieu, Amy!" Il a été assommé. Quelle question à poser à Woburn Square ! "Lequel?" Avaient-ils tous deux des droits ? Étrange doctrine, en effet, pour Woburn Square.

"Je parlais de Miss Thurseley et je pense que vous le saviez."

"Oh, je le savais."

"Le reste ne te regarde pas du tout. Je n'ai jamais compris pourquoi le pater te l'a dit."

"Il n'y a que deux choses décentes à faire pour toi, Godfrey : laisser Mabel tranquille ou laisser tomber Mme Maxon."

Ses propres sentiments, exprimés de la manière la plus concise, interprétés de la manière la plus tranchante ! Sa vague conscience que les choses en étaient là se cristallisa en un ultimatum. Malgré cela, il ne pouvait pas maintenir son ressentiment maussade face à l'interférence de sa sœur ou sa pudeur supposée à l'idée qu'elle parle de Winnie. Le prétexte de la honte ne servait pas, et sa nature faible s'est tournée vers une nature plus forte pour obtenir de l'aide. Elle était assise près de la table, rigide, regardant droit devant elle. Il s'assit à côté d'elle et posa sa pipe sur la table.

" Par Jupiter, tu as raison ! Je suis dans un terrible pétrin. Lequel est-ce, Amy ? "

"Oh, ce ne sont pas mes affaires. Mais tu n'as pas besoin d'être un sournois pour eux deux, n'est-ce pas ?"

Il posa sa main sur la sienne, mais elle la retira brusquement. « Vous ne comprenez pas comment j'ai été amené à cela. Je dis que vous n'allez pas... me livrer à Mabel, n'est-ce pas ?

"Non. J'ai peur du père et de la mère. Je crois que je devrais le faire, mais je n'ose pas."

"Je dis, surtout, pour l'amour du ciel, n'y pense pas !"

"Mais tu dis que tu l'as proposé toi-même, Godfrey."

Il sauta de sa chaise dans une agonie d'agitation. Il l'avait proposé, mais seulement comme une chose à rejeter. Il l'avait proposé, mais c'était il y a des semaines – alors qu'il ne venait pas à Woburn Square depuis très longtemps et qu'il n'avait pas beaucoup vu Mabel Thurseley. L'idée semblait bien différente maintenant. Il regarda Amy avec tristesse. Sa supplication, sa réponse jetaient une lumière froide et cruelle sur les récents rouages de son esprit. Il voyait maintenant où il allait, où il était conduit et poussé, par l'amour, par le mépris, par le monde qu'il avait été persuadé de se croire assez fort pour défier – son monde, qui n'avait qu'un seul nom pour Winnie Maxon.

Il était exaspéré. Pourquoi les deux choses l'ont-ils séparé, comme des chevaux sauvages ?

"Eh bien, qu'est-ce que ça va être, Amy ?" il a demandé à nouveau.

La jeune sœur était assise impassible sur sa chaise, les yeux fixés sur le vilain papier brun accroché au mur d'en face. Sa voix était neutre, sans passion, avec une suggestion de désespoir sourd.

"A quoi ça sert de me demander, Godfrey ? Qu'est-ce que j'en sais ? Personne ne m'a jamais aimé. Je n'ai même jamais été amoureux moi-même. Je ne sais pas ce que font les gens quand ils sont amoureux. Je ne sais pas ce que font les gens quand ils sont amoureux. Je ne sais pas ce qu'ils ressentent. Je suppose que j'ai été terriblement méchant avec toi ?

"Eh bien, bien sûr, un homme n'est pas lui-même." Il se tourna brusquement vers elle. "Cela devait durer aussi longtemps que nous le voulions tous les deux, aussi longtemps que nous nous désirions tous les deux. O Seigneur, comment puis-je en parler, même à toi ?"

"Cela ne vous dérange pas. Je l'ai vue. Je suis allé la voir. Je lui ai demandé si elle savait quelque chose sur Mabel. Elle ne le savait pas. L'est-elle maintenant ? Je la trouve merveilleuse. Des kilomètres au-dessus de vous ou de moi, vraiment. Oh, je sais qu'elle est... elle est comme papa et sa mère choisiraient de l'appeler comme ça... et tu ferais aussi bien de jouer honnêtement, Godfrey.

"Je ne te comprends pas, Amy. Je pensais que toi, plus que tout le monde, comment diable es-tu venue la voir ? Quand ?"

"Un dimanche, quand j'ai su que tu étais là."

"Elle ne m'a jamais dit un mot de... de Mabel Thurseley."

"Elle ne le ferait jamais. Je ne prends pas son parti. Mais j'aimerais que mon frère soit un homme."

"Elle ne m'a jamais dit que tu étais venu. Je ne comprends pas ton départ."

Il était en face d'elle maintenant. Elle leva les yeux vers lui, souriant amèrement.

"N'essayez pas. Pourtant, c'est une femme et l'amie de mon frère."

"Oh, tu n'en sais rien !"

"Je l'ai dit. Je le sais. C'est comme ça avec les filles comme moi. Les filles ! Oh, eh bien ! Si je le savais, je pourrais peut-être t'aider. Je ne suis pas vraiment ton ennemi, Godfrey."

"Tout le monde me rend la tâche terriblement difficile. Je—je veux garder la foi, Amy."

"Tu ne le fais pas."

Il se jeta dans le grand fauteuil qui encadrait la cheminée et son feu mourant. Il s'en est pris à Winnie avec une faible colère : "Pourquoi m'a-t-elle obligé à faire ça ? N'importe quel imbécile aurait pu voir que ça ne marcherait jamais !"

"Tu n'avais pas besoin de le faire", rétorqua-t-elle sans pitié.

" Ce n'était pas nécessaire ? Oh, vous n'en savez rien, comme vous le dites. Que pourriez-vous savoir ? Si vous le saviez, vous comprendriez comment les hommes – oui, et par George, les femmes aussi – réagissent. des choses. Des choses qu'ils ne peuvent pas supporter, et pourtant ils veulent, des choses qui sont impossibles, et qui pourtant ont été faites et avec lesquelles il faut compter.

Pleine de désespoir, sa voix avait une nouvelle note de sincérité. Amy le regarda de l'autre côté de la table avec un long regard scrutateur.

"Je suppose que je n'ai pas tout permis", dit-elle enfin. "J'imagine que je ne sais pas à quel point c'est difficile." Elle se leva, fit le tour de la table et s'assit sur le bras du grand fauteuil à côté de lui. "Je suis désolée si j'ai été méchante, ma chérie. Mais" - elle lui caressa les cheveux - "ne sois pas méchante avec elle - pas plus que ce que tu peux aider."

"À Mabel ?" Il la regardait maintenant et murmurait.

"Oh non," sourit-elle. "Tu vas épouser Mabel. Tu n'es pas marié à Mme Maxon, tu vois." Elle lui embrassa le front. "Rends les choses aussi faciles que possible pour Winnie."

"Par Dieu, j'aime Winnie !"

De nouveau, sa main lissa et caressa ses cheveux. "Oui, mais tu ne peux pas
le faire", dit-elle. "Je ne pense pas que je pourrais. Mais ne pourrais-tu pas lui
dire que tu ne peux pas ? Elle a plus de courage que tu ne le penses, Godfrey."
Elle se leva assez brusquement. "Tu vois, quand elle connaîtra la vérité sur
toi, elle s'en fichera peut-être."

Son frère ne lui fit aucune réponse ; il s'allongea dans le grand fauteuil,
regardant le feu éteint. Elle ne semblait pas non plus avoir autre chose à lui
dire. Elle avait dit beaucoup de choses tout au long de la conversation et en
avait résumé une grande partie dans sa dernière phrase. Quand Winnie savait
tout sur lui, elle ne s'en soucierait peut-être pas tellement ! Était-ce vrai, ou
était-ce le jugement de la jeune sœur, qui pensait que l'amour dépendait de
l'estime ?

"Je vais me coucher. J'ai été une couverture mouillée ce Noël, Godfrey."

"Mon Seigneur, quel Noël !"

Pour la farce capitale et le joyeux dîner, le muflier, le gui et les plaisanteries
furent oubliés. La femme qui n'y connaissait rien avait mis l'affaire sous son
vrai jour. Avec un autre baiser, un « Ma chérie ! » à moitié articulé. et, dans
un sanglot soudain, elle le laissa à sa contemplation.

CHAPITRE XIII

NOËL CHEZ SHAYLOR'S PATCH

La veille de Noël, Winnie avait regagné son ancien refuge à Shaylor's Patch. Cela semblait aussi reposant et paisible que jamais, voire même à un degré inhabituel, car le seul autre invité était Dennehy, et Dennehy et Alice (de nouveau chez eux pour les vacances) exerçaient une certaine force de retenue sur les arguments sceptiques. Le père et la mère avaient tous deux l'intention de faire « passer un bon moment » à l'enfant, et Stephen pouvait au moins se lancer dans un jeu avec autant d'enthousiasme que dans une dispute ou une spéculation. Ici aussi, il y avait du houx et du gui ; et, sinon un muflier, du moins un sapin de Noël et une belle gamme de cadeaux, soigneusement cachés jusqu'au lendemain. De même qu'elles avaient précédé la Foi, les anciennes observances ont survécu à tous les doutes à son sujet.

Mais même si le refuge était le même, le marin se trouvait dans un cas différent. Lorsqu'elle était arrivée auparavant, Shaylor's Patch avait semblé la fin ultime d'un voyage secoué par la tempête ; maintenant ce n'était qu'un port dans lequel sa barque faisait escale pendant quelques heures au cours d'un voyage encore plus ardu, un voyage qui venait à peine de commencer ; tout ce qu'elle pouvait espérer, c'était quelques heures de repos, une brève occasion de se reposer et de se remettre en état. Ses relations avec ses amis et ses hôtes étaient profondément modifiées, lui semblait-il; elle regarda Stephen et Tora Aikenhead avec de nouveaux yeux. La position entre eux et elle était pour elle presque inversée. Ils n'étaient plus ces voyageurs intrépides dont son ignorance écoutait avec tant d'admiration les récits. En vérité, désormais nouvellement apparente, ils n'avaient fait aucun voyage ; Depuis les recoins sûrs du port, ils ne faisaient que parler des périls de la mer inexplorée. Elle était désormais l'exploratrice ; elle faisait des découvertes sur lesquelles ils ne faisaient que bavarder et spéculer. Elle se souvenait du sourire aimable mais à moitié méprisant de Mme Lenoir face aux théories faciles de Stephen et de l'assurance facile du triomphe facile de ses théories. Elle n'était pas comme Mme Lenoir, à la différence de nombreuses années et de beaucoup de connaissances ; car Mme Lenoir avait toujours ce même sourire pour elle. Néanmoins, quelque chose de cet esprit était en elle lorsqu'elle revint pour la deuxième fois à Shaylor's Patch.

Mais elle résolut de prendre son bref repos et d'être reconnaissante pour son répit. Le calme bienveillant de Tora, la gaieté enfantine de Stephen, la simplicité de l'enfant, l'amitié fidèle de Dennehy, voilà des anodins. Pour le moment, rien ne pouvait être fait ; pourquoi alors s'inquiéter et s'inquiéter de ce qu'il faut faire ? Et si elle parlait ou faisait allusion à des problèmes, cela ne semblerait-il pas, dans un certain sens, imputer une responsabilité à ses hôtes ? Pourtant, dans cette détermination, elle demandait beaucoup à elle-même. Elle pouvait tenir sa langue, mais elle ne pouvait pas lier ses pensées.

Dans la matinée, Dennehy partait tôt pour une marche de huit kilomètres jusqu'à la ville la plus proche, pour entendre la messe. La question d'aller à l'église, Stephen faisait référence à l'arbitrage d'Alice ; elle a décidé par l'affirmative.

"À qui le tour?" » demanda Stephen à sa femme.

"Le mien", dit Tora, avec l'expression la plus proche d'un mécontentement que Winnie ait jamais vu sur son visage.

Winnie entra dans la brèche. "Oh, tu as l'air plutôt fatigué, et nous avons une journée bien remplie devant nous ! Laisse-moi emmener Alice." C'était donc convenu, et Alice courut se préparer.

"Est-ce que tu lui laisses toujours la question ?"

"Que pourrions-nous faire d'autre ? Nous ne disons rien contre, mais comment pourrions-nous la forcer ?"

« Elle est forcée à l'école, je suppose ?

"Je ne pense pas qu'aucun doute s'impose. Cela fait simplement partie de la discipline. En fait, je pense que l'enfant est naturellement religieux. Si c'est le cas..." Il agita les mains avec tolérance.

Winnie rit. "Si c'est le cas, elle sera bientôt plutôt choquée par ses parents."

« Il est tout à fait discutable, Winnie, que c'est une bonne chose pour les enfants de voir leurs parents faire certaines choses qu'ils penseraient naturellement – ou du moins on leur apprendrait à penser – comme mauvaises. Ils savent par expérience que les parents sont dans l'ensemble un mauvais comportement. "

"J'ose dire que c'est discutable – la plupart des choses sont ici – mais je ne le contesterai pas, sinon nous serons en retard à l'église."

Lorsque Godfrey Ledstone est allé à l'église avec sa famille le même jour, il y est allé sans aucune question, sans se rendre compte d'une quelconque particularité dans son attitude envers l'Église, bien qu'il soit parfaitement conscient de ce que serait l'attitude de l'Église à son égard, si elle était avisée. appelé aux faits. Et ça ? On s'est compromis avec l'Église comme on s'est compromis avec le monde ; le code contenait des dispositions applicables à l'une des négociations comme à l'autre. Il n'allait pas régulièrement à l'église, mais lorsqu'il le faisait, il prenait part au service avec une satisfaction sereine, voire avec un bénéfice spirituel particulier. Il parvint à cette occasion à ce qui était, compte tenu des soucis qui l'oppressaient, un degré d'attention très honorable.

Winnie non plus – dans la petite église de Nether End – n'était pas convaincue de péché ; après tout, ce n'est pas la note particulière que l'on cherche à donner à un service de Noël : l'Église a ses saisons. Mais elle était envahie par un inquiétant sentiment d'insignifiance. Le sermon s'est attardé sur le thème familier, mais toujours frappant, selon lequel partout dans le monde, dans presque toutes les langues, ce service était célébré en l'honneur et en gratitude pour le grand événement de cette journée. Cela semblait une chose formidable contre laquelle s'opposer. Il y a de la majesté dans les grandes organisations, qu'elles soient spirituelles ou laïques. Des atomes insignifiants peuvent-ils les bafouer ? Ou bien l'argument de l'insignifiance peut-il être renversé et le rebelle plaider qu'il est si petit que ce qu'il fait n'a pas d'importance ? Les organisations n'accepteront pas le plaidoyer. Aussi insignifiant que vous soyez, répondent-ils, peu importe votre insignifiante dissidence qui nous affecte, elle est pourtant de mauvais exemple, et si vous persistez dans cette voie, nous vous rendrons, à notre manière, malheureux et mal à l'aise. Or, au cours de son histoire mouvementée, l'humanité a été de temps en temps convaincue que beaucoup de choses comptent et que beaucoup ne le sont pas, et les opinions ont varié et varieront à ce sujet. Mais personne n'a vraiment réussi à convaincre l'humanité qu'il n'importe pas qu'elle soit heureuse ou non – à long terme. L'humanité est obstinément d'un avis contraire.

A la porte de l'église, Dennehy les attendait, elle et Alice, sa messe entendue et dix bons kilomètres de route de campagne derrière lui ; spirituellement et physiquement fortifié. Il n'était pas beau, mais l'approche de l'âge mûr le trouvait propre, tempéré, gentil (en dehors de la politique) et vraiment intensément heureux.

"C'est une concession pour moi de venir jusqu'à la porte de cet endroit", dit-il en souriant. Winnie jeta un regard d'avertissement à Alice. "Ne vous en souciez pas, la pauvre enfant entend tout ! Mais je crois que le Ciel a fait d'elle une bonne vieille Tory, et ils ne peuvent pas lui faire de mal."

"Vous approuvez les conservateurs ! M. Dennehy !" Elle se tourna vers l'enfant. "Tu as aimé, Alice ?"

"Tu ne m'as pas entendu chanter ?" Cela semblait être une bonne réplique. Alice avait chanté avec vigueur. Elle ne semblait pas encline à parler. Elle marchait à leurs côtés avec une gravité sage et absente. Au-dessus de sa tête, ils se regardèrent ; l'enfant pensait à l'histoire de l'Enfant et la trouvait non pas étrange, mais naturelle et belle, le plus grand de tous ses contes de fées bien-aimés — et pourtant vrai.

Dennehy tapota doucement l'épaule d'Alice. "Au bon moment!" murmura-t-il.

"Que veux-tu dire?" » demanda Winnie à voix basse.

"Les vraies personnes trouveront la vérité, et les personnes douces feront des choses douces", répondit-il. Puis il rit et claqua des doigts. "Et les Divvle prendront le reste de l'humanité !"

"Tout le monde sauf les Irlandais, tu veux dire ?"

"Je ne dois pas être censé laisser entrer l'Ulster", la prévint-il avec un clin d'œil. "Mais il y a une ou deux âmes anglaises que je sauverais, Mme Ledstone."

"Je n'aime pas que tu fausses tes convictions. J'ai un nom que je n'ai pas nié et que personne ne me nie. C'est Winnie."

"Winnie, ce sera aussi sur mes lèvres désormais", répondit-il. "Et je vous remercie."

Respect de ses convictions ? Oui. Mais il y avait bien plus derrière sa permission, sa demande. Il y avait une grande convivialité et, avec elle, un nouveau sentiment que « Mme ». Winifred Ledstone pourrait s'avérer être un être transitoire, dont le titre était détenu de manière précaire. Pourquoi ses amis choisis devraient-ils être liés à son utilisation ?

Richard Dennehy faisait désormais partie de ce petit groupe. Il était si loyal et sympathique, même s'il était également très sûr de lui dans ses condamnations et terriblement certain que lui et son organisation avaient seuls mis la main sur le bon bout du bâton. Pourtant, cette audace n'était en réalité que l'affaire de l'organisation ; cela le laissait en lui-même un homme humble, ne se croyant pas aussi intelligent que les personnes émancipées parmi lesquelles il circulait, regrettant plutôt que des esprits aussi capables se soient ainsi égarés. Il avait en effet une habitude dont Stephen Aikenhead se plaignait avec humour ; il a utilisé l'émotion comme arme argumentative. Il existe des mots et des phrases qui exercent un attrait indépendant de la validité de l'idée qu'ils expriment, une force née de la mémoire et de l'association. Ils peuvent redonner à un homme le sentiment d'être un enfant, ou de lui faire sentir un traître, et ce, contre sa raison.

" C'est ainsi que je les appelle les sortilèges et les incantations ", dit Stephen, " et je proteste formellement contre leur utilisation dans le cadre de discussions sérieuses. "

"Et pourquoi tu les appelles comme ça ?"

"Parce que leur effet dépend d'une forme particulière de mots - soit d'une formule particulièrement familière, soit d'une formule particulièrement belle.

Si vous exprimiez la même idée dans une langue différente, son pouvoir disparaîtrait; au moins, elle semblerait tout aussi légitimement ouverte à question comme toute déclaration profane que je pourrais faire. Maintenant, dépendre pour son efficacité de la formule exacte et non de la force de l'idée est, à mon avis, la caractéristique précise d'un sort, d'un charme ou d'une incantation, Dick. "

« J'ose dire que les paroles saintes te mettent mal à l'aise, mon garçon !

"Exactement ! Et est-ce juste ? Pourquoi dois-je, moi qui suis un enquêteur franc, être mal à l'aise ? Prouvez-moi le contraire, convainquez-moi si vous le pouvez, mais pourquoi me mettre mal à l'aise ?"

Winnie, auditrice de la conversation, rit doucement. "Je pense que c'est ce que tu as essayé de me faire, en revenant de l'église – quand tu parlais du 'bon moment de Dieu', je veux dire."

Dennehy se gratta la tête. "Je ne le fais pas exprès. Ils viennent juste à mes lèvres. Et qui sait ? — Cela pourrait être bon pour toi !"

Alice accourut, annonçant que c'était l'heure du sapin de Noël. Même au Shaylor's Patch, la discussion a traîné pendant le reste de la journée, et Winnie a eu ses heures de répit.

En fait, ce n'était qu'une question d'heures ; la paix ne pouvait pas durer pour elle, même pendant le dimanche. Tôt le matin, la femme de chambre lui apporta un télégramme de Godfrey Ledstone : « J'ai pris un léger frisson. Pensez mieux à ne pas voyager. N'interrompez pas la visite. Je resterai à Woburn Square . — GODFREY .

Il était révélateur de la mesure dans laquelle son esprit prévoyait les probabilités qu'elle écarta l'excuse sans un instant d'hésitation. Est-ce qu'un voyage d'une heure par une douce matinée effraie un homme fort s'il veut vraiment y aller ? Quoi qu'il en soit, Winnie n'était pas encline à accorder à Godfrey le bénéfice de ce doute. Il voulait rester à Woburn Square, ou bien il ne voulait pas venir à Shaylor's Patch. Quelle que soit la façon dont on l'exprimait, cela revenait à peu près à la même chose. C'était une nouvelle défaite pour elle, une autre victoire pour la famille. Et pour Mabel Thurseley ? Cela aussi semblait très probable. Son cœur tremblait de chagrin et d'appréhension, alors qu'il envisageait un avenir désespéré et désolé ; mais elle ne songea pas un instant à abandonner la lutte. Au lieu de cela, elle combattrait avec plus de détermination, plus de férocité. Ce n'était pas le cas courant d'affections variables d'un homme s'éloignant d'une femme à l'autre. Elle savait que c'était son courage qui avait échoué le premier et que, par son échec, il avait miné le bastion de son amour. Il avait d'abord eu honte d'elle ; s'il avait maintenant cessé – ou commencé à cesser – de l'aimer, c'était parce qu'elle lui faisait honte devant sa famille et ses amis, parce qu'elle le mettait «

dans une fausse position » et rendait les choses embarrassantes et inconfortables. Il avait l'impression que c'était en partie, voire en grande partie, de sa faute. Soit par confiance erronée, soit par chevalerie, soit par scrupules, soit par un mélange des trois, elle l'avait exposé, sans soutien, à l'assaut le plus complet de Woburn Square, et de tout ce que cela représentait. Elle avait eu tort ; elle aurait dû faire valoir ses droits et lui interdire d'y aller à moins qu'elle n'y soit reçue également. Au début, elle aurait pu le faire ; elle aurait dû le faire. Était-il trop tard pour le faire maintenant ?

Elle élabora un plan de campagne. Elle l'emmènerait, mettrait la mer entre lui et son peuple, la mer entre lui et Mabel Thurseley. Il y avait suffisamment d'argent dans la caisse pour des vacances. Sa faiblesse même, sa réactivité à son environnement favorisaient le succès. Il retrouverait son courage, et désormais une interdiction pèserait sur sa famille jusqu'à ce que sa famille lui lève cette interdiction.

Il n'y avait pas d'église pour elle ce matin-là ; elle n'était pas d'humeur. Stephen dut y aller, puisque Tora affirmait avec sophisme qu'elle était venue par procuration la veille. Winnie se promenait avec Dick Dennehy à son retour de sa première expédition.

"C'est drôle que nous soyons tellement amis, quand tu me trouves si méchant", dit-elle.

"Vous n'êtes pas méchant, même si vous pouvez faire une mauvaise chose - par mauvaise idée."

"Vous ne pouvez pas comprendre que je me considère comme la femme de Godfrey toute ma vie ou la sienne."

"N'avez-vous pas pensé la même chose à propos de M. Maxon ?"

"Oh, tu es vraiment———!" Winnie rit avec irritation.

"Et vous l'avez fui. Que se passera-t-il si Maître Godfrey vous fuit ?"

Winnie lui lança un regard aigu. Plutôt étrange qu'il pose cette question ! Y avait-il des soupçons parmi ses amis, à Shaylor's Patch ?

"Parce que," continua Dennehy, "vous ne passeriez pas d'homme en homme, étant temporairement marié à chacun d'eux pour la vie, n'est-ce pas ?"

Winnie rit, quoique à contrecœur. Mais il n'y a pratiquement rien qu'un adversaire disposé à contester ne puisse tourner en ridicule.

"Comment essayez-vous de coincer les gens !" elle s'est plainte. "Vous et vos principes ! Je sais ce que j'aimerais voir se produire, M. Dennehy."

« Ah, maintenant – « Dick » – par simple question d'équité, Winnie !

"Eh bien, Dick, ce que j'aimerais juste voir, c'est que tu sois amoureux de quelqu'un qui est marié, ou qui a divorcé, ou quelque chose du genre, et voir toi-même comment tu aimerais tes principes." Elle avait l'air espiègle et très jolie.

Dennehy secoua la tête. "Nous sommes tous de misérables pécheurs. Mais je ne crois pas que je le ferais."

"Quoi, tomber amoureux ou y céder ?"

"Ce dernier. Le premier est hors du pouvoir de quiconque, je pense."

"Que feriez-vous?"

"Émigrer en Amérique."

" De la poêle au feu ! C'est plein de gens divorcés, n'est-ce pas ? "

"Ce n'est pas la meilleure société irlandaise." Il rit. "Eh bien, tu me plaisantes."

"Oh non, je ne le suis pas. Je suis sérieux. J'aimerais voir l'expérience. Dick, si Godfrey s'enfuit, comme vous le suggérez gentiment, laissez-moi une large place ! Oh, est-il tout à fait impossible que, si J'ai essayé, je pourrais... te rendre malheureux ?"

"Si vous flirtez avec moi de cette façon à chaque fois que nous nous rencontrons, je ne serai pas malheureux, je serai très heureux."

"Ah, mais ce n'est que le début ! Le début est toujours joyeux."

La tristesse dans sa voix le frappa. "Espèce pauvre chéri ! Tu n'as pas eu de chance et tu es tombé parmi de mauvais conseillers, terme dans lequel, Dieu me pardonne, j'inclus mes chers amis ici à Shaylor's Patch."

« Je vais essayer vos principes d'une autre manière. Si vous étiez Godfrey, me quitteriez-vous… maintenant ?

Il tordit sa moustache et hésita. "Eh bien, voilà," admit-il enfin. "Si un homme fait ce qu'il a fait, en tant que gentleman, il doit être damné pour cela."

« Godfrey est libre de partir, bien sûr – c'est notre marché. Mais vous n'auriez pas conclu un marché comme celui-là ?

"Je ne le ferais pas, Winnie. Pour me rendre justice, je crois que je penserais qu'il suffit de ruiner une femme, sans me donner la liberté d'en ruiner une autre dès que je le souhaite."

Winnie posa un instant la main sur son bras. "Comme c'est agréable de se disputer !" dit-elle.

"Et pourquoi pas nous ?" » demanda-t-il, avec une surprise native qu'une querelle puisse être considérée comme une chose intrinsèquement désagréable. "Ah, voici Stephen et Alice, de retour de l'église ! Je vais aller faire des courses avec elle et me mettre en appétit pour le déjeuner."

Stephen s'est allongé, sa pipe à fond.

"Stephen, comment se fait-il que ce vieux monde continue de vivre, avec tout le monde en désaccord avec tout le monde ?"

" J'y ai souvent pensé. La solution est économique – purement économique, Winnie. Vous voyez, les gens doivent manger. "

"Pour l'instant, la Cour est avec vous, Stephen."

"Et dans tout, sauf dans un état rudimentaire de la société, ils doivent se nourrir les uns les autres. Parce qu'aucun homme n'a le génie de préparer lui-même tout ce qu'il veut manger. Par conséquent - je résume l'argument - vous constaterez que, d'une manière générale, tous les incendies, les matraquages et les combats, tous les meurtres en bref, et également tous les abstentions de tuer, sont en fin de compte déterminés par la considération de savoir si votre action dans un sens ou dans l'autre affectera sérieusement votre approvisionnement en nourriture - ce à quoi, en société civilisée, vous pouvez ajouter des vêtements, etc.

"Est-ce que cela s'applique à la persécution des opinions ?"

" C'est certainement le cas - généralement par voie de limitation des meurtres, bien qu'une exception doive être faite pour les sacrifices humains. Il y a eu des aberrations temporaires de jugement, mais, d'une manière générale, ils n'ont jamais tué plus qu'un minimum décent d'hérétiques utiles - pas , de toute façon, là où les hommes d'État laïcs avaient le dernier mot. Ils ont dû faire une sorte de spectacle, bien sûr, pour satisfaire, comme ils le supposaient, leurs officiers supérieurs. Pourtant, ils ont laissé beaucoup de Juifs, Winnie !

"N'était-ce pas là la propagation de la tolérance ?"

"Certainement : une tolérance basée sur la nourriture, à l'origine, et peut-être ensuite renforcée par le doute." Il éclata de rire. "Mais aujourd'hui encore, je suis pendu si je me confiais au doute sans nourriture !" Il rayonnait sur elle. "Je vais te dire un secret : la religion, c'est de la nourriture, Winnie."

Winnie avait demandé l'exposition, mais elle en avait assez. Même la dernière thèse – et plutôt surprenante – de Stephen n'a pas réussi à susciter d'autres investigations.

"Il semble s'ensuivre que nous ne devrions pas faire attendre le déjeuner", dit-elle en riant en passant son bras sous le sien. "J'adore Shaylor's Patch", continua-t-elle en lui tapotant doucement le bras. "Vous pouvez toujours vous oublier vous-même et vos ennuis en disant des bêtises - ou des sens - sur quelque chose ou autre. Si j'ai encore du chagrin" - sa voix trembla un instant - "vous me donnerez un hangar pour m'allonger ici, je l'aurai gagné." n'est-ce pas, Stephen ? »

"Ma pauvre maison est à toi, avec tout ce qu'elle contient", répondit-il orientalement.

"Oui, d'une certaine manière, je sais que c'est le cas - et donc je n'ai pas besoin de mourir de faim", a déclaré Winnie.

CHAPITRE XIV

UN CONSEIL DE PERFECTION

Pour les rares mais dévoués adhérents de Winnie, Cyril Maxon n'était pas un homme, mais un monstre, une sorte de tyrannie, le symbole incarné d'une servitude intolérable ; même Dick Dennehy, fervent défenseur de l'institution, n'avait aucune charité envers l'individu. Inutile de dire que ce n'était pas du tout l'opinion que M. Maxon avait de lui-même, ni tout à fait le jugement qu'un observateur impartial se ferait de lui. Il y avait beaucoup de femmes avec lesquelles il aurait pu s'entendre très bien, des femmes au caractère soumis, des femmes douces, des femmes limitées, des femmes sournoises qui se trompaient sous une démonstration de parfaite obéissance. Il n'aurait pas été difficile de le tromper si Winnie s'était contentée d'aborder son problème de cette manière démodée. Ou, encore une fois, une femme extrêmement intelligente et diplomate – mais elle peut faire un bon mari à partir de la matière première la plus brute, de simple chair et d'os avec (comme l'aurait certainement ajouté Stephen Aikenhead) le préalable économique.

À partir du moment où sa femme s'était identifiée à la famille Ledstone – son souvenir de M. Ledstone était vif et horrible – il avait mis de côté l'idée qu'elle en aurait bientôt « assez ». Il n'était plus en son pouvoir de s'en tenir à cette conclusion. Maintenant, c'était lui-même qui en avait plus qu'assez. Elle en avait fini avec. Il a pris sa vie seul. Au début, il cherchait à atténuer la solitude par un travail constant. Ce ne fut pas une réussite totale. Puis il installa une sœur célibataire dans sa maison. Elle était son aînée, son caractère ressemblait au sien ; l'expérience n'a duré qu'un mois, après quoi Miss Maxon est retournée à Broadstairs. Puis, peu à peu, il recommença à rechercher le monde, à se montrer dans ses anciennes stations, à rencontrer les femmes qui l'admiraient, qui le trouvaient intéressant, intelligent et montant. Ils jaillissaient encore plus maintenant, faisant allusion, chacun avec quel degré de délicatesse la nature lui avait donné, leur sympathie pour lui et leur étonnement illimité devant la folie et la perversité de Mme Maxon. Il a trouvé que c'était le produit spécifique le plus efficace qu'il ait essayé.

Il serait impardonnable de généraliser, mais il est possible que, dans certains cas, l'homme qui traite le plus sa femme lui manque le plus. Un camarade peut peut-être être remplacé, un nouvel esclave est difficile à trouver. D'ailleurs, les principes de Cyril Maxon interdisaient d'en rechercher un, et il lui fallait désormais appliquer ses principes à son propre cas. Il y a un an , rien au monde n'aurait semblé aussi improbable : le destin fait encore des farces ! Cela nous fait payer pour les péchés comme pour les principes – peut-être la meilleure façon (avec déférence pour les philosophes *a priori*) d'apprendre à évaluer l'un ou l'autre.

Cyril Maxon était désormais très en pleine ascension ; on l'appelait une certitude pour un poste de juge dans une dizaine d'années (il n'avait que trente-huit ans) ; et les dames étaient très sympathiques. Plusieurs d'entre eux étaient membres de la congrégation de M. Attlebury et amis personnels de cet apôtre génial mais exigeant. Certaines dames se demandaient comment M. Attlebury pouvait être si réceptif, et pourtant si nettement limité dans sa réactivité ; ils considéraient son comportement comme un art occulte, et auraient peut-être eu raison s'ils s'étaient contentés de le qualifier d'ésotérique. Attlebury lui-même ne ressentait aucune difficulté, pas même le sentiment d'un effort. Il les a rencontrés dans une intimité absolue d'âme à âme. Heureusement, dans toutes les croyances – et croyances – il y a des hommes et des femmes qui peuvent le faire.

Au début, Cyril Maxon avait refusé de parler de son malheur, qui, bien entendu, est rapidement devenu un domaine public, et les allusions à ce sujet devaient être d'une délicatesse presque impossible. Mais au fil du temps, il trouva deux ou trois amis à qui il put plus ou moins ouvrir son cœur. Il y avait Mme Ladd, une femme âgée aux manières chaleureuses et bienveillantes et à l'esprit perspicace . Il y avait Miss Fortescue, l'une des meilleures « ouvrières » d'Attlebury, une vieille fille bienveillante et sensée de quarante-cinq ans. Il y avait aussi Lady Rosaline Deering, fille d'un pair écossais, veuve d'un administrateur colonial. C'était une femme de trente-trois ans environ, grande et de port gracieuse ; son nez était trop long, son menton aussi, mais elle avait de jolis cheveux et de beaux yeux. Elle était un peu bas bleu et s'adonnait à la théologie et à la philosophie. "Je n'ai pas peur de penser par moi-même", telle était la manière dont elle définissait son attitude, par opposition (comme elle le sous-entendait) à l'attitude de la plupart des femmes assises aux pieds de M. Attlebury. Elle admirait Attlebury, mais elle pensait par elle-même.

« On ne peut pas tout à fait renoncer à sa raison », disait-elle avec un sourire conquérant. "En plus, j'ai été élevé dans l'Église d'Écosse, tu sais." Cette origine ecclésiastique semblait lui donner une indépendance ; elle ne prêtait que l'allégeance volontaire qu'elle voulait à Attlebury et à son Église ; elle pouvait en cas de besoin se rabattre sur son Église d'origine, comme sur un domicile jamais définitivement perdu. Aussi, du vivant de son mari, elle avait vu les villes des hommes et connaissait leurs pensées. En fait, on pouvait la considérer comme émancipée, et son adhésion à l'école de M. Attlebury était plutôt esthétique que dogmatique ; elle pensait que la religion devait être investie de beauté, mais elle n'avait pas peur de parler de certaines de ses doctrines comme étant peut-être « symboliques ».

Les trois dames portèrent un grand intérêt à Maxon, mais d'un commun accord la première place fut cédée à lady Rosaline. Mme Ladd pourrait le fortifier, Miss Fortescue pourrait lui remonter le moral ; elles reconnaissaient toutes deux que Lady Rosaline pouvait faire autre chose, une chose subtile dans laquelle la féminité entrait plus spécifiquement ; une des choses que Mme Maxon aurait dû lui donner, mais elle ne l'a manifestement pas fait ; peut-être quelque chose comme ce que Lady Rosaline elle-même tirait des services religieux d'Attlebury, un mélange de satisfaction intellectuelle et esthétique. Mme Ladd et Miss Fortescue étaient faibles en matière d'esthétique. Il existait d'ailleurs un lien de sympathie particulier entre Lady Rosaline et Maxon. Le défunt administrateur colonial n'avait en aucun cas été tout ce qu'il aurait dû être en tant qu'époux, et lorsque la mort a rompu l'union, ce n'est qu'une corde très fine que ses cisailles ont coupée.

Mme Ladd et Miss Fortescue avaient fait allusion à cette triste histoire ; Lady Rosaline elle-même le raconta, bien que sous forme de réticence, à Cyril un soir de novembre, alors qu'il avait le loisir d'aller prendre le thé avec elle dans son appartement de Hans Place.

" C'est une chose terrible à dire, mais en réalité sa mort, le pauvre garçon ! a mis fin à une situation devenue presque insupportable pour toute femme de bons sentiments. Il n'a jamais été grossier ou méchant avec moi, mais la fierté ! Et la solitude. de l'âme, M. Maxon!"

" Pourtant tu l'as supporté courageusement. " Son ton demandait subtilement de la sympathie, tandis que ses paroles la lui donnaient.

"Je me demande si j'aurais pu continuer ! J'aurais dû choquer M. Attlebury, je suppose, mais j'ai pensé plus d'une fois au divorce. Notre maison - quand nous étions à la maison - avait toujours été en Écosse. Cela aurait rendu les choses plus faciles. , et cela n'aurait pas dû nuire autant à sa carrière. Il aurait pu me quitter et rester à l'écart le temps nécessaire, voyez-vous. Après le dernier, le dernier problème, il m'a proposé cela, si je le souhaitais.

"Vous avez dû être soumis à une tentation considérable."

"Oui. Mais ensuite sa santé a commencé à se détériorer, et—et les choses étaient différentes. J'ai dû rester et m'occuper de lui ; et ainsi nous sommes devenus de meilleurs amis à la fin. Je ne supporte vraiment plus la méchanceté maintenant."

"Je pense avec Attlebury sur cette question, vous savez."

"Oui, je suppose que oui. Mais alors, n'y a-t-il pas de place pour le doute ?"

"Je ne le pense guère, Lady Rosaline."

"Oh, mais c'est dur parfois, alors !" murmura-t-elle en regardant le feu. " Pensez-vous qu'il n'y a rien dans l'opinion selon laquelle l'infraction elle-même est une dissolution ? Que c'est le délinquant lui-même - ou lui-même - qui divise, et non le juge, qui s'occupe simplement des conséquences juridiques ? "

"Non, je ne vois pas ça." Il fit une pause, fronçant les sourcils, puis poursuivit : « Je peux comprendre qu'un homme soutienne que cela est donné comme un conseil de perfection, plutôt que comme une règle absolument contraignante – je veux dire, qu'un homme devrait essayer, mais, si cela s'avère au-dessus de ses forces, il pourrait ne pas être absolument condamné.

"Est-ce que ça te fait mal d'en parler ?"

"Pas aux gens qui comprennent."

"Comme c'est étrange qu'elle ne t'ait pas mieux compris ! Est-ce que ça te dérange que je dise ça ?"

"Si j'avais jamais eu des doutes sur les droits substantiels de l'affaire, ses procédures ultérieures les auraient complètement dissipés."

"Oui, ils renvoient une lumière, n'est-ce pas ?"

Cyril Maxon a apporté un éclairage supplémentaire en exposant les accusations grotesques que sa femme avait portées contre lui avant son départ. Il les a présentés aussi honnêtement qu'il a pu ; elles lui paraissaient si déraisonnables, qu'il ne craignait nullement de les soumettre à un juge impartial. Elles semblaient tout aussi déraisonnables à Lady Rosaline. Elle était aussi sûre d'elle que Mme Lenoir ; elle n'avait pas peur d'être « écrasée ». (Peut-être qu'être « Lady Rosaline » l'a un peu aidée.) Et les prétendus griefs de Winnie étaient si en deçà de sa propre histoire de torts qu'ils semblaient une excuse ridiculement inadéquate.

"Je ne peux pas la comprendre plus que vous", dit-elle.

"Cela ne sert vraiment à rien d'en dire plus sur elle, Lady Rosaline. C'est une question de caractère."

"Et elle est en fait avec cet homme Ledstone maintenant ?"

Il écarta les mains et baissa la tête. C'était à la fois une réponse et un commentaire suffisants.

"Ils se marieraient, je suppose, s'ils le pouvaient ?"

Cyril Maxon n'était pas prompt à marquer les nuances délicates de l'humeur d'une femme ; là au moins, Winnie avait raison. Il ne décelait plus la note de pitié sous-jacente dans la voix de Lady Rosaline. En fait, ce n'était qu'une allusion. Il fit un autre geste, cette fois d'impatience et de dégoût prononcés. Lady Rosaline sourit faiblement et changea de sujet.

Lorsqu'il l'eut quittée, elle resta assise près du feu, à réfléchir. Elle était veuve avec peu de souvenirs heureux et aucun regret affectueux ; elle était sans enfant ; malgré ses relations élevées , elle n'était pas du tout riche ; elle ne pouvait pas se permettre de voyager beaucoup dans le style qu'elle désirait, ni de se divertir beaucoup. Et elle avait trente-trois ans. Examinant sa situation dans son ensemble, elle n'en a pas pris une vision optimiste. « Je vais forcément abandonner mes études dans quelques années » — c'est ainsi qu'elle résumait ses perspectives — un résumé pas réjouissant, il faut l'admettre. Elle n'avait pas le contentement d'une Mme Ladd ni le zèle philanthropique d'une Miss Fortescue. Elle avait beaucoup d'ambition, un amour du luxe et (comme on l'a dit) une confiance en elle louable. Maîtresse elle-même sous toute sa gracieuse douceur, elle aimait plutôt qu'elle ne craignait les hommes magistraux ; Cyril Maxon l'attirait néanmoins parce qu'il avait « écrasé » Winnie. "Une pauvre petite chose comme ça !" Ainsi fut son verdict sur Winnie, qu'elle avait rencontrée une demi-douzaine de fois. Et il était très en hausse. Elle se surprit à se rappeler les mots précis qu'il avait utilisés à propos de « un conseil de perfection ».

Il faut peu d'acuité pour déceler une congruence entre l'interprétation d'une règle comme conseil de perfection et la doctrine des limites de l'endurance humaine. En fait, ils reviennent à peu près au même et sont invoqués, à tort ou à raison, de manière plausible ou invraisemblable, à peu près aux mêmes occasions et dans des circonstances très similaires. Si un homme vous frappe légèrement sur une joue, vous tendez l'autre. Mais s'il frappe très fort sur la première joue ? S'il vous oblige à faire un kilomètre avec lui, irez-vous avec lui deux ? L'agrément de la route n'a-t-il aucune différence ? S'il prend votre manteau, prendra-t-il aussi votre manteau ? Quelque chose pourrait dépendre de la valeur relative des deux vêtements. Dans de tels cas, la race humaine fait des accommodements ; et les accommodements ne sont pas réservés à une seule classe de penseurs.

Cyril Maxon n'avait guère accepté la suggestion de Lady Rosaline selon laquelle le délinquant avait lui-même rompu l'égalité. Elle l'avait tiré d'un article de couleur catholique, qui exposait les autorités dans le seul but de les réfuter. Son esprit logique comprit que cette position impliquait des conséquences plutôt surprenantes ; car si un acte peut séparer, un acte peut lier. Mais il n'a pas rejeté aussi facilement ni aussi facilement sa propre idée du conseil de perfection. En plaidant devant un tribunal, il aurait pu présenter de bons arguments en sa faveur. Argumentée au forum de sa propre conscience, elle a trouvé des arguments et des précédents. Pourtant, ce fut lentement qu'il gagna ne serait-ce qu'une audition du juge, et seulement grâce à des plaidoiries très adroites ; car, à première vue, les autorités devant lesquelles il s'inclinait étaient toutes contre. Elles avaient semblé absolument et immédiatement concluantes le matin où M. Ledstone était venu au Temple. « Pas de procédure ! » Sauf comme témoignage de sa propre attitude, Maxon n'attachait aucune importance à cette déclaration si chargée de soulagement pour son auditeur. Ce n'était en aucun cas un gage ; c'était simplement une expression d'une intention actuelle. Selon quelle théorie imaginable la famille Ledstone avait-elle le droit de réclamer des gages de sa part ? S'il s'agissait d'un engagement, c'était un engagement envers lui-même et envers l'école de pensée à laquelle il appartenait. Aux Ledstone ? Jamais!

Ainsi, le lent courant caché de ses sentiments commença à se creuser un nouveau canal, un moyen de contourner le rocher du principe qui empêchait toute avance directe. Il y avait un autre changement en lui. Une femme – sa femme – l'avait traité d'homme avec lequel il était impossible de vivre. Il avait secrètement, presque inconsciemment, peur que le monde soit d'accord avec elle. Cherchant de la sympathie, il essaya de la manifester ; craignant d'être incompris, il s'est lancé dans un effort pour se montrer compréhensif. Il y réussit assez bien. Les gens disaient qu'il était humain après tout et que Mme Maxon aurait dû le voir. Le travail accompli par Winnie lui a valu le discrédit ; ce n'est pas un cas rare. Les rebelles sont abattus, fouettés ou doivent fuir le royaume. Mais des réformes sont introduites dans l'administration, et cela rend les rebelles encore plus coupables – parce que, bien sûr, les réformes allaient être introduites de toute façon, si seulement les rebelles avaient eu un peu de foi, un peu de patience. Qui ne l'a pas lu une vingtaine de fois dans les journaux ?

"Sa petite femme ne pouvait pas savoir comment gérer un homme", a déclaré la vieille Mme Ladd, qui avait eu deux maris, le premier un esprit trop festif, le second un hypocondriaque.

"Le Vicaire a la plus haute opinion de lui", remarqua Miss Fortescue.

Mme Ladd sourit. "Il n'aura pas une aussi haute opinion de lui s'il s'en prend à Rosaline Deering."

Miss Fortescue était choquée et intéressée. "Ma chérie, y a-t-il une chance que cela arrive ?"

Mme Ladd pinça les lèvres. "Je n'y vois pas grand mal moi-même", a-t-elle déclaré.

"Oh, Mme Ladd ! Si le Vicaire vous entendait !"

"Si vous pouvez vous remarier quand votre mari sera mort..."

« C'est autorisé, mais ce n'est... ce n'est pas vraiment recommandé, n'est-ce pas ?

"Eh bien, d'après la théorie du Vicaire, je ne vois finalement pas de différence entre les deux cas, ou, en tout cas, pas grand-chose." Mme Ladd a détruit sa logique en faisant une concession à la douloureuse surprise de son amie. Elle aurait dû s'en tenir à ce qu'il n'y avait aucune différence. Puis, sur la théorie d'Attlebury, elle eut une discussion ; « pas grand-chose » équivalait dangereusement à en couper les racines.

Les spéculations sur l'attitude de M. Attlebury ne se limitaient pas à ces bons membres de son troupeau. Elle a eu sa place dans l'esprit de Cyril Maxon, dès qu'il a commencé à réfléchir à l'idée de se libérer du lien légal du mariage — et de revoir sa situation après cela. Mais ici, l'idiosyncrasie de l'homme est entrée en jeu et a mis à mal la loyauté de l'homme d'Église. Il avait donné à Attlebury une allégeance volontaire. Mais si Attlebury tentait d'extorquer une obéissance forcée ? Le visage de Cyril se figea à cette pensée. La grande offense de Winnie avait été de ne pas vouloir « s'adapter ». Dans son cœur, il exigeait que le prêtre et l'Église s'adaptent également, reconnaissent ses services et sa valeur et lui trouvent une issue, si nécessaire. La théorie du « conseil de perfection » apparaissait de plus en plus, à la réflexion, comme une issue possible, et déjà il commençait à éprouver, par anticipation, un ressentiment contre l'homme ou l'institution qui dirait le contraire. Il s'irritait d'avance d'une telle dictée, d'une telle ingérence dans les vues consciencieusement défendues par un homme que tous devaient admettre être sincère et pieux, et qui, de plus, était un adepte qui valait vraiment la peine d'avoir.

Parmi les diverses influences qui firent prendre corps dans son esprit au projet de libération, il fallait sans doute compter en premier lieu Rosaline Deering, mais elle n'était pas la seule femme à compter. Fini ce qu'elle était, hors de sa vie, mais Winnie Maxon avait également sa part dans le travail. Il éprouvait un désir primitif de « lui montrer », comme disent les enfants, de lui montrer qu'elle n'avait pas le pouvoir de détruire sa vie, qu'il existait des femmes plus sages qu'elle, des femmes qui ne pensaient pas qu'il était impossible de vivre avec lui, mais qui le voudraient. avoir une grande chance de devenir sa femme. Dès qu'il commença à penser à Rosaline Deering, il pensa plus souvent à sa femme, opposant pour ainsi dire les deux femmes et dotant Rosaline de toutes les vertus qui manquaient si manifestement à Winnie. Même une chose aussi fortuite que le titre de courtoisie de Rosaline comptait à cet égard ; cela aiderait à convaincre Winnie de sa propre insignifiance, de la carrière bien plus grande que la sienne qu'elle avait essayé — en vain — de gâcher. Quand elle n'était guère meilleure qu'une vagabonde — il ne disait pas les choses avec miséricorde — M. La justice et Lady Rosaline Maxon pourraient se divertir dans Devonshire Street — ou peut-être à Berkeley Square.

Lorsque le Palais de Justice se leva pour les vacances de Noël, il se rendit à Paris, et Lady Rosaline eut la gentillesse de ne pas cacher que sa présence là-bas contribua à la déterminer également pour une courte visite. Ils ont fait certaines visites ensemble, ils ont eu de nombreuses discussions autour du feu, et c'est là – la même veille de Noël où Winnie était allée à Shaylor's Patch et Godfrey Ledstone à Woburn Square – qu'il lui a dit qu'il avait inventé son esprit de demander la dissolution légale de son mariage malheureux.

"J'ai examiné la question sous tous les angles et j'ai satisfait ma conscience", a-t-il déclaré. "Maintenant, je dois agir sous ma propre responsabilité."

Dans ces derniers mots, il y avait un défi anticipé envers M. Attlebury – un défi qui indiquait que la satisfaction de sa conscience n'était pas tout à fait complète. Le fait était plutôt que sa conscience avait accepté les autres influences et, sous leur pression, avait accepté la sortie.

"Je pense que je peux à juste titre plaider que les circonstances sont exceptionnelles." Il se pencha vers elle et lui demanda : « Vous ne me condamnez pas ?

" Que vaut mon opinion ? Vous en savez beaucoup plus, vous êtes beaucoup plus à même de porter un jugement. "

"Mais je veux savoir que je n'ai pas perdu votre bonne opinion, votre estime, si je peux espérer l'avoir jamais gagné."

"Non, je ne vous condamne pas, si votre propre conscience ne le fait pas, M. Maxon." Elle se leva et se leva, accoudée à la cheminée, le dos à moitié tourné vers lui. La pose montrait bien la grâce de sa grande silhouette ; ses yeux se posèrent sur elle avec satisfaction.

"Merci", dit-il. "Cela... cela signifie beaucoup pour moi, Lady Rosaline."

Son coude reposait sur la cheminée, son visage sur sa main ; sa bouche était cachée. Mais, invisible pour lui, un sourire courba ses lèvres. Ses paroles étaient tout à fait convenables – de la part d'un homme encore marié – mais elles étaient suffisamment explicites. "Je peux l'avoir si je le veux", résume probablement assez précisément la conclusion confortable de la dame.

CHAPITRE XV

MME. PERSONNE

Malgré le télégramme fâcheux, sa visite à Shaylor's Patch a réconforté Winnie de deux manières. Il a mis fin à l'examen de conscience qui est le résultat naturel et fréquent d'une menace d'échec ; par la preuve qu'elle lui apportait de l'affection de Stephen et de l'admiration loyale de Dick Dennehy, elle renforçait la confiance de sa femme dans son pouvoir de retenir son homme. Après tout, Mabel Thurseley n'était pas très jolie ; avec la mer entre Godfrey et Woburn Square, il y aurait de bonnes raisons d'espérer. Elle rêvait de ciels italiens. Même si elle avait rappelé et reconnu sa liberté, en vertu de leur marché, de la quitter, cela n'était pas important dans son esprit. La femme naturelle se battait — et se bat, pourrait-on supposer, de la même manière, quel que soit son statut légal ou ses droits conventionnels.

Elle avait télégraphié à Godfrey l'heure proposée de son arrivée à l'atelier, et espérait l'y trouver ; car le léger frisson serait sûrement meilleur maintenant ? Il n'était pas là; pourtant, apparemment, le froid était meilleur, car il était là plus tôt dans la journée. Le vieux serviteur irlandais lui annonça la nouvelle, en la regardant d'une manière que Winnie trouva plutôt étrange. La femme resta une minute près de la porte, jetant un coup d'œil autour de la pièce, semblant à moitié décidée à dire quelque chose de plus, et à moitié décidée à ne pas le faire. Elle finit par ne rien dire et sortit en silence — d'habitude elle était bavarde — lorsque sa maîtresse lui dit qu'elle donnerait tous les ordres nécessaires après avoir défait ses bagages. L'idée de Winnie était tournée vers l'idée d'emmener Godfrey le soir même.

Aussi courte que ait été son absence, le studio lui semblait en quelque sorte inconnu ; il avait moins l'aspect « habité » qu'elle y associait comme un élément agréable. Elle le parcourut avec une curiosité éveillée. La planche sur laquelle il étendait son papier à dessin, qu'était-elle devenue ? Son pot à tabac n'était pas à sa place habituelle ; Ses livres techniques manquaient sur leur étagère désignée. Il a dû avoir envie de travailler malgré le froid et venir les chercher ; du moins, cela compterait pour le tableau et les livres, sinon aussi pour le pot à tabac. Elle se dirigea vers la cuisine pour s'enquérir du domestique, mais s'arrêta brusquement au milieu de la pièce. Elle resta là un moment, puis se retourna brusquement et monta les escaliers qui menaient aux chambres — sans défaire ses bagages, car elle avait laissé sa malle et son sac de toilette sur le sol du studio.

Elle monta les escaliers lentement, résolument calme, mais le cœur battant et une touche de couleur vive sur les joues. La porte de sa chambre était grande ouverte. Les meubles étaient tous à leur place ; la table des toilettes n'était pas plus nue que ne le laissait supposer sa visite à Woburn Square ; la petite pendule qu'elle lui avait offerte tournait sur la cheminée. Mais Winnie se dirigea droit vers la commode et l'ouvrit et la ferma rapidement l'une après l'autre. Ils étaient tous vides. L'armoire a donné le même résultat. Tous ses vêtements avaient disparu, ainsi que ses bottes – toutes. Elle retourna sur le palier et ouvrit la porte d'une armoire où était habituellement rangé sa valise ; c'était parti. Préparation pour un long séjour, quelque part ! Pourtant le froid était tellement meilleur qu'il avait pu visiter l'atelier le matin même, où, sans doute, il avait emporté toutes ces choses, toutes, pas seulement des planches à dessin, des livres et un pot à tabac.

Elle emménagea rapidement dans sa propre chambre. Tout se passait comme d'habitude ; mais elle avait pensé qu'il y aurait peut-être une lettre. Aucun n'était visible. Un calme curieux, presque une désolation, semblait planer sur la petite pièce ; elle aussi prit soudain un air inhabité. Elle se laissa tomber dans un fauteuil en osier et resta là immobile pendant quelques minutes. Puis elle se releva vivement en s'exclamant : « Oh, mais c'est absurde !

Elle cherchait avec indignation à repousser la conviction qui s'emparait de son esprit. Il ne voulait sûrement pas, ne pouvait pas faire les choses ainsi ? Dans sa rare réflexion sur leur éventuelle séparation, comme convenu, il n'y avait toujours pas eu de disputes, et encore moins de récriminations, mais beaucoup de discussions amicales, un examen calme de la situation, probablement un accord pour « réessayer » pour une période plus longue ou plus longue. un délai plus court, jusqu'à ce qu'une décision mûre et sage, satisfaisante pour la raison, sinon pour les sentiments des deux, soit prise. Mais ce serait une pure fuite, une véritable fuite devant elle, devant le problème, devant la situation. Cela ne pouvait pas être le cas. Il doit y avoir une explication.

Les sons étaient facilement audibles dans la petite maison fragile. Elle entendit sonner la cloche de la porte d'entrée et resta assise à écouter sa voix qui l'appelait, ses pas à travers le sol du studio, puis son ascension des escaliers. Ni une voix, ni un pas ne vinrent ; en plus – c'était étrange qu'elle ne s'en soit pas souvenue auparavant – bien sûr, il aurait utilisé sa clé. Elle se leva, ôta sa veste, dégrafa son chapeau, le posa sur le lit, regarda ses cheveux, puis redescendit lentement.

Amy Ledstone se tenait au milieu du studio ; c'était elle qui avait frappé. Puis en un instant, Winnie comprit, et en un instant elle enfila son armure. Son ton était froid et ses manières posées ; ils n'ont pas besoin d'être tous les deux lâches – elle et Godfrey !

"Comment allez-vous, Miss Ledstone ? Vous êtes venue me dire quelque chose ?"

"Oui." Amy Ledstone n'était ni cool ni maître d'elle. Sa voix tremblait violemment ; c'était un effort évident de sa part pour ne pas éclater en sanglots. « Il... il t'aime toujours ; il m'a dit de te le dire.

"Je t'avais dit de me le dire ! N'est-ce pas plutôt étrange ? Après tout, notre... eh bien, il a déjà pu me le dire par lui-même auparavant. Ne veux-tu pas t'asseoir ?" Elle s'est assise pendant qu'elle parlait.

"Non, merci. Mais il ne supporte pas de vous voir ; il ne peut pas se faire confiance. Il m'a dit de dire ça. Il a dit que vous comprendriez... que vous aviez une... une compréhension. Seulement, il ne pouvait pas." supporte de dire au revoir.

"Il ne revient pas ?"

"Il était vraiment plutôt miteux dimanche... alors il est resté. Et... et dimanche soir, maman a eu une grave crise ; nous étions vraiment alarmés."

Winnie hocha la tête. Toujours, dès le début, un ennemi dangereux : le cœur faible de ma mère !

« Mère avait été avec lui toute la journée — elle ne voulait pas le quitter. Je suppose qu'elle était trop fatiguée, et il y avait la tension de... de la situation ; et papa — mon père — s'est déchaîné sur Godfrey le lendemain matin ; et Je m'étais évanoui le soir de Noël."

"Toi?" Il y avait une pointe de reproche dans la question.

"Oui, je lui ai dit qu'il devait choisir. Il faisait vraiment l'amour avec Mabel tout le temps. Alors je lui ai dit——"

"Je vois." Elle sourit faiblement. "Le pauvre garçon n'a pas pu passer un Noël agréable, Miss Ledstone !"

"Nous étions tous contre lui, tous les trois !" Elle tendit brusquement les mains. "Essayez de comprendre qu'il avait aussi quelque chose à supporter. Et que nous avions — en y réfléchissant comme nous le faisons. C'était dur pour d'autres personnes que vous. Père vieillit, et Godfrey est toute mère et moi..."

Winnie acquiesça pour comprendre la phrase brisée.

"Je n'ai pas dit un mot contre lui ou contre vous. Il avait le droit de faire ce qu'il a fait, même s'il l'a fait d'une manière que je ne pensais pas qu'il choisirait."

« Il n'a pas confiance en lui-même, et sa mère... oh ! Son murmure désespéré n'aboutit désespérément à rien.

"Mère ! Oui ! Que de choses à penser ! Je venais de me décider à l'enlever à vous tous tout de suite, à l'emmener à l'étranger. J'aurais pu le faire si je l'avais trouvé ici. . Peut-être que je pourrais encore le faire, je me demande ? »

Amy frissonna inconfortablement sous le regard pensif de son compagnon.

« Je pourrais aussi écrire des lettres – comme vous le faisiez – et organiser des réunions secrètes. Il ne m'a rien dit à propos de Miss Thurseley – je ne pense pas qu'il dirait quoi que ce soit à mon sujet à Miss Thurseley. Mais il me rencontrerait tout le temps. pareil, je pense. Cela semble être sa manière de faire ; seulement avant votre dernière visite, je ne le savais pas.

" En effet, il ne pensera plus à Mabel... pas avant longtemps. Il est tellement... tellement brisé."

Winnie haussa légèrement les sourcils ; elle commençait à se forger sa propre opinion à ce sujet – une opinion qui ne serait probablement pas trop généreuse envers Godfrey.

Amy parlait avec un effort évident, avec un air honteux. "Mère m'a supplié et m'a prié de... d'essayer de vous persuader..." Elle s'interrompit de nouveau.

"Le laisser tranquille ? Je suppose qu'elle le ferait. Elle pense que j'ai fait tout le mal ? En ce qui le concerne, je suppose que c'est le cas. Si nous avions procédé de la manière habituelle, il n'aurait vraiment pas eu besoin. souffert du tout. »

Le frisson inconfortable d'Amy revint ; elle n'était pas à l'aise avec une contemplation constante des voies du monde ; cela n'était pas plus sur son chemin que faire l'amour.

"Tu peux dire à ta mère que je vais le laisser tranquille. Ensuite, j'espère qu'elle ira mieux."

"Oh, je ne te comprends pas !"

"Non ? Eh bien, je n'ai pas compris Godfrey. Mais dans votre cas, cela n'a pas d'importance. Pourquoi voudriez-vous le faire ? Vous pouvez tous me mettre hors de vos pensées à partir d'aujourd'hui."

"Je ne peux pas!" s'écria Amy ; "Je n'y arriverai jamais !" Soudain, elle s'approcha de Winnie et, se tenant devant elle, un peu maladroitement, fondit en larmes. "Comment peux-tu être si dur ?" elle gémit. " Ne vois-tu pas que je suis terriblement malheureuse pour toi ? Mais c'est inutile d'essayer de te le dire. Tu es si... si dur. Et je dois rentrer chez moi, où ils seront... "

Winnie a fourni le mot : « Jubilant ? Oui. Elle fronça les sourcils. "Tu pleures, et moi pas, c'est plutôt drôle. Je me demande si je pleurerai quand tu seras parti !"

"Oh, est-ce que tu l'aimes, ou pas ?"

Les sourcils de Winnie se haussèrent à nouveau. Au vu de ce qui s'était passé ce jour-là, de la révélation soudaine de Godfrey, du changement brusque que son acte avait opéré dans ses relations avec lui, la question semblait impliquer une simplicité irréelle des émotions, un contraste faussement simple entre deux états d'âme. sentiment, se tenant à distance les uns contre les autres. Une telle conception ne correspondait en rien à ses sentiments actuels à l'égard de Godfrey Ledstone. L'homme qu'elle aimait avait fait la chose qu'elle ne pouvait pas pardonner : l'aimait-elle ? Mais si elle ne l'aimait pas, pourquoi ne pourrait-elle pas lui pardonner ? À moins qu'elle ne l'aime, ce n'était pas grave qu'il ait honte et s'enfuie. Mais s'il avait honte et s'enfuyait, comment pourrait-elle aimer ? L'amour et le mépris, la tendresse et la répulsion semblaient tissés en un seul tissu aux motifs complexes, presque introuvables. Comment pouvait-elle décrire cela à Amy Ledstone ?

"Je suppose que j'aime mon Godfrey, mais il ne semble pas être le même que le tien. Je ne peux pas le dire mieux que ça. Et tu aimes le tien, et pas le mien. Je pense que c'est tout ce que nous pouvons en dire."

Amy avait aussi ses complications émotionnelles. Elle s'essuya les yeux et dit tristement : " Ce n'est pas vrai pour moi. Je préfère le tien, si je vois ce que tu veux dire. De toute façon, c'était un homme. Mais je sais que c'est méchant de ressentir ça. "

Winnie la regarda. « Bien sûr, vous devez penser que c'est méchant, je le vois bien, mais vous comprenez plus que je ne le pensais, dit-elle. " Et vous ne penserez pas que je l'abuse ? Cela ne me semblerait pas du tout méchant si j'étais tombé sur la bonne personne. Mais je ne l'ai pas fait. C'est tout. Et cette façon de terminer, il semble que d'une manière ou d'une autre, de tout souiller. La fin gâche tout. Cela me semble honteusement injuste. Il avait le droit de partir, mais il n'avait pas le droit d'avoir honte. je le déteste presque pour ça."

"Nous lui avons fait honte. Vous devez nous détester."

"Je t'aime bien. Et... non... comment pourrais-je haïr ton père et ta mère ? Ils ne m'ont fait aucune promesse ; je ne leur ai rien donné sur la base d'une promesse. Mais je lui ai donné tout ce que j'avais ; non beaucoup, je sais, mais quand même… tout. »

Amy enroula ses mains gantées l'une autour de l'autre. Elle était plus calme maintenant, mais son visage était tiré par la douleur. "Oui, c'est vrai", dit-elle. Puis elle révéla brusquement ce qui se cachait derrière ses paroles des dix dernières minutes, ce qu'elle avait à dire avant de pouvoir se résoudre à quitter Winnie. "En tout cas, vous avez du courage . Godfrey est un lâche."

Les lèvres de Winnie se courbèrent en un étrange sourire. "Ne le fais pas ! Où est-ce que ça me mène ? Oh oui, c'est vrai à propos de lui, je suppose. C'est mon erreur."

Amy retourna vers la cheminée ; elle avait laissé son manchon dessus. Elle le prit et se dirigea vers la porte. "Je vais y aller. Vous devez en avoir assez de nous tous!"

Winnie avait un désir honnête d'être juste, voire gentille, de lui rendre la pareille avec une amitié manifestement manifestée à son égard, et malgré une désapprobation enracinée. Mais ces limites d'endurance avaient de nouveau été atteintes. Elle en avait en effet assez des Ledstone ; Même son mari n'aurait pas pu souffrir plus fortement de ce sentiment. Elle a fait un effort.

"Oh, toi et moi nous séparons amis", appela-t-elle après la silhouette de son visiteur qui s'éloignait. Sans se retourner, Amy secoua tristement la tête et s'évanouit. Sa mission était accomplie.

Presque immédiatement après le départ d'Amy, la servante, la vieille Irlandaise de Dennehy, entra avec du thé et des toasts beurrés. Elle approcha une chaise du poêle à gaz et une petite table.

"Installez-vous confortablement, ma chérie", dit-elle.

« Vous a-t-il dit quelque chose, Mme O'Leary ?

"Il a dit qu'il allait rendre visite un moment à ses relations dans le Nord." Puis, après une pause : « Rassure-toi, maman. Il y a d'aussi bons poissons——— ! Et la vieille femme sortit en traînant les pieds.

C'était drôle à dire ! « Il y a d'aussi bons poissons... ! Mais le cerveau engourdi de Winnie était sur une autre voie ; elle n'a pas approfondi les implications de la remarque de Mme O'Leary. L'humeur tendre, sur laquelle elle avait spéculé lorsqu'elle disait : « Je me demande si je vais pleurer, quand tu seras parti », n'est pas non plus arrivée. Elle ne se ceignait plus non plus contre les Ledstones et Woburn Square. Ses pensées revenaient à sa propre séparation d'avec son mari. "Quoi qu'il en soit, j'ai fait face à Cyril, on s'en est sorti", était le refrain de ses pensées, curieusement persistantes, alors qu'elle était assise devant le poêle, buvant son thé et grignotant ses toasts, appréciant la chaleur, vraiment (même si cela semblait étrange) pas autant misérable qu'intensément combative, sans loisir de se livrer à la misère, dos au mur, et le monde – le Géant – avançant contre elle de manière menaçante. Parce que son petit rempart s'était entièrement effondré, le toit de son abri avait été arraché, son projet de vie en ruines - une situation que contrecarrait joyeusement le dicton proverbial de Mme O'Leary, mais qui n'était en réalité pas facile à gérer. Son bateau n'était pas en train de pêcher ; il était échoué, haut et sec, sur une plage aride. "J'ai affronté Cyril !" Encore et encore, cela revenait avec fierté et ressentiment amer. Elle se trouve ici devant un *dénouement* typique d'un esprit faible, à la fois soudain, violent et lâche.

Elle fumait deux ou trois cigarettes – Ledstone lui avait appris cette habitude, dont elle n'aurait jamais rêvé à l'époque de Maxon – et les aiguilles de l'horloge tournaient. Six heures et demie sonnèrent. Il s'agissait d'un rappel pratique des résultats immédiats. Elle n'avait pas de dîner commandé ; si c'était le cas, il n'y avait personne avec qui le manger. Il n'y avait personne avec qui passer la soirée. Elle devrait dormir seule dans la maison ; Mme O'Leary avait des soucis familiaux et rentrait à la maison pour souper et se coucher à neuf heures. Elle n'a pas besoin de dîner, mais elle doit passer la soirée et dormir, sans compagnie, sans présence protectrice, dans toute la maison. Cela semblait vraiment épouvantable.

Ses bagages gisaient sur le sol du studio, encore défaits. Elle n'y avait pas réfléchi davantage ; elle l'a fait maintenant. "Dois-je retourner à Shaylor's Patch ce soir ?" C'était une idée très tentante. Elle se leva, presque déterminée ; elle y trouverait de la sympathie ; même les larmes pourraient venir. Elle était sur le point de se diriger vers sa chambre, pour remettre son chapeau et sa veste, lorsqu'une nouvelle sonnerie retentit. Un instant plus tard, elle entendit une voix joyeuse demander : « Mme Ledstone à la maison ?

"Mais je ne suis plus Mme Ledstone. Ni Mme Maxon ! Je ne vois pas que je sois quelqu'un."

Cette pensée eut juste le temps de lui traverser l'esprit avant que Bob Purnett ne soit introduit par Mme O'Leary.

"M. Purnett, maman. Vous trouverez le whisky à l'endroit habituel, monsieur, et le soda." On savait que Bob n'aimait pas le thé de l'après-midi.

"Je pensais que vous seriez de retour, Mme Ledstone. Où est Godfrey ? J'ai une nuit libre, et je veux que vous et lui veniez dîner et alliez dans une salle. Ne dites pas non, maintenant ! Je suis si seule ! Ce cigare ne vous dérange pas, n'est-ce pas, Mme Ledstone ?

Il semblait y avoir beaucoup de « Mme ». Ledstone à ce sujet ; mais elle savait que c'était les bonnes manières de Bob. En plus, c'était un point mineur. Quelle franchise était nécessaire à ce moment-là ? Même là, ce n'était pas l'essentiel. Le point principal était : « Voici un être humain amical ; de quelle manière la situation m'oblige-t-elle à le traiter ?

C'était un point qui se prêtait à une réflexion théorique difficile ; en pratique, il n'en fallait absolument pas. Winnie s'agrippait à la planche dans son océan de désolation.

" Godfrey passe la nuit avec ses gens ; il a un rhume. Je ne le savais pas, alors je reviens quand même de chez les Aikenheads. " - Comme c'est désinvolte ! - " Et je suis plutôt seul aussi, M. . Purnett."

Il s'assit près d'elle près du poêle. "Eh bien… euh… le vieux Godfrey ne s'y opposerait pas, n'est-ce pas ?"

« Tu veux dire… que je devrais venir seul ? Avec toi ?

"Attendez, s'il veut avoir des frissons et reste à Woburn Square ! Cela ne semble pas très festif !" Il regarda autour de lui et eut un frisson burlesque.

"Ce n'est pas le cas !" » dit Winnie. « Dois-je vous surprendre, M. Purnett, si je vous dis que de ma vie je n'ai jamais dîné au restaurant ni allé au théâtre seul avec un homme à l'exception de M. Maxon et Godfrey ?

Elle a complètement intrigué Bob, ou plutôt l'aurait fait, s'il n'avait pas abandonné le problème depuis longtemps. "Je le crois si vous le dites, Mme Ledstone," répondit-il docilement. "Mais Godfrey et moi sommes de si bons amis. Pourquoi pas toi ?"

"Je vais le faire", dit Winnie.

Il se leva avec un joyeux empressement. "Très bien. Je vous retrouve au Café Royal - huit heures pile . Je suis content d'être entré ! Je dis, quel prix, pauvre vieux Godfrey - avec un refroidissement à Woburn Square, pendant que nous passons une soirée ?" Il rit joyeusement.

"Cela sert tout à fait Godfrey", dit-elle avec son léger sourire vacillant.

Mme O'Leary était ravie d'être appelée à lacer l'une des deux robes du soir de Winnie – la meilleure des deux, peut-on le remarquer en passant.

"Vous auriez pu faire du vélomoteur, ma chérie, ici tout seul !" dit-elle, et cela semblait certainement une conjecture possible.

Il n'y avait qu'un seul défaut à trouver dans l'attitude de Bob Purnett lors du dîner au Café Royal. C'était plutôt amical et joyeux ; ce n'était pas loin ; mais c'était plutôt extrêmement respectueux. Il reconnaissait et soulignait le fait que Godfrey Ledstone était propriétaire d'elle (on peut difficilement dire la chose autrement) et que Bob y consentait parfaitement. Il protesta qu'aucune trace de trahison ne se cachait dans cette petite excursion. Il n'arrêtait même pas d'exprimer le souhait que Godfrey soit avec eux. Et il l'appelait 'Mme. Ledstone' une phrase sur deux. Personne n'a jamais observé plus religieusement les règles les plus strictes du code que Bob Purnett.

Mais il se trouvait en face d'une situation qu'il ignorait et d'une nature qu'il ne comprenait que très peu (il n'en était que trop conscient). Winnie était très jolie, mais elle souriait de manière impénétrable. Au moins, elle sourit au début. Bientôt, une touche d'irritation se glissa dans ses manières. Elle lui rendit copieusement « M. Purnett's' en échange de sa 'Mrs. Chez Ledstone. La conversation est devenue formelle, en effet, pour Bob, plutôt ennuyeuse. Il la comprenait de moins en moins.

D'après le calcul extrêmement approximatif et non moins irrité de Winnie, il s'agissait de la cent quatrième "Mme". Ledstone' de la soirée - qui s'est manifestée alors qu'ils conduisaient en taxi du restaurant au lieu de divertissement choisi - que sa patience a cédé en un clin d'œil et que son humour amer a fait son chemin.

"Pour l'amour du ciel, ne m'appelez plus 'Mme Ledstone' ce soir !"

"Hein ?" dit Bob en retirant son cigare de sa bouche. "Qu'avez-vous dit, Mme Led... Oh, je vous demande pardon !"

"J'ai dit : 'Ne m'appelez pas', Mme. Ledstone "- ou je deviendrai fou."

"Comment dois-je t'appeler, alors ?" Il essayait de ne pas la regarder, mais il la regardait attentivement du coin de l'œil.

"Soyons prudents, appelez-moi Mme Smith", a déclaré Winnie.

Sur quels mots ils arrivèrent au music-hall.

CHAPITRE XVI

UNE MOT PRIS À PLAISIR

L'excellent divertissement qui leur était proposé a agi comme un palliatif à l'irritation de Winnie et à la curiosité aiguë de Bob Purnett. Il n'y a pas d'« intervalles » dans les music-halls ; ils passaient trop vite de diversion en diversion pour que de nombreuses occasions de conversation se présentent ; et pendant « l'intermède orchestral », à mi-parcours du programme, Bob a quitté sa place à la recherche de rafraîchissements. Quand ils sont sortis, le sujet de 'Mrs. Smith n'avait pas progressé davantage entre eux.

Winnie a refusé l'offre de dîner de son escorte. À présent, elle était fatiguée et elle éprouvait, bien qu'à contrecœur, un instinct enfantin – puisqu'elle devait dormir dans cette maison déserte – de cacher sa tête entre les draps avant minuit. Cet objectif, un taxi rapide pourrait bien lui permettre d'atteindre.

Le sujet n'avançait pas non plus rapidement lorsque la cabine avait démarré. Winnie s'allongea contre les coussins dans une lassitude langoureuse, pas capable de penser davantage à ses affaires ce soir-là. Bob s'assit en face, pas à côté d'elle, de peur que la fumée de son cigare ne la dérange. Elle fermait souvent les yeux ; puis il se livrait à un examen prudent de son visage tandis que les réverbères l'éclairaient au cours de leur passage rapide. Elle était extrêmement jolie, et elle serait encore plus jolie – voire « déchirante » - avec juste un peu de maquillage ; car elle était très pâle, et la vie avait déjà tracé trois ou quatre lignes délicates mais indubitables autour des yeux et de la bouche. Bob s'autorisa à la considérer avec plus d'attention qu'il ne lui avait jamais accordé auparavant, et avec une sorte d'attention nouvelle – pour son propre compte en tant qu'homme, et non seulement en tant que critique respectueux du goût de Godfrey Ledstone. Parce que sa remarque sur le fait de ne pas s'appeler « Mme ». Ledstone — sous peine de devenir fou — a fait la différence. Peut-être que cela signifiait seulement une dispute – ou, comme il l'appelait, une « dispute ». Peut-être que cela signifiait plus ; peut-être que c'était « tout va mal » entre elle et Godfrey – une séparation définitive.

Quoi que signifiait la remarque, l'état des choses qu'elle indiquait ramenait Winnie davantage dans l'horizon mental de son compagnon actuel. Les disputes et les séparations étaient des phénomènes assez familiers à son expérience. La vérité pourrait être placée plus haut ; les querelles étaient le corollaire nécessaire et les séparations la fin inévitable des amitiés sentimentales. Ils venaient plus ou moins fréquemment, tôt ou tard ; mais ils sont venus. La fréquence croissante des conflits annonçait généralement des séparations. Mais parfois, la « grande dispute » survenait d'un seul coup – une tempête surgissant d'un ciel bleu, un ouragan soudain, au cours duquel les navires du convoi se perdaient de contact – ou l'un coulait tandis que l'autre s'éloignait. Tout cela était un terrain familier pour Bob Purnett ; il l'avait souvent vu, il l'avait vécu, il en avait plaisanté et, à sa manière, il l'avait philosophé. Ce qu'il n'avait pas compris – même s'il avait soigneusement feint d'accepter – c'était le caractère sacré et permanent d'un lien qui n'était, comme tout le monde devait le savoir, ni sacré ni susceptible d'être permanent. Là, il était hors de lui ; Lorsque des disputes et des séparations sont apparues, Bob a senti ses pieds toucher le fond. Et il avait toujours pensé, dans son cœur, que, quoi que Winnie puisse croire, Godfrey Ledstone ressentait exactement la même chose que lui. Bien sûr, Godfrey avait dû prétendre le contraire – eh bien, le visage en face de Bob dans le taxi valait la peine de faire semblant.

Winnie parla brièvement, à deux ou trois reprises, du spectacle qu'ils avaient vu, mais ne dit rien d'autre sur elle-même. Lorsqu'ils arrivèrent à sa porte, elle lui dit de garder le taxi.

"Parce que je n'ai rien à manger pour vous, et je pense que vous avez même fini le whisky ! Merci pour ma soirée, M. Purnett."

Il traversa la petite cour jusqu'à la porte avec elle. "Et vous avez l'air fatigué comme un chien", remarqua-t-il, en supprimant avec succès "Mme". Pierre Ledstone. « Ce que tu veux, c'est un bon sommeil, et… et tout paraîtra plus lumineux le matin. Puis-je venir te voir bientôt ? »

"Si je suis ici, bien sûr que vous le pouvez. Mais je n'ai pas encore pris ma décision. Je retournerai peut-être à la campagne, chez les Aikenhead, chez mes cousins, là où j'ai rencontré Godfrey, vous savez."

Il ne pouvait résister à une question. "Je dis, y a-t-il des problèmes ? Vous savez à quel point je vous aime tous les deux. Y a-t-il eu une dispute ?"

Elle lui sourit. " Godfrey a évité tout danger. Je ne veux pas en parler, mais autant le savoir. Godfrey est parti. "

"Oh, mais il reviendra, Mme… Il reviendra, je veux dire, vous savez."

"Jamais. Et je ne veux pas de lui. Ne me demande plus rien, ce soir en tout cas." Elle lui tendit la main avec une pression amicale. "Bonne nuit."

"Bon Dieu ! Eh bien, je suis désolé. Je dis, tu ne me couperas pas maintenant, n'est-ce pas ?"

"Je n'ai pas tellement d'amis que j'aurais besoin d'en avoir un bon. Maintenant, si vous partez tout de suite, vous serez de retour à temps pour dîner ailleurs." Elle sourit de nouveau et, dans un désir de réconfort, lui avoua – ainsi qu'à elle-même – ses peurs enfantines. "Et je veux être bien au chaud dans mon lit avant que les fantômes n'apparaissent ! Je me sens plutôt seul.

Alors encore une fois, bonne nuit." Il eut une dernière vision de son petit visage pâle alors qu'elle fermait la porte lentement, à contrecœur lui sembla-t-il. Un grand bruit de boulons suivit.

"Eh bien, de toute façon, je suis laissé dehors", réfléchit Bob avec philosophie en retournant au taxi. Mais son esprit était occupé par l'image de la fière femme abandonnée, seule dans la maison vide, très seule au monde aussi, et plutôt effrayée par les « fantômes ». Toute sa bonté naturelle de cœur était éveillée en pitié et en sympathie pour elle. "J'aimerais lui faire passer un très bon moment", pensa-t-il. À cet égard, son impulsion était honnêtement altruiste. Mais l'image du visage pâle et délicat demeurait aussi en lui. Les deux aspects de son impulsion se mêlaient ; il ne voyait aucune raison pour qu'ils ne le fassent pas, si tout était vraiment « de travers » entre elle et Godfrey Ledstone. « Je pense qu'elle m'aime assez bien — je me demande si c'est le cas ! Il n'a pas, pour lui rendre justice, demandé un degré de dévouement extravagant en échange des « bons moments » qu'il pourrait se trouver en mesure d'offrir. Alors qu'il est si facile pour deux personnes de bon caractère, avec une bonne digestion et beaucoup d'argent liquide de s'amuser, pourquoi gâcher tout cela en en demandant trop ? Sûrement que lui et Winnie pourraient s'amuser ? L'idée lui est restée en tête. Encore une fois, pourquoi — à son avis — cela ne devrait-il pas être le cas ? Jusqu'ici, son comportement scrupuleux reposait sur sa loyauté envers Godfrey Ledstone. Il semble qu'il ait été libéré de cette obligation par le fait même de son ami. "Il ne peut pas dire que je n'ai pas joué au jeu, tant que cela a duré", pensa Bob avec une autosatisfaction légitime.

Le lendemain d'une catastrophe est peut-être plus dur à supporter que l'heure où elle nous arrive. L'excitation de lutter contre le destin a disparu ; mais les blessures sont vives et les bleus font mal. Physiquement rafraîchie par le sommeil — un sommeil heureusement ininterrompu par les agressions extérieures ou les visiteurs fantomatiques à l'intérieur de la maison — Winnie a préparé son courage pour répondre à l'appel. Sa tâche, pas facile, était pourtant simple. Elle ne pleurerait pas son Godfrey Ledstone ; elle essaierait de ne pas penser à lui, ni de laisser ses pensées s'égarer vers les premiers jours avec lui. Elle devait et devait penser à l'autre Godfrey, celui de Woburn Square. Quelle femme pleurerait un homme comme celui-là, à part sa mère ? C'est sur lui qu'elle fixerait ses pensées, jusqu'à ce qu'elle n'ait plus besoin de penser à aucun d'eux. Elle devait penser à elle-même, à ce qu'elle avait fait et à ce qu'elle allait faire maintenant. Sur le premier point, elle a admis une erreur, mais aucune honte — une erreur non pas de principe ou de théorie, seulement une erreur de son homme ; en ce qui concerne le second, elle doit prendre une décision.

Juste avant de s'atteler à cette tâche, elle reçut une visite. À onze heures et demie – heure matinale pour qu'elle soit en déplacement – Mme. Lenoir parut.

« Hier soir, je dînais au grill-room du Carlton, expliqua-t-elle, avec quelques filles que j'avais emmenées voir la pièce, et Bob Purnett est entré. Il m'a reconduite chez moi et… je ne sais pas. Je ne sais pas s'il aurait dû… mais il m'a parlé d'un problème ici. Alors, comme je suis une vieille femme intrusive, je suis venue voir si je pouvais être utile à quelque chose. Aujourd'hui, ses manières étaient moins majestueuses et plus cordiales. Aussi elle parlait avec une certaine franchise. "Vous voyez, je sais quelque chose sur ce genre de choses, ma chère."

Winnie, bien sûr, distinguait très largement son « genre de chose » du « genre de chose » auquel Mme Lenoir devait faire référence, mais elle ne cachait pas l'état de l'affaire ni sa propre attitude à son égard. . "Je l'accepte absolument, mais je suis amèrement blessé par la façon dont cela a été fait."

« Oh, vous pouvez le dire ainsi, ma chère ; mais vous êtes humain comme le reste d'entre nous et, bien sûr, vous détestez qu'on vous l'enlève. Maintenant, dois-je essayer ce que je peux faire ?

"Pour rien au monde ! Pas un mot, ni un signe ! C'est mon erreur et je la maintiens. S'il revenait, ce ne serait plus jamais la même chose. C'était beau, ce serait honteux maintenant."

Mme Lenoir sourit dubitativement ; elle avait une compréhension imparfaite du mode de pensée.

" Très bien, c'est réglé. Et, pour ma part, je pense que vous êtes bien débarrassé de lui. Un faible être ! Qu'il épouse une fille de Bloomsbury, et j'espère qu'elle le gardera en bon état. Mais qu'est-ce que vous faites ? " va faire?"

"Je ne sais pas vraiment. Stephen et Tora me laisseraient retourner à Shaylor's Patch aussi longtemps que je le souhaiterais."

"Oh, Shaylor's Patch ! Pour parler de tout ça, encore et encore !"

Une note d'impatience dans la voix de son amie était évidente pour Winnie. "Tu veux dire que moins j'en parle, mieux c'est ?" » demanda-t-elle en souriant.

"Eh bien, vous n'avez pas vraiment réussi, n'est-ce pas ?" Les manières étaient plus gentilles que les mots.

"Et je n'ai pas vraiment réussi mon mariage non plus", réfléchit Winnie, avec une tristesse perplexe. Parce que, si l'orthodoxie et la non-orthodoxie tournent mal, que peut faire une pauvre femme humaine ? « Eh bien, si je ne peux pas aller au Shaylor's Patch – du moins pour le moment – je dois rester ici, Mme Lenoir ; c'est tout. Le studio est à mon nom, parce que je pourrais assurer une meilleure sécurité que Godfrey, et je peux rester si Je veux."

"Pas très gai – et seulement cette sale vieille Irlandaise à faire pour toi!"

"Oh, s'il vous plaît, n'abusez pas de Mme O'Leary. Elle est ma seule consolation."

Mme Lenoir la regardait avec un peu moins de confiance en elle que d'habitude. C'est sur un ton décidément dubitatif et hésitant qu'elle posa sa question : « Je n'ai pas pu vous persuader de venir me supporter, dans les deux sens, un moment ?

Winnie était surprise et touchée ; pour son humeur désespérée, toute gentillesse était une grande gentillesse.

"C'est vraiment gentil de votre part", dit-elle en serrant un instant la main de Mme Lenoir. "C'est... miséricordieux."

"Je suis une vieille femme maintenant, ma chère, et la plupart de mes copains vieillissent aussi. Pourtant, quelques jeunes viennent nous voir de temps en temps. Nous ne sommes pas du tout gay, mais vous serez à l'aise et vous peux te reposer pendant que tu regardes autour de toi. Il y avait une trace d'explication, de rassurant, dans le croquis de Mme Lenoir sur sa vie familiale.

"Ce qui est assez bien pour toi l'est pour moi, tu sais," remarqua Winnie avec un sourire.

"Oh, je n'en suis pas si sûr ! Oh, je ne parle pas du confort des créatures et ainsi de suite. Mais il me semble que vous attendez tellement de... de tout le monde."

Winnie prit la main qu'elle avait serrée et la tint. "Et toi?" elle a demandé.

"Ne fais pas attention à moi. Tu es jeune et attirant. N'attends pas trop. Ils prennent ce qu'ils peuvent."

"Ceux qui?"

"Les hommes", dit Mme Lenoir. Puis, de ces yeux lointains, pensifs, qui n'étaient plus très brillants, jaillit un instant le scintillement espiègle pour lequel elle était autrefois célèbre. "Mais je leur ai donné le meilleur de ce que j'avais", dit-elle. "Et maintenant, tu viens ?"

Winnie rit. "Eh bien, penses-tu que je devrais préférer ce tombeau vide ?" elle a demandé. Oui – vide et tombeau – des mots appropriés pour décrire ce qu'était désormais le studio. "Tu n'étais pas aussi gentil que ça à Shaylor's Patch, même si tu as toujours dit des choses qui m'ont fait réfléchir."

"Ils ont tous la tête en l'air à Shaylor's Patch, chères créatures !"

"J'apprécierai de rester avec toi. Est-ce vraiment pratique ?" Mme Lenoir sourit. "Oh, mais c'est une question idiote, parce que je sais que tu le pensais. Quand puis-je venir ?"

"Pas un instant plus tard que cet après-midi."

"Eh bien, la vérité est que je n'avais plus envie de dormir ici. J'imagine que j'aurais dû aller à Shaylor's Patch."

Encore une fois, Mme Lenoir sourit. "Tu es plein de courage, mais tu es à peine assez dur, ma chère. Si j'échoue, Shaylor's Patch fera l'affaire plus tard, n'est-ce pas ?"

"Je vais te déshonorer. Je n'ai rien à me mettre. Nous étions... je suis très pauvre, tu sais."

"Je donnerais chaque livre de ma banque et chaque chiffon de mon dos pour une ligne de votre silhouette", a déclaré Mme Lenoir. "J'étais belle autrefois, tu sais, ma chérie." Sa voix prit une note de reconnaissance généreuse. "Tu vas très bien, dans le style *petite* , Winnie." Mais par là, elle entendait évidemment quelque chose de différent de sa « belle ». Eh bien, c'était une question d'histoire.

Cet après-midi-là, nous avons donc été témoins d'un changement remarquable dans les conditions extérieures de Winnie. Au lieu du studio désolé et inconfortable, chargé de souvenirs trop heureux ou trop malheureux – il ne semblait rien entre les deux, et les extrêmes se rencontraient – peuplé également de potentiels « effrayants » s'ils n'étaient pas visualisés, il y avait le luxueux appartement de Mme Lenoir à Knightsbridge. , rempli, comme disent les commissaires-priseurs, de tout le confort moderne. La différence était plus qu'externe. Elle n'était plus une abandonnée, abandonnée au studio ou retournant à Shaylor's Patch. On peut sans doute dire qu'elle fut reçue par charité. Reconnaissant amplement l'aubaine, Winnie eut pourtant l'intelligence de percevoir que l'organisme de bienfaisance était discriminatoire. Ni pour elle, elle n'avait été simple, ni pour elle, elle n'avait été inintéressante ! Dans un sens, elle l'avait bien mérité. Et dans un sens aussi, elle avait le sentiment qu'elle était en train de se venger sur Godfrey Ledstone et sur Woburn Square. Un parallèle pourrait être tracé ici entre ses sentiments et ceux de Cyril Maxon. Ils l'avaient fait compter pour rien ; elle sentait que chez Mme Lenoir, elle pouvait encore compter. Le chagrin et la souffrance subsistaient, mais au moins ce n'était pas une finalité. Elle avait souffert du terrible soupçon que, dans leurs différentes manières, Shaylor's Patch et le studio solitaire l'étaient. Ici, elle avait un sens renouvelé de la vie, d'un avenir possible. Pourtant, ici aussi, pour la première fois depuis que Godfrey l'avait quittée, elle perdit son sang-froid et les larmes coulèrent très vite, dix minutes après le salut de Mme Lenoir.

Mme Lenoir a compris. "Voilà, tu n'es plus aussi en colère", dit-elle. " Vous commencez à comprendre que cela a dû arriver... avec cet homme ! Maintenant, Emily va vous mettre à l'aise et vous mettre au lit jusqu'à l'heure du dîner. Vous n'avez pas besoin de vous lever pour cela à moins que vous ne le vouliez. Il n'y a que le général. j'arrive; c'est une de ses nuits.

Oh, le réconfort d'une bonne Emily – une servante ni trop jeune ni trop vieille, ni trop volatile ni trop grincheuse, aux mains légères, sympathique, comprenant parfaitement que sa dame a le droit d'être beaucoup plus à l'aise qu'elle ne l'a jamais fait. pensé à être elle-même ! À l'époque de Maxon, Winnie possédait une femme de chambre. Ils semblaient lointains, et jamais il n'y en avait eu d'aussi bon que l'Emily de Mme Lenoir. Elle était entrée dans la vie de Mme Lenoir à peu près au même moment que M. Lenoir, mais avec un effet qu'un observateur impartial ne pouvait que reconnaître comme non seulement plus durable, mais aussi plus essentiellement important - sauf que Lenoir avait laissé l'argent qu'il avait acheté. a rendu Emily possible. Mme Lenoir avait payé cet argent en cinq ans de fidélité et de service.

Winnie se reposait entre des draps délicieusement fins – eh bien, c'était comme Devonshire Street, sans Cyril Maxon ! – et regardait Emily disposer adroitement sa garde-robe. Ce n'était pas suffisant. Certains des effets de l'époque Maxon qu'elle avait laissés derrière elle dans sa fuite précipitée ; la plupart des autres étaient épuisés. Mais il y avait des reliques de son esclavage doré. Ces Emily admiraient avec tact ; les achats plus modestes de 'Mrs. Ledstone', elle a rangé sans commentaire. Également sans commentaire, mais avec un tact extraordinaire, elle exposa l'inférieure des deux robes de soirée de Winnie.

"Il n'y a personne d'autre que le général, mademoiselle", dit-elle.

« Maintenant, pourquoi m'appelle-t-elle « mademoiselle » – et qui est le général ? Ces deux problèmes surgirent dans l'esprit de Winnie, mais n'exigeaient pas de solution immédiate. Ce n'étaient pas des questions comme celles des derniers jours ; ils ressemblaient davantage aux énigmes de Shaylor's Patch – intéressantes, mais pas urgentes, prêtes à attendre une heure d'inactivité ou un jour de pluie, cédant la place à un soleil brillant ou à une aventure avec Alice. Ils cédaient maintenant la place au grand confort physique de Winnie, à son sentiment d'être sauvée du studio désolé, à son répit face au sentiment de finalité et d'échec. Avec une immense surprise, elle réalisa, alors qu'elle était allongée là – dans une heure calme entre le déballage habile et charitable d'Emily et le retour d'Emily pour lui mettre la robe inférieure (assez bien pour ce général inexpliqué) – qu'elle était ce que tout être raisonnable appellerait. heureux. Même si la grande expérience avait échoué, même si Godfrey se trouvait en ce moment à Woburn Square, même si Mabel Thurseley existait ! "Oh, eh bien, j'étais tellement fatiguée", s'excusa-t-elle honteusement.

Elle descendit à temps dans le petit mais joli salon. Pourtant Mme Lenoir était là devant elle, vêtue d'une robe de thé, ressemblant, comme Winnie l'a pensé, un peu à Mme Siddons - une Mme Siddons joyeuse, comme d'ailleurs la grande femme semble l'avoir été dans la vie privée. .

"J'ai enlevé mes affaires plus tôt, pour te laisser Emily", dit l'hôtesse. Elle ne considérait visiblement pas qu'elle avait fait quelque chose.

« Quelle chérie elle est ! » Winnie s'approcha du feu et resta là, une créature aux membres minces, se réchauffant à travers des vêtements facilement pénétrables par la flamme bienvenue.

— Quelle trouvaille ! C'est le général qui me l'a envoyée. Son mari était sergent-major dans son régiment, tué en Afrique du Sud.

Encore le Général ! Mais Winnie a reporté cette question. Ses lèvres se courbèrent avec amusement. "Elle m'appelle 'Mademoiselle'."

"Mieux que cette stupide 'Mme Smith' que vous avez dit à Bob Purnett. Seules les femmes malheureuses essaient de faire des épigrammes. Et pour une femme, être malheureuse, c'est être un échec."

« N'est-ce pas celle-là… presque… Mme Lenoir ?

"Assez vite, ma chérie!" commenta son hôtesse. "Mais si c'est le cas, c'est vieux. J'ai dit à Emily que tu étais une cousine germaine. Je ne sais jamais exactement ce que cela signifie, mais d'après mon expérience, c'est très utile. Mais fais-toi plaisir, Winnie. Qui seras-tu ?"

"Est-ce qu'Emily a cru ce que tu lui as dit ?"

Le scintillement revint. « Elle est bien trop bonne servante pour soulever cette question. Quel était votre nom ?

"Mon nom de jeune fille ? Wilkins."

"Je pense que les noms se terminant par 'parents' sont très laids", a déclaré Mme Lenoir. "Mais une modification ? Et Wilson ? "Winnie Wilson" est plutôt joli."

"'Miss Winnie Wilson' ? N'est-il pas plutôt… enfin, plutôt tard dans la journée pour ça ? Mais je ne veux pas être Ledstone — et c'est plutôt injuste de m'appeler encore Maxon."

"Les noms", observa Mme Lenoir, "ne valent vraiment pas la peine de s'inquiéter, à condition de ne pas blesser l'orgueil des gens. J'avais un sentiment de fétichisme à leur égard - comme si, je veux dire, on ne pouvait pas débarrassez-vous de celui avec lequel vous êtes né, ou, ma chère, prenez-en un auquel vous n'aviez pas de droit particulier. Mais une nuit, il y a longtemps, quelqu'un - j'oublie vraiment qui - a amené un homme d'Oxford pour dîner. , et il m'a dit qu'un grand philosophe — nommé Dobbs, si je me souviens bien — définissait un nom comme « un mot pris avec plaisir pour servir de marque. » Elle regarda par-dessus le foyer, s'attendant avec confiance à l'approbation de Winnie. "Je l'ai aimé et c'est resté dans ma mémoire."

"Cela rend les choses plus simples, Mme Lenoir."

" Attention, je ne prendrais pas un grand nom auquel je n'avais pas droit. Les Courtenay et les Devereaux dans le chœur sont très mauvais. Mais je ne vois pas pourquoi vous ne devriez pas être Wilson. Et la 'Miss' ça évite beaucoup de questions."

"Très bien. Qu'il s'agisse de Miss Winnie Wilson ! Cela ressemble à un nouveau jouet. Et maintenant, Mme Lenoir, pour l'autre problème qu'Emily a soulevé. Qui est le général ?"

Mme Lenoir aimait sa jeune amie, mais pensait peut-être qu'elle devenait un peu impertinente. Non pas que cela la dérange ; dans son cœur, elle l'accueillait comme un retour de la misère ; chez les jeunes, c'est souvent le cas.

"Si vous avez du goût pour les hommes, ce que vous n'avez jusqu'à présent donné à vos amis aucune raison de penser, vous aimerez beaucoup le général."

"Est-ce qu'il m'aimera?"

"Le seul avantage de l'âge est que cela ne me dérangera pas s'il le fait, Winnie."

Winnie se précipita vers elle. "Comme tu m'as été cher aujourd'hui !"

"Chut, je crois que j'entends le pas du général."

La femme de chambre – non pas Emily, mais une jeune femme intelligente et un peu méprisante – annonça : « Sir Hugh Merriam, madame, et le dîner est servi.

CHAPITRE XVII

LA PISTE DU RAIDER

Le général était démodé ; il aimait rester seul avec le porto, ou disons le porto, comme il le faisait toujours, après le dîner, pendant un quart d'heure ; puis il rejoignait les dames pour prendre un café et, par leur permission jamais assumée mais toujours sollicitée, un cigare dans le salon. Winnie avait ainsi l'occasion de satisfaire sa vive curiosité pour ce beau vieillard aux manières douces, qui avait tant vu et tant fait, qui parlait tant de ses fils et venait dîner chez Mme Lenoir deux fois par semaine.

"Je suis tombée amoureuse de votre général. Parlez-moi de lui", implora-t-elle son hôtesse.

" Oh, il est très distingué. Il a fait beaucoup de combats — en Inde, en Égypte, en Afrique du Sud. Il s'est d'abord fait un nom dans l'expédition Kala Kin, à la tête de la colonne volante. Et il a inventé une grande amélioration dans les affûts de canon... c'est un artilleur, vous savez... et... "

"Je pense", interrompit Winnie avec un air impertinent de doute, "que je voulais dire quelque chose à propos de lui... et de vous, Mme Lenoir."

"Il n'y a rien à dire. Nous sommes juste amis et nous n'avons jamais été autre chose."

Winnie était assise sur un tabouret devant le feu, fumant sa cigarette apprise par Ledstone (destinée, apparemment, à être le seul héritage visible de cet épisode). Elle leva les yeux vers Mme Lenoir, toujours avec cet air de doute.

"Eh bien, pourquoi ne devrais-je pas te le dire ?" dit la dame. "Il voulait autre chose et je ne l'ai pas fait."

« Étiez-vous amoureux de quelqu'un d'autre ?

« Non, mais il avait amené ces garçons – ils n'étaient alors que des écoliers – pour me voir, et ça... ça semblait dommage. Il savait que c'était dommage aussi, mais... eh bien, vous savez ce qui arrive parfois. peu de temps après, sa femme tomba malade et mourut au bout de quatre ou cinq jours – une pneumonie. Puis il fut content. Mais il partit immédiatement à l'étranger – sans me voir – et resta à l'étranger pendant de nombreuses années. Quand il revint à la maison et se retira, je le rencontrai. accident, et il a demandé la permission d'appeler. Il est très seul – moi aussi – et il aime changer du club, je ne m'étonne pas. Et, comme vous l'aurez compris, nous avons tous connu les mêmes personnes. autrefois, et j'ai toujours beaucoup de choses à dire, c'est l'histoire, Winnie.

"J'aime ça. Est-ce que tu vois parfois les fils ?"

"Ils viennent tous me voir quand ils sont en permission à la maison ; mais ce n'est pas souvent."

" Mais le major arrive la semaine prochaine. Le général l'a dit. Voyons si j'ai bien compris. Il y a le major, c'est l'aîné, en Egypte. Mais le second est plus intelligent et est devenu colonel le premier ; il est à Malte maintenant. Et puis celui de l'Inde vient tout juste d'avoir sa troupe ; il aurait dû l'avoir plus tôt, mais ils pensaient qu'il consacrait trop de temps au polo, aux courses de chevaux et aux pièces de théâtre privées.

"C'est Georgie, ma préférée", a déclaré Mme Lenoir.

"Je suis pour le major, parce que je trouve dommage que son jeune frère soit nommé colonel avant lui. Je suis content que ce soit le major qui rentre en permission le mois prochain."

Mme Lenoir regarda Winnie et se tapota le dos. Tout cela était bien mieux pour Winnie que le studio vide. Elle savait que l'animation était en partie un effort, la gaieté en quelque sorte assumée – et courageusement assumée. Mais chaque moment sauvé de la rêverie était, aux yeux de Mme Lenoir, tellement de bien. Selon d'autres façons de penser, bien sûr, un peu de réflexion aurait pu faire du bien à Winnie, et n'aurait certainement pas été plus que ce qu'elle méritait.

Le café arriva et, sur ses talons, le général. Il sortit son cigare et présenta sa demande invariable et invariablement désolée.

"S'il te plaît, fais-le. Cela ne nous dérange ni l'un ni l'autre, n'est-ce pas, Winnie ?" dit Mme Lenoir. Il y avait bien plus de raisons de demander au général si la cigarette de Winnie, qui venait du studio et n'était pas d'un arôme très fin, ne le dérangeait pas.

Winnie se colla à son tabouret et écouta, les yeux rivés sur le feu. Au début, on parlait encore des trois fils – de toute évidence, la vie du vieux soldat était liée à eux – mais bientôt les amis retournèrent au bon vieux temps, aux personnes qu'ils avaient tous deux connues. Les oreilles de Winnie captèrent des noms qui lui étaient familiers, des références à des hommes et des histoires sur des hommes qu'elle avait souvent entendu Cyril Maxon et ses invités juridiques mentionner. Mais ce soir, elle en a eu une nouvelle vue. Ce n'étaient pas leurs réalisations publiques qui occupaient et amusaient le général et Mme Lenoir. Ils les avaient connus comme des intimes et se réjouissaient maintenant de se rappeler leurs manières, leurs faiblesses, comment ils s'étaient retrouvés dans des ennuis et s'en étaient sortis au cours des jours joyeux et inconsidérés de leur jeunesse. À eux deux, ils semblaient avoir connu presque tous ceux qui étaient « dans la nage » entre trente ans et un quart de siècle auparavant ; si le général disait : « Ainsi, ils me l'ont dit, je ne l'ai jamais rencontré moi-même », Mme Lenoir disait toujours : « Oh, je l'ai rencontré » — et *vice versa* .

"C'était juste avant la mort de ma chère épouse", dit un jour le général, en datant d'une réminiscence.

Il y eut un moment de silence. Winnie ne leva pas les yeux. Puis le général reprit son récit. Mais il fut assez court et termina par : "Je crains que nos histoires ne soient ennuyeuses pour cette jeune femme, Clara."

De toute évidence, il acceptait Winnie entièrement à sa valeur nominale : en tant que Miss Winnie Wilson. Les anecdotes et les réminiscences, bien qu'intimes, avaient été d'une rigueur rigide, voire improbable dans un ou deux cas ; et maintenant il craignait qu'elle ne s'ennuie de ce qui intéresserait certainement n'importe quelle femme intelligente du monde. Winnie était amusée, mais vexée, et encline à souhaiter ne pas être devenue Miss Wilson. Mais elle avait fait bonne impression ; cela ressortait clairement des paroles du général lorsqu'il prit congé.

"Bertie viendra te voir dès son retour à la maison, Clara. Ce sera dans environ six semaines, je suppose." Il se tourna vers Winnie. "J'espère que vous serez gentil avec mon garçon. Il ne connaît pas beaucoup de femmes à Londres et je veux qu'il passe d'agréables vacances."

"Je le ferai. Et j'aimerais qu'ils viennent tous les trois, Sir Hugh."

"Cela pourrait finir par une querelle de famille", dit-il avec un petit salut courtois et un regard de ses yeux, qui n'avaient pas perdu leur pouvoir d'appuyer un compliment.

"Eh bien, je pense que vous avez fait une impression favorable, même si vous n'avez pas dit grand-chose", remarqua Mme Lenoir après son départ.

Winnie était debout, avec un pied sur son tabouret maintenant. Elle fronça un peu les sourcils.

"J'aimerais que tu lui parles de moi", dit-elle.

Il y eut une pause ; Mme Lenoir étudiait la suggestion sans passion.

"Je ne vois pas l'utilité de prendre un nom d'emprunt, si vous voulez le dire à toutes les personnes que vous rencontrez."

"C'est vraiment un de tes amis."

"Cela n'a rien à voir avec ça. Maintenant, si c'était un homme qui voulait vous épouser, eh bien, il faudrait le lui dire, je suppose, parce que vous ne pouvez pas vous marier. Mais le général ne voudra pas le faire. que."

"Cela semble en quelque sorte plus carré."

"Alors dois-je dire Mme Maxon ou Mme Ledstone ?"

Voilà ! Winnie éclata d'un rire vexé. "Oh, je suppose que nous ferions mieux de laisser tomber."

Ainsi commença la guérison de Winnie, de l'amour et de la colère, et de Godfrey Ledstone. Changement de milieu, nouveaux intérêts, gentillesse et, peut-être surtout, appréciation, c'était un bon traitement. Il faut aussi attribuer quelque chose à l'attitude de Mme Lenoir envers la vie. Elle n'avait rien du grognement du cynique ; elle pensait aux grandes choses de la vie. Mais elle reconnaissait franchement certaines de ses limites : si vous faites certaines choses, il y en a d'autres auxquelles vous devez renoncer ; qu'il faut s'attendre à ce que la majorité exige l'obéissance à ses opinions sous peine de sanctions ; si les sanctions ne vous dérangent pas, les opinions ne vous dérangent pas non plus ; peut-être surtout que, si vous avez adopté une certaine ligne, il est inutile de se plaindre des conséquences qui en résultent. Elle n'avait rien d'une réformatrice – Winnie le blâmait – mais elle était décidément douée pour tirer le meilleur parti de son monde tel qu'elle l'avait trouvé, ou qu'elle avait créé pour elle-même ; et c'était l'évangile qu'elle proposait à l'acceptation de Winnie. Dépourvue de toute sorte d'émotion pénitentielle, elle pourrait pourtant presque être décrite comme une forme pratique de pénitence.

Winnie n'avait aucune nouvelle de Woburn Square ; il n'y avait personne susceptible de lui donner des nouvelles de ce côté-là, sauf peut-être Bob Purnett, et il était absent, après avoir accepté une invitation à une quinzaine de chasse en Irlande. Mais un écho du passé lui vint d'ailleurs : dans une lettre qui lui fut adressée à Shaylor's Patch, transmise de là au studio (elle n'avait pas encore informé les Aikenheads de son déménagement) et, après deux ou trois jours de retard, remise à Knightsbridge par Mme O'Leary en personne. Cela venait des avocats de son mari ; ils l'informèrent de son intention d'agir en justice et lui suggérèrent de lui donner le nom d'une société qui agirait pour elle.

Winnie reçut cette annonce avec un grand soulagement, une grande surprise, une certaine curiosité et, il faut l'ajouter, une pointe d'amusement malicieux. Le soulagement n'était pas seulement pour elle. C'était honnêtement pour Cyril Maxon aussi. Pourquoi doit-il ajuster de ses propres mains une meule à vie autour de son cou ? Maintenant, en homme sensé, il allait l'enlever. Mais cela ne lui ressemblait pas du tout d'enlever ses meules ; il ressentait une telle fierté devant ces ornements encombrants. « Qu'est-ce qui l'a poussé à faire cela ? » demanda la curiosité ; et l'amusement malicieux suggérait que, contrairement à toutes ses idées préconçues, contrairement à tout ce qu'il lui avait montré, lui aussi devait avoir ses faiblesses – dans quelle direction on ne savait encore pas. La mesure qu'il avait prise maintenant pourrait être simplement le résultat d'une rancune accumulée contre elle, ou elle pourrait être essentielle à un dessein ou à un désir qui lui était propre. Winnie peut être excusée de ne pas nourrir l'idée que son mari agissait par considération pour elle ; elle avait la meilleure des excuses : celle d'avoir tout à fait raison.

Pour le reste, eh bien, ce n'était pas vraiment agréable. Mais elle semblait avoir si complètement cessé d'être Mme Maxon qu'au fond, ce qu'on disait de Mme Maxon ne l'inquiétait guère. Ils – son entourage Maxon, la profession juridique, le public – ne comprendraient pas sa provocation, ses principes ou ses motivations ; ils disaient des choses dures et méprisantes. Elle se cachait en toute sécurité ; elle n'entendrait pas les choses. Ce serait comme ce qu'on dit d'un homme après qu'il soit sorti de la pièce et (comme Sir Peter Teazle l'a si gentiment fait dans la pièce) qu'il ait laissé son personnage derrière lui. Les gens sages n'y prêtent aucune attention.

Mais Godfrey ? Il faut avouer que la pensée de lui venait en deuxième position ; en fait troisième, après l'aspect qui concernait son mari et celui qui la touchait. Mais quand cela arrivait, cela la poussait au dépit, au regret, à une pitié qui avait même un élément de l'ancienne tendresse. Parce que cette évolution était précisément ce dont le pauvre Godfrey avait toujours eu si peur, ce qu'il détestait, une chose analogue à la situation qu'il n'avait finalement pas pu supporter. Et pauvre Woburn Square ! Oh, et la pauvre Mabel Thurseley aussi, peut-être ! Que de gens ont été pris dans les filets ! La nouvelle de l'action de son mari a beaucoup adouci son cœur envers Godfrey et Woburn Square. « Je ne voulais vraiment plus les rendre malheureux ou avoir honte », soupira-t-elle ; car son action n'avait-elle pas finalement produit celle de Cyril ? Mais, comme Mme Lenoir le ferait sans doute remarquer, il n'y avait aucune aide pour y remédier, à part le suicide de Winnie, qui semblait un remède extrême, ou qui aurait pu, si jamais cela lui était venu à l'esprit : ce n'était pas le cas.

Sa sollicitude n'était pas déplacée. Les grands moralistes disent *Esse quam videri* : ce que vous êtes et ce que vous faites compte, pas ce que les gens pensent que vous êtes ou ce qu'ils pourraient découvrir que vous faites. Une haute doctrine dure ! "Celui qui est capable de le recevoir, qu'il le reçoive." M. Cyril Maxon avait également trouvé l'occasion de réfléchir à ces propos.

Car Winnie avait raison. La jubilation avait régné à Woburn Square, provisoirement lorsque Godfrey récupérait son porte-manteau hors du studio, enfin et en toute sécurité (semblait-il) lorsqu'Amy fit connaître le résultat de sa mission. Père relut son journal en paix ; les spasmes de la mère se sont atténués. Il y avait de la joie pour le pêcheur ; et le pêcheur lui-même n'était pas à moitié aussi malheureux qu'il s'y attendait, peut-on dire, qu'il l' espérait ? L'impitoyable commentaire n'est pas de mise. Il avait été jugé au-delà de ce qu'il était capable de faire. Pourtant, s'il s'agissait d'un péché, ce n'est pas du péché qu'il s'est repenti. Cela avait été, pensait-il, dès le début vraiment impossible sur la base qu'elle avait définie – et extorquée. Avec le temps, il avait dû le reconnaître. Mais il avait un air châtié et avait la grâce de ne pas solliciter la société de Miss Thurseley. Il prit un autre studio, dans une rue à côté de Fitzroy Square, dîna et dormit chez son père.

Les choses s'arrangeaient alors à Woburn Square. A force d'être ignorée, Winnie et son atteinte à la réputation familiale pourraient bientôt tomber dans l'oubli. L'affaire était restée très discrète ; c'était la grande chose. (Ici, Woburn Square et les grands moralistes semblent lamentablement en désaccord, mais les grands moralistes recommandent également de dire et d'écrire la vérité.) C'était fini. Cela n'était plus un défi ; c'est devenu simplement une indiscrétion – une chose que les jeunes hommes font de temps en temps, sous l'influence de femmes design. Il y avait vraiment de la jubilation – si seulement Amy avait eu l'air un peu moins sombre et avait été plutôt plus cordiale envers son frère.

"Je ne comprends pas la fille", s'est plaint M. Ledstone. "Notre objectif est de lui rendre les choses agréables."

"C'est cette femme. Elle doit avoir un pouvoir extraordinaire", plaida sa femme. Le pouvoir extraordinaire de Winnie a rendu d'autant plus facile le pardon à son fils Godfrey. Il est probable que peu de jeunes hommes auraient résisté, et (au plus profond du cœur de la mère) peu de gens eurent l'occasion de résister.

Puis vint la foudre, d'où la jubilation s'enfuit en hurlant. Qui l'a lancé ? La nature humaine, Winnie, Lady Rosaline Deering – peu importe si elles avaient eu l'intention de faire quoi que ce soit de méchant à la maison de Woburn Square ? Assurément, même les grands moralistes – ou dirons-nous les grands dieux, qui ne peuvent certainement pas faire moins de concessions, et peut-être en faire plus ? – auraient eu pitié de M. Ledstone. Au-delà de toute déception et consternation, il se sentait victime d'un grave abus de confiance. Il fulminait de haut en bas dans la pièce du fond au rez-de-chaussée qui s'appelait son bureau, l'endroit où il lisait les journaux et où il dormait après le déjeuner.

"Mais il a dit qu'il n'y aurait pas de poursuites. Il a dit qu'il n'y croyait pas. Il l'a dit clairement à plusieurs reprises."

Mme Ledstone était allée dans sa chambre. Le pêcheur s'était enfui dans son studio, laissant Amy annoncer la nouvelle à M. Ledstone ; Amy s'habituait à ce bureau.

"Je suppose qu'il a changé d'avis", dit Amy avec une apathie lasse.

"Mais il l'a dit. Je m'en souviens très bien. 'Je ne crois pas au divorce.' Et tu te souviens que je suis rentré à la maison et que je t'ai dit qu'il n'y aurait pas de poursuites chez un homme de sa position ! Eh bien, on devrait pouvoir se fier à sa parole ! Les exclamations se succédaient comme des coups de revolver – mais un revolver ne fonctionnait pas très bien.

"Il faudra que ça passe, je suppose, papa."

"Comment peux-tu prendre les choses comme ça ? Que dira ton oncle Martin ? Et tante Lena — et les Winfrey ? Ce sera un travail de vivre ça ! Et mon fils — un homme avec mon casier ! " Il a dit distinctement là s'il n'y avait aucune procédure. Je l'ai laissé sur cette base. Qu'en pensera Mme Thurseley ? J'irai voir cet homme Maxon moi-même. De tous les pécheurs, M. Maxon se classait aujourd'hui au premier rang à Woburn Square – facilement au-dessus même de sa femme.

"Je ne m'attends pas à ce que cela serve à quelque chose."

"Amy, tu es vraiment... Oh, eh bien, mon enfant, je suis à moitié fou. Un homme n'a pas le droit de dire une chose pareille à moins qu'il ne le pense. Pas de procédure, a-t-il dit !"

"J'imagine qu'il le pensait vraiment. Quelque chose l'a changé, je suppose."

Quelque chose s'était produit – et Cyril Maxon n'avait jamais pensé que la famille Ledstone avait le droit d'avoir son mot à dire sur cette question. Il aurait été étonné d'entendre l'interprétation que M. Ledstone a donnée de l'entretien dont il ne se souvenait qu'avec un vif dégoût, le ressentiment dû à une intrusion tout à fait injustifiable. Il faut donc laisser le pauvre vieux monsieur fulminer de haut en bas, réclamant en vain et inutilement l'inévitable, un objet de compassion, même s'il pensait plus aux Thurseley, à l'oncle Martin, à la tante Lena et aux Winfrey qu'à la façon dont son fils se tenait d'un côté envers la loi divine ou sociale, de l'autre envers une femme abandonnée ? La respectabilité est, dans l'ensemble, un bon serviteur de la moralité, mais parfois le serviteur prend la place du maître.

L'état du coupable n'était pas plus enviable que celui de son père ; en fait, cela lui paraissait tellement pire qu'il était disposé à en vouloir à sa famille de la consternation qu'elle manifestait si prodiguement et à y trouver une injuste aggravation d'un fardeau déjà bien trop lourd. Rien, peut-être, ne fait qu'un homme se sente plus maltraité que de faire une chose mesquine et ensuite de se sentir rebuté par l'objet pour lequel il l'a fait. C'était sans aucun doute une chose mesquine, même si cela avait été la bonne chose aussi aux yeux de beaucoup de gens - car à des situations si malheureuses pouvons-nous parfois être réduits par nos propres actions qu'il n'y a vraiment rien à la fois droit et droit à gauche. faire; et cela avait été fait d'une manière mesquine et lâche. Pourtant, ce n'était plus bon. Les choses semblaient s'installer tranquillement

; il était apaisé par les caresses réconfortantes de sa mère et de son père. Maintenant, cela s'est produit – et tout était perdu. Son décent voile d'obscurité était déchiré en deux ; il a été exposé au regard grossier du monde, aux yeux choqués de tante Lena et des autres. Il avait probablement perdu la jeune fille vers laquelle ses pensées s'étaient tournées comme une solution confortable et satisfaisante à toutes ses difficultés ; et il avait la perception de savoir que, qu'il ait perdu Mabel ou non, il avait finalement et irrémédiablement perdu Winnie. Tout le monde serait désormais contre lui, aussi bien les hommes de loi que les hommes du code ; il n'avait été fidèle aux normes d'aucun des deux.

Il n'avait pas la grâce de se haïr ; cela aurait été un état d'esprit prometteur. Mais fulminant dans son studio de Fitzroy Square (tout comme son père dans l'arrière-boutique de Woburn Square) et se déchaînant dans une fureur impuissante, il commença à sentir qu'il détestait tout le monde. Ils avaient tous contribué à sa perte : Bob Purnett et ses semblables avec leurs moralités faciles à vivre, Shaylor's Patch et ses semblables avec leurs spéculations stupides et leurs vapotages sur des choses dont ils ignoraient tout, Cyril Maxon qui n'avait pas respecté ce qu'il disait. ni par ce qu'il croyait, Winnie aux théories ridicules et exigeantes, Mabel Thurseley (pauvre Mabel irréprochable !) en attirant ses regards errants et en l'entraînant au flirt, ses parents en se comportant comme si la fin du monde était arrivée, sa sœur parce qu'elle le méprisait et avait de la sympathie pour la femme abandonnée. Il était dans un triste cas. Personne ne s'était comporté ou ne se comportait décemment à son égard, personne n'avait pris en compte les difficultés énormes, voire impossibles, de sa situation du début à la fin. N'y avait-il pas de justice dans le monde, ni même de charité ? Quelle fin – quelle fin – à ces agréables journées de badinage à Shaylor's Patch ! Ce qui était au fond de son cœur était : « Et j'aurais pu tout gérer à ma manière, si seulement elle m'avait laissé faire !

Il n'est pas rentré dîner chez lui ce soir-là. Il rentrait furtivement tard dans la nuit, espérant que toute sa famille serait au lit. Pourtant, lorsqu'il trouva cette sœur accusatrice assise seule dans le salon, il fonda un grief sur sa solitude. Elle cousait, et elle continuait à coudre avec détermination et dans un silence ininterrompu.

"Eh bien, où sont tout le monde ? Vous n'avez rien à dire ? Je suis envoyé à Coventry, je suppose ?"

" Maman est au lit. Oh, elle est plutôt tranquille maintenant ; ne t'inquiète pas. Papa est dans son bureau ; il était fatigué, et je pense qu'il s'est endormi. Je suis tout à fait prêt à te parler, Godfrey. "

Peut-être… mais son ton ne laissait pas présager une conversation joyeuse.

Il se leva de la chaise dans laquelle il s'était plongé en entrant.

" Plutôt gay ici, n'est-ce pas ? Oh, vous savez comment le dire, vous tous ! Je pense que vivre dans cette maison pousserait n'importe quel homme à boire et à se ruiner en quinze jours. "

Amy a cousu. Elle avait proposé de parler, mais ce qu'il avait dit ne semblait appeler aucun commentaire. Il se dirigea vers la porte et l'ouvrit violemment. "Je vais me coucher."

« Bonne nuit, Godfrey », dit Amy ; son discours fut étouffé par le claquement de la porte.

Pauvre pécheur ! Pauvre créature ! Winnie Maxon pourrait en effet plaider que sa théorie n'a pas été équitablement mise à l'épreuve ; elle avait choisi le mauvais homme pour l'expérience.

Ici donc — hormis la seule formalité sur laquelle Cyril Maxon insistait désormais — Winnie et la famille Ledstone étaient à la croisée des chemins. Leur coïncidence avait été fortuite — il était étrange que les gens se rencontrent à Shaylor's Patch, l'appétit de Stephen pour l'humanité étant si vorace — fortuit et malchanceux pour toutes les parties. Ils ne la laisseraient pas entrer dans leur vie ; ils ne se reposeraient pas jusqu'à ce qu'ils l'aient éjectée de sa relation corrompue avec elle. Maintenant, ils sont sortis de la sienne. Elle se souvenait de Godfrey comme de sa grande déception, de son illusion perdue, de sa bévue ; Amy pour ainsi dire avec un geste amical tendant les mains à travers un gouffre infranchissable ; les vieux avec compréhension et tolérance — puisqu'ils ne faisaient rien d'autre que ce qu'eux et elle-même avaient appris à considérer comme juste. Comment les anciens pourraient-ils changer leurs idées sur le droit ?

Leur souvenir d'elle était bien plus dur — naturellement, peut-être. C'était une pilleuse, une brigande, une envahisseuse tristement inquiétante et destructrice. Elle avait enfin été chassée, mais un sentiment de désolation s'étendait derrière ses pas en retraite. En effet, il y avait des endroits où l'herbe ne poussait plus. Les vieux ont pardonné à leur fils et ont vécu pour être à nouveau fiers de lui. Mais Amy Ledstone avait évalué son frère avec une précision destructrice de l'amour ; et au bout de douze mois, Mabel Thurseley épousa un agent de change, un excellent garçon dont les affaires étaient en pleine croissance. Elle ne l'a jamais su, mais elle, au moins, avait des raisons de remercier Winnie Maxon.

Godfrey est revenu sur l'obéissance au code. Il était chez lui là-bas. C'était un air qu'il pouvait respirer. L'air de Shaylor's Patch ne l'était pas, ni celui du studio de Kensington.

CHAPITRE XVIII

RIEN DE SÉRIEUX

"Par la loi est né le péché——" a cité Stephen Aikenhead.

"Il parlait seulement de la loi juive. Mec, tu es désespéré." Dennehy s'est ébouriffé les cheveux.

L'après-midi de février était doux ; Stephen était un fanatique du plein air, ne serait-ce que d'autre chose. Tous les quatre étaient assis sur la pelouse de Shaylor's Patch, bien emmitouflés : Stephen, Tora et Dennehy dans des vêtements de campagne bruts, Winnie dans un majestueux manteau en peau de phoque, cadeau de Mme Lenoir. Elle avait pris l'habitude d'habiller Winnie, malgré des remontrances sans enthousiasme et avec des résultats notables.

"Mais le diable," continua Stephen - cette fois pour son propre compte et, par conséquent, avec moins d'autorité - "quand vous enlevez la loi, le péché ne disparaît pas aussi."

L'histoire de Winnie était désormais connue de ces trois bons amis. On en parlait déjà davantage comme d'un problème que comme d'une tragédie. Une excuse pourrait être trouvée dans l'air et les manières de Winnie. Elle était belle et de bonne humeur, intéressée et alerte, nettement résistante aux coups de la fortune et à l'échec des expériences théoriques. Tant de temps et de changements avaient fait pour elle.

"Et cela semble tout aussi vrai pour toutes les autres lois, même s'il parlait du Juif, Dick", a conclu Stephen.

"Est-ce que beaucoup de maris, attachés aussi étroitement que n'importe quoi ou n'importe qui, ne peuvent pas les attacher, se détacher et s'enfuir quand même ?" demanda Tora.

"Et les épouses", a ajouté Winnie - qui l'avait fait et qui avait le droit de parler.

"C'est comme le vieux conflit au sujet du droit de vote et de l'ouvrier agricole. Je me souviens que mon père m'en avait parlé quelque part dans les années 80, quand j'étais un tout petit garçon. L'un des côtés disait que l'ouvrier ne devrait pas avoir le droit de vote tant qu'il n'avait pas atteint son droit de vote. apte à cela, l'autre a dit qu'il ne serait jamais apte à cela tant qu'il ne l'aurait pas. »

"Oh, eh bien, cela ressemble dans une certaine mesure à la question des femmes", remarqua Tora.

" Devons-nous changer la loi d'abord ou les gens d'abord ? Espérer qu'une meilleure loi rendra les gens meilleurs, ou dire aux gens qu'ils ne peuvent pas avoir une meilleure loi tant qu'ils ne seront pas meilleurs eux-mêmes ? "

"Stephen, tu as une lueur de bon sens en toi cet après-midi."

"Eh bien, Dick, nous ne voulons pas finir simplement par rendre les choses plus faciles pour les brutes et les salopards, mâles ou femelles."

"Je pense que tu manques un peu de vue d'ensemble aujourd'hui, Stephen. Tu es trop affecté par le cas particulier de Winnie. N'est-il pas préférable de se débarrasser des brutes et des malédictions de toute façon ? Plus c'est rapide et facile, plus mieux." Tora était, comme à son habitude, intransigeante.

"Tout le monde semble avoir raison. C'est ça le casse-tête", a déclaré Stephen, qui appréciait visiblement beaucoup le casse-tête.

" Oh, tu n'es même pas logique aujourd'hui, Tora, " se plaignit Dennehy, " ce que j'admets que tu l'es parfois, selon tes principes erronés. Vous traitez cet homme de brute ou de chien, et ceci et cela. — oh, vous vouliez dire Godfrey ! Qu'est-ce que cet homme a fait qu'il n'avait pas le droit de faire de votre propre chef ? Ses manières étaient peut-être mauvaises.

"C'est notre propre démonstration que nous sommes en train d'examiner, si vous nous le permettez, Dick," répondit Stephen imperturbablement. "Quand un homme se demande s'il a eu tort, c'est dommage de le gronder, car cette pratique est à la fois rare et louable."

"Oh, tu ne dois même pas te demander si j'ai eu tort, Stephen," cria Winnie. "C'est faux en principe, je veux dire. Quant à la personne en particulier... mais je ne veux pas l'abuser, le pauvre garçon. Son environnement..."

"C'est un foutu mot, sauver votre présence", l'interrompit Dennehy. "Aujourd'hui, chaque fois qu'un scélérat commet un sale coup, il l'impute sur le compte de son environnement."

"Mais c'est exactement ce que je voulais dire, Dick."

"Dites le diable, et vous êtes plus près du but, Winnie."

"L'environnement est plus optimiste", a suggéré Stephen. "Vous voyez, nous pourrons peut-être changer cela. Nous n'avons aucune juridiction sur votre *protégé*."

"Il se peut qu'il ait fini avec toi, cependant, un jour ! Oh, je vais aller me promener et me vider la tête de toutes tes bêtises."

"N'oublie pas que tu as promis de m'emmener à la gare après le thé", dit Winnie.

"Oublie ça!" s'exclama Dick Dennehy avec un mépris indescriptible. "Maintenant, je vais l'oublier, est-ce probable, Winnie ?" Il se précipita dans la maison pour récupérer sa canne.

Tora Aikenhead secoua la tête en signe de reproche patient. Aucune raison de mettre la puce à l'oreille chez Dick, aucun espoir d'y arriver ! C'était juste l'opinion que Dick avait d'elle.

Un court silence suivit le départ de Dennehy. Puis Stephen Aikenhead reprit la parole.

"Tu as traversé une période difficile, Winnie. Es-tu désolée d'avoir été impliquée dans ça ?"

"Non, c'était la seule chose à essayer ; et cela a eu pour résultat - ou va justement - me permettre d'être libre. Mais j'ai échoué dans une chose. J'étais beaucoup plus en colère contre Godfrey que je n'avais le droit de l'être. J'étais en colère – oui, en colère, pas seulement attristé – parce qu'il m'avait quitté, mais aussi parce qu'il avait peur de le faire de manière directe. Je n'ai pas été à la hauteur de mes théories. »

"Je ne pense pas qu'une théorie soit facile à respecter", a déclaré Tora. "La théorie ordinaire du mariage est-elle facile à respecter non plus ?"

"C'est toujours intéressant de voir combien peu de gens sont à la hauteur de leurs théories." Stéphane sourit. "Il me semble que votre mari n'est pas à la hauteur du sien."

"Non, ce n'est pas le cas, et c'est plutôt consolant. Je ne pense pas qu'il lui soit jamais venu à l'esprit qu'il devrait l'essayer lui-même dans la pratique. C'est plutôt votre propre cas, n'est-ce pas, Stephen ? Vous n'avez jamais j'ai vraiment découvert ce que n'importe quelle—n'importe quelle difficulté pouvait signifier pour toi."

"Oh, je sais que je suis accusé de ça. Je n'y peux rien ; c'est absolument impossible de se disputer avec Tora. Et même moi, je ne dis pas que tu devrais sortir de la maison juste pour le plaisir." de ça!"

"Nous prouvons mieux notre théorie par le fait qu'elle ne fait aucune différence", a déclaré Tora.

"Je suppose qu'en fin de compte, seuls les ratés veulent des théories", songea Winnie.

"Probablement, avec pour résultat heureux de réduire, *pro tanto* , l'importance pratique du sujet, sans le priver de son intérêt spéculatif", s'est moqué Stephen. "L'amour, l'union, la filiation, le partenariat, c'est bien de les avoir tous, mais, à mesure que la vie avance, beaucoup de gens se débrouillent avec les deux derniers, ou même avec le dernier seulement. Cela se transforme en un lien assez fort. Eh bien, Winnie, tu sembles t'en être assez bien sorti, et j'espère que tu n'auras plus beaucoup de problèmes avec cette affaire.

"Je n'en aurai pas, à proprement parler. J'ai tout remis entre les mains de Hobart Gaynor. Je suis allé le voir et je lui ai dit tout ce qu'il voulait savoir. Il a pris en charge tout cela; j'ai vraiment besoin d'entendre non. plus à ce sujet. Il était terriblement gentil – juste son cher ancien moi. Elle a souri. "Eh bien, à moins de m'inviter chez lui, tu sais."

"Oh, c'est sa femme", dit Tora.

"Mme Gaynor semble en tout cas être à la hauteur de ses théories", rigola Stephen.

"Ce n'est pas si difficile d'être à la hauteur de vos théories sur les autres. Il s'agit de vous-même", a déclaré Winnie.

"Je pense que ton départ chez Mme Lenoir est un arrangement tellement parfait." Tora a typiquement ignoré le grand nombre d'opinions qui seraient certainement contre elle sur la question.

"Je suis très heureux là-bas, elle est si gentille. Et j'ai l'air d'être un incontournable. J'y suis depuis près de deux mois, et maintenant elle dit que je dois partir à l'étranger avec elle au printemps." Elle s'arrêta un instant. "Le Général est également très gentil. En fait , je pense qu'il m'aime beaucoup."

"Qui est le général ? Je ne sais pas pour lui."

Winnie s'expliqua suffisamment et ajouta : "Bien sûr, il pense que je suis juste Miss Wilson. Mme Lenoir dit que tout va bien, mais je ne trouve pas que ce soit tout à fait direct."

"Comme il semble avoir près de soixante-dix ans, et qu'il soit l'ami de Mme Lenoir, si quelqu'un..." suggéra Stephen.

Winnie sourit et rougit un peu. "Eh bien, voyez-vous, la vérité, c'est que ce n'est pas seulement le général. Il a un fils. Eh bien, il en a trois, mais l'un d'eux est arrivé il y a environ quinze jours."

"Oh, n'est-ce pas ? D'où ?"

"De l'étranger... en longue permission. C'est l'aîné, le major."

"Est-ce qu'il t'aime beaucoup aussi, Winnie ?"

Winnie regarda la pelouse. "Il semble tout à fait concevable qu'il puisse... compliquer les choses", murmura-t-elle. "Je n'ai pas parlé à Mme Lenoir de cet aspect-là."

Stephen fut prompt à détecter un autre problème. "Oh, et vous voulez dire, s'il le faisait - eh bien, montrait des signes - combien devrait-il être informé de Miss Wilson ?"

"Oui. Et peut-être même avant que les signes étaient ce que vous appelleriez très visibles. Ne serait-ce pas juste ? Parce qu'il ne me semble pas du tout une personne du genre théorique. Je devrais penser que ses idées sont ce que tu pourrais appeler——"

"Dirions-nous traditionnel... pour être tout à fait impartial envers le major ?"

"Oui. Et surtout en ce qui concerne les femmes, je devrais y penser."

Stephen regarda sa femme en souriant. "Eh bien, Tora ?"

Sans hésitation, Tora rendit son verdict. "Si vous avez fait des choses que vous saviez ou pensiez vous-même honteuses, vous devriez lui dire avant qu'il ne s'attache à vous. Mais vous n'êtes pas obligé de lui dire ce que vous avez fait, au cas où il penserait. c'est honteux quand on ne le fait pas.

"Je pense que c'est plus qu'une chance," murmura Winnie.

"Je tâtonne après ce que Tora a dit. Je ne l'ai pas tout à fait compris. Du point de vue du major, dans les circonstances hypothétiques dont nous discutons, ce qui importe n'est pas ce que pense Winnie, mais ce qu'il fait."

"Ce qui est important pour le Major", répondit Tora, "c'est qu'il tombe amoureux d'une bonne femme. Les bonnes femmes peuvent faire ce que le Major considère comme honteux, mais elles ne font pas ce qu'elles considèrent elles-mêmes comme honteux. Ou, si elles jamais, ils se repentent et se confessent honnêtement. »

"Oh, elle a une dispute ! Elle l'a toujours eu. Pourtant, une bonne femme pourrait-elle se laisser tomber amoureuse sous quelque chose comme de faux prétextes ?"

"Il n'y aura pas de faux-semblant, Stephen. Elle sera – elle est pratiquement – une femme célibataire et, si elle l'épousait, elle l'épouserait comme telle. Le reste est fini."

« C'est peut-être atavique – des reliques de mon école publique, etc. – mais cela ne me semble pas tout à fait juste », a persisté Stephen ; "pour le garder dans l'ignorance à propos de notre jeune amie, Miss Wilson, je veux dire."

"Je pense que je suis d'accord avec toi, Stephen." Winnie sourit. "S'il montre des signes, c'est pour dire !"

"Oh, seulement s'il montre des signes, bien sûr. Sinon, ce ne sont en aucun cas ses affaires."

"Car, quels que soient ses droits, pourquoi devrais-je risquer de le rendre malheureux ? D'ailleurs, dans un certain événement, il pourrait s'en rendre compte, alors qu'il était - de son point de vue - trop tard."

Stéphane rit. "Admets au moins, Tora, que d'un point de vue purement pratique, il y a quelque chose à dire sur le fait de dire aux gens des choses qu'ils pourraient découvrir par eux-mêmes à une heure inconfortablement tardive."

"Oh, je pensais que nous essayions d'avoir une vision véritable des droits d'un homme ou d'une femme dans un tel cas", a déclaré Tora avec un haut mépris. "Mais il semble que je fasse partie d'une minorité."

"Vous ne seriez pas heureux si vous ne l'étiez pas, ma chère. Le crépuscule commence et voici Dick qui revient. Allons prendre le thé."

Dick Dennehy s'échauffait souvent dans les disputes, mais son dépit ne durait jamais longtemps. Autour du thé, il était de bonne humeur et parlait avec enthousiasme d'une nouvelle perspective qui s'ouvrait devant lui. Le poste qu'il occupe comme correspondant est une mauvaise affaire, mal payée et qui ne mène à rien. Il a eu la chance d'être nommé rédacteur en chef dans un quotidien londonien, poste offrant une grande avance tant en termes de salaire que de poste. La seule difficulté possible venait de ses convictions religieuses ; ils pourraient, à l'occasion, entrer en conflit avec la politique du journal, en matière d'éducation par exemple.

"Mais ils ont la bonté de dire qu'ils ont une si bonne opinion de moi dans tous les autres domaines que cette petite affaire pourrait probablement permettre un ajustement."

« Maintenant, ne revenez pas sur vos théories — ou vraiment, où en sommes-nous ? » dit Stephen d'un ton ironique.

"Je ne ferai pas ça ; je ne ferai pas ça. Je devrais être soulagé de devoir répondre à ces questions. Et, Stephen, mon garçon, j'aurais la chance de trouver un endroit décent où vivre et de pouvoir vivre." mis par ma pension de vieillesse.

Ils entrèrent tous avec empressement dans la discussion de ces rêves roses, et elle fut *finalement retenue. escroquer.* , que Dick doit se construire un cottage de « week-end » à Nether End, aussi près que possible de Shaylor's Patch. Peut-être que Winnie pourrait aussi en trouver un qui lui convienne !

"Et nous allons tous nous asseoir et mâcher jusqu'à ce que le rideau tombe !" s'écria Stephen Aikenhead, exprimant son idée d'une vie heureuse.

"Vous êtes de bons amis ici, malgré toutes vos bêtises", a déclaré Dennehy. "Je ne demanderais pas mieux."

"De plus, Dick, tu peux te marier. Tu peux t'attacher, comme le dit Tora, aussi étroitement que tu le souhaites. Choisissez une femme, si possible, avec une certaine largeur de vue. Je veux que vous ayez votre chance."

"Oh, je ne vais probablement pas me marier." Un nuage semblait passer sur son visage joyeux. Mais il disparut en un instant. "Eh bien, qui me regarderait, de toute façon ?"

"Je pense que tu ferais un excellent mari, Dick", dit Winnie. "Je devrais t'épouser, oui, même t'attacher, avec la plus grande confiance."

Il lui lança un drôle de regard, mi-humour, mi-irrité. "Ne dis pas de telles choses, Winnie, sinon tu me tourneras la tête et tu détruiras ma tranquillité d'esprit."

"Oh, la dernière fois que j'ai flirté avec toi, tu as dit que tu aimais ça !" lui rappela-t-elle en riant.

Sur le chemin de la gare, Winnie marchait avec son bras sous le sien, car la soirée était tombée et la route de campagne était cahoteuse. Avec une petite pression de la main, elle dit : « Je suis si heureuse – si heureuse – de ces nouvelles perspectives, Dick. Je crois en toi, tu sais, même si nous différons tellement.

Il resta silencieux un moment, puis demanda brusquement : « Et quelles perspectives avez-vous ?

"Oh, je suppose que je ressemble un peu à l'homme politique qui avait son avenir derrière lui. Mais je n'ai pas encore décidé quoi faire. Je vis plutôt au jour le jour en ce moment et je prends des vacances pour réfléchir. ".

"Oh, je vais m'occuper de mes affaires, si c'est ce que tu veux dire."

"Dick, comment peux-tu ? Bien sûr que non. S'il te plaît, ne sois pas vexé pour rien."

"Je m'inquiète pour toi. Ne laisse pas ces gens du Patch s'en prendre à nouveau à toi, Winnie, par pitié, ne le fais pas ! Prends soin de toi, ma chérie. Mon cœur saigne de te voir là où tu en es. aujourd'hui, et si vous avez d'autres ennuis, vous ne comprenez pas que vous êtes une femme pour laquelle un homme peut faire aussi bien du mal que du bien.

L'émotion était forte dans sa voix ; Winnie l'a légèrement attribué à sa nationalité.

"Ne vous inquiétez pas pour moi. Je dois payer pour mes erreurs et, si j'ai un peu de bon sens, je serai plus sage à l'avenir."

"Si jamais tu es enclin à un autre homme, pour l'amour de Dieu, essaie-le, teste-le, prouve-le. Tu ne peux pas te permettre une autre erreur, Winnie. Cela te tuerait, n'est-ce pas ?"

"Je ne devrais pas... aimer ça," répondit-elle lentement. "Oui, je serai prudent, Dick. Et il en faudrait beaucoup pour que je sois ce que vous appelez 'enclin à' n'importe quel homme." Elle éclata de rire. "Mais c'est de vos perspectives intérieures dont nous avons discuté cet après-midi !"

"Je n'en ai pas", répondit-il brièvement, presque amèrement.

"Oh, tu viens juste de commencer à y penser", rit-elle. "Ne désespérez pas de trouver un jour quelqu'un de digne !"

Ils venaient d'arriver à la gare, avec près d'un quart d'heure d'avance. Dennehy allait se rendormir chez les Aikenhead, mais il s'assit avec elle dans la salle d'attente sous une lampe à gaz aveuglante, pour attendre le train. Vu à la lumière, le visage de Dennehy semblait triste et troublé. Winnie fut frappée par son expression.

"Dick," dit-elle doucement, "J'espère que nous ne t'avons pas plaisanté quand—quand il y a quelque chose de grave ?"

Il haussa les épaules. "Non, non, tu ne peux pas appeler ça sérieux."

"Je crois que oui, parce que vous étiez de bonne humeur jusqu'à ce que nous commencions à parler de cela. Ensuite, vous aviez l'air drôle et... eh bien, vous n'avez plus l'air drôle du tout maintenant. S'il y a quelque chose... oh, ne désespérez pas ! Et tout bien, bons voeux, cher Dick ! Oh, quel dommage que cela arrive, juste au moment où tout le reste semble si brillant pour toi ! »

"Je te le dis, Winnie, il n'y a rien de grave."

Winnie hocha la tête avec un acquiescement totalement irréel. "Très bien, mon ami", dit-elle.

Un long silence s'installa entre eux. En désobéissance directe à une grande annonce, Dennehy alluma une cigarette et la fuma rapidement, toujours triste et maussade. Winnie, troublée par ses ennuis et peu convaincue par son déni, se demandait pourquoi diable elle n'avait jamais pensé qu'une telle chose puisse arriver à Dick Dennehy. Pourquoi pas? Il n'y avait aucune raison ; c'était un homme, comme les autres. Seulement, nous avons l'habitude d'avoir une vision partielle et unilatérale de nos amis et voisins. Seul l'aspect le plus marquant attire notre attention. Pour parcourir tout le terrain, nous n'avons ni le temps ni, en général, la possibilité. Ils en viennent à représenter, pour nous, une qualité ou une caractéristique - tout comme le font souvent, peut-être généralement, les personnages d'un roman ou d'une pièce de théâtre, même si l'écrivain s'est efforcé de donner à l'homme tout entier sur sa toile. Or, la qualité d'amant — même d'amant potentiel — n'avait jamais semblé s'associer nécessairement ou avec insistance à Dick Dennehy, comme elle le faisait, d'emblée et par nécessité, à Godfrey Ledstone. Donc Winnie n'y avait tout simplement pas pensé. Pourtant, elle en savait assez pour comprendre comment il se fait que ce genre d'homme prend mal l'amour, quand le hasard le découvre, le prend mal et le garde longtemps, longtemps après que l'homme susceptible ait surmonté sa dernière crise de fièvre récurrente. . Le pauvre Dick Dennehy a-t-il été vraiment durement touché ? "De toute façon, qui me regarderait ?" avait-il demandé. Eh bien, il n'était certainement pas beau. Mais Winnie se souvenait de ses deux beaux hommes. "J'aimerais parler à cette fille !" elle pensait. Elle faisait référence à la maîtresse au cœur dur de Dick.

Mais Winnie n'était pas de ces femmes - si tant est qu'elles existent - dont l'innocence se fond dans l'épaisseur et qui peuvent réussir à maintenir pendant un an une ignorance totale des sentiments d'un homme avec lequel elles font connaissance. Soudain, environ deux minutes avant l'arrivée de son train, son cerveau s'est mis au travail, saisi par sa perception rapide des pièces du puzzle. C'était là un homme, naturellement ardent, essentiellement sanguin, désespéré — sûrement à cause d'une femme ? Il n'a pas nié l'existence de la femme, tout en protestant que l'affaire n'était pas « sérieuse ». Le simple fait de le regarder maintenant prouvait que c'était, pour le moment du moins, pénible. Eh bien, pour « sérieux », elle a lu « praticable » ; à « pas sérieux », elle a remplacé désespéré. Puis il l'avait regardée de cette façon étrange ; les mots avaient été bons, conçus dans la veine appropriée du flirt plaisant ; mais le regard était détraqué. Et puis son souci extrême et émotionnel pour son bien-être et sa conduite prudente ! Aurait-il, même s'il était Celte, ressenti cette anxiété avec autant d'acuité, si une autre affection désespérée avait dominé son esprit ? "De toute façon, qui me regarderait ?" Cette protestation que sa modestie rendait conforme à une aspiration pour n'importe quelle dame ; il ne faut pas le prendre trop au sérieux. Mais sa réponse brusque et brève à propos de ses perspectives : « Je n'en ai pas » ?

Les pièces du puzzle semblaient assez bien s'emboîter, mais la preuve n'était pas concluante. Dites que les preuves étaient cohérentes plutôt que démonstratives. D'une manière ou d'une autre, de manière intangible et au-delà de toute définition, il y avait quelque chose dans l'attitude de l'homme, dans son attitude, dans la totalité de ses paroles et de son comportement, qui renforçait la conviction. Il semblait même qu'il y avait dans la petite salle d'attente nue et sale une atmosphère qui contenait et transmettait cette sensation, quelque chose qui venait de lui à elle, malgré tous ses efforts obstinés pour résister au transfert. Il fuma violemment une deuxième cigarette. Pourquoi, alors qu'il avait été serein et joyeux tout l'après-midi, était-il si soudain envahi par la pensée d'une femme absente, qu'il ne pouvait ou ne voulait pas parler ou regarder une amie à laquelle il était certainement très attaché ?

Le train entra en gare en trombe. "C'est ici!" » dit Winnie et elle se leva.

Dick Dennehy sursauta et se leva d'un bond. Pendant une seconde, ses yeux rencontrèrent les siens.

"Viens et mets-moi dans une voiture", ajouta-t-elle précipitamment, et elle se dirigea d'un pas rapide vers le train. "Où sont les tiers ?"

Ils trouvèrent les troisièmes et elle monta. Il ferma la porte et resta là, attendant que le train démarre.

"Tu as une fausse idée. Je te dis que ce n'est pas sérieux, Winnie."

Il protesta de nouveau, d'une voix dure et désespérée. Puis, avec un effort, il prit un ton plus ordinaire.

« Je suis plein d'affaires à cause de cette nouvelle idée — et de mettre fin à l'ancienne connexion, si je le fais. Je ne te verrai peut-être pas avant quelques semaines. Tu prendras soin de toi ?

" Sûrement si quelqu'un a reçu un avertissement, c'est bien moi ! Au revoir, Dick. "

Elle a passé la main par la fenêtre. Il le prit et le pressa, mais il ne leva jamais les yeux vers elle. Une embardée en arrière, un plongeon en avant, et le train démarra. "Au revoir, Dick!" elle a encore pleuré. "Remonter le moral!"

Se penchant par la fenêtre, elle le vit debout, les mains dans les poches, en train de s'occuper d'elle. Il cria quelque chose qu'elle entendit imparfaitement, mais qui englobait le mot « imbécile » et aussi le mot « sérieux ». Elle pouvait fournir une connexion pour ce dernier, mais s'est rendue en ville dans des doutes quant à l'application du premier. Était-ce à elle ou à lui-même que Dick Dennehy avait appliqué cette épithète ? « Parce que ça fait une petite différence », pensa Winnie en se blottissant dans le grand col de son manteau en peau de phoque — assez déplacé, d'ailleurs, dans un wagon de troisième classe.

CHAPITRE XIX

UN POINT D'HONNEUR

La vantardise de Mme Lenoir n'était pas sans fondement ; au cours de sa vie, elle avait tenu tête aux hommes dans plus d'un dur combat. Elle admirait une autre femme qui pouvait faire de même. Dans sa réfugiée du studio de West Kensington , elle se réjouissait de trouver non pas un pénitent sentimental ni une épave émotionnelle, mais une femme certes marquée par les blessures, mais toujours pleine de combat, reconnaissant une erreur, mais non écrasée par elle, à la fois résolue et clairement capable. continuer à faire sa vie et à en profiter. Elle saluait également chez Winnie la qualité que sa propre carrière lui avait appris à reconnaître et à valoriser : cet attrait particulièrement féminin qui était la meilleure arme dans les batailles de son sexe ; Winnie combattait l'homme avec ses armes natives, et non avec un équipement emprunté à l'armurerie masculine et maniable maladroitement ou faiblement. Sous l'influence de cette sympathie sexuelle, la pitié s'était transformée en admiration, et l'admiration en affection, au cours des semaines qui s'étaient écoulées depuis qu'elle avait amené Winnie chez elle.

Son code éthique était païen, comme cela est peut-être déjà évident. Quand elle détestait, elle souffrait si elle le pouvait ; quand elle aimait, elle aidait ; elle n'aurait pas contesté la remarque selon laquelle elle n'en méritait aucun crédit. Elle avait désormais l'intention d'aider Winnie, de lui donner un nouveau départ, d'effacer les traces de la défaite et de coopérer à de nouvelles manœuvres qui devraient aboutir à la victoire. Mais pour y parvenir, une stratégie était nécessaire. Il fallait gérer non seulement les autres, mais aussi Winnie elle-même, et il fallait faire preuve de tact pour surmonter une période de transition délicate. Comme démarche subsidiaire vers ce dernier objet, Mme Lenoir projetait un séjour à l'étranger ; en ce qui concerne la première, elle devait se méfier de deux séries de théories : les théories du monde sur Winnie, qui pourraient peut-être trouver des disciples chez ses propres amis, le général et son fils, le major Merriam, et les théories de Winnie sur le monde. , ce qui avait auparavant conduit leurs partisans à une témérité qui a invité et finalement entraîné un désastre.

Elle gardait d'agréables souvenirs de Madère, qu'elle avait visitée il y a de nombreuses années dans des circonstances romantiques. Elle esquisse un voyage qui devrait commencer par cette île, comprendre une promenade en mer jusqu'à Gênes et se terminer par un séjour aux lacs italiens. Le jour que Winnie a passé à Shaylor's Patch, elle a esquissé ce plan à son ami, le général.

"Ma parole, cela semble particulièrement agréable. J'aimerais venir avec vous, mais je ne veux pas quitter Bertie si longtemps, maintenant il est à la maison pour une fois."

"Non, bien sûr que non." Pour des raisons qui lui étaient propres, elle préférait que toute suggestion vienne de lui.

Le général réfléchit, puis sourit d'un air plutôt malicieux. " Que diriez-vous, Clara, si deux beaux jeunes officiers se présentaient à Madère, pour quelques jours du moins ? Juste pour profiter du soleil, vous savez ? "

"Je dois dire que deux belles jeunes femmes ne seraient pas très ennuyées."

"Par Jupiter, je vais le suggérer à Bertie !" D'accord, pourvu que ce soit le général qui l'ait suggéré !

Mme Lenoir lui sourit. " Bien sûr, ce serait très agréable." Une légère insistance sur le dernier mot suggérait que, s'il y avait des raisons de contredire l'agréabilité évidente, c'était une question à considérer par son amie, pas à elle. S'il a choisi de faire tout son possible pour exposer son fils aîné à la fascination d'une jeune femme dont il ne savait rien du tout, c'était sa propre surveillance. Il ne faisait désormais aucun doute que Bertie Merriam était tout à fait consciente de cette fascination, même si elle n'était en aucun cas encore dominée par celle-ci.

"Nous devrions former un quatuor très harmonieux", a déclaré le général. "Je le suggérerai certainement à Bertie."

"Oh, eh bien, vous devez voir comment cela le frappe. Rappelez-vous, il préfère peut-être les gaîtés de Londres. Ne le pressez pas à cause de nous!" Elle n'inviterait en aucun cas ; elle conservait une attitude d'acquiescement bienveillant, mais non empressé, à toute décision à laquelle Bertie pourrait arriver. Mais elle était fermement convaincue que les beaux officiers se présenteraient – sur l'île, et même sur les quais de Southampton, ce qui n'est pas improbable.

Tout cela était donc dans l'esprit de Mme Lenoir lorsque Winnie revint de Shaylor's Patch, ses pensées toujours occupées par deux questions. L'un lié à Dick Dennehy ; c'était une affaire privée et ne concernait pas son hôtesse. Mais le problème de conduite qu'elle avait soumis aux Aikenheads l'était. Là-dessus, elle était tenue par loyauté de consulter Mme Lenoir. Cette dame avait bien donné un avis une fois, mais les circonstances changent les choses. Pendant qu'elle dînait, elle décrivait avec humour les divergences d'opinion entre mari et femme, en mettant l'affaire dans l'abstrait bien sûr, sans référence explicite au Major, et en se permettant de laisser entendre que c'était Stephen qui avait initié le débat. . Ces concessions à la modestie et à la discrétion ne trompèrent guère Mme Lenoir, bien qu'elle les acceptât avec décence. Les deux femmes savaient que c'était Bertie Merriam qui pourrait parvenir à un règlement sur ce point, nécessaire avant plusieurs jours, ou, en tout cas, plusieurs semaines.

Du point de vue du monde, Mme Lenoir occupait une position intermédiaire. Elle n'était pas préparée à la doctrine intransigeante de Tora ; Pourtant, elle est d'accord avec l'idée qu'il y a beaucoup à dire pour dire aux gens ce qu'ils pourraient probablement découvrir – et le découvriront trop tard, à leur avis. Elle n'était néanmoins pas d'accord avec l'application extrême de la règle de la franchise par Stephen.

"Vous n'accepteriez pas un homme sans le lui dire, mais vous n'avez pas besoin de le laisser échapper à quiconque vous fait de jolis discours."

"Ne serait-il pas juste de lui dire avant qu'il ne devienne vraiment amoureux ?"

« S'il n'était pas très amoureux, il serait plutôt enclin à sourire lorsque vous le lui dites, n'est-ce pas ?

La suggestion est revenue à Winnie. "Je ne devrais pas vouloir prendre ce risque."

"À moins que les circonstances ne l'exigent absolument, je devrais en tout cas laisser les choses telles quelles jusqu'à ce que votre affaire soit terminée. Ce sera tellement plus agréable pour vous d'être incog. jusque-là."

Il y avait aussi quelque chose dans cette suggestion. Pas douée en théorie, Mme Lenoir a pris de bons points pratiques.

"C'est plutôt abandonner mon point de vue", objecta Winnie.

Mme Lenoir sourit avec une gentillesse légèrement méprisante. "Oh, ma pauvre enfant, prends des vacances à ton point de vue, comme à tout le reste. Et c'est vraiment chimérique de ta part d'avoir autant peur de choquer tel ou tel homme, après tout, ils je t'ai fait souffrir."

Winnie ressentait également l'appel à la cause du sexe. Bref , tous les points de Mme Lenoir racontés ; ils semblaient pleins de sagesse quotidienne et de bon sens raisonnable.

« N'y pense plus qu'après l'affaire. Promets-le-moi.

"C'est mieux, je pense, en fin de compte. Oui, je le promets, Mme Lenoir."

Mme Lenoir n'a rien dit sur la possibilité que les deux officiers « se présentent » à Madère ou sur les quais de Southampton. Diplomatie interdite ; le lien aurait été trop grossièrement évident ; cela aurait pu amener Winnie à reconsidérer son engagement. En fait, les choses étaient tellement gérées – principalement par une politique d'inactivité magistrale, tempérée par une seule allusion au général – que la première fois que Winnie entendit parler de cette idée ne vint ni de Mme Lenoir ni du général, mais de Bertie Merriam lui-même. Émanant de ce côté-là, la suggestion ne pouvait être brusquement repoussée ; cela devait forcément susciter une considération courtoise. En fait, refuser de l'accepter serait extrêmement difficile. Winnie aurait pu avouer à Mme Lenoir la seule objection possible ; elle ne pouvait même pas en faire allusion au major. Mme Lenoir s'y connaissait, comme le dit l'expression familière.

Les relations de Winnie avec Bertie Merriam avaient maintenant atteint un stade qu'un jugement mûr et rétrospectif, même s'il ne s'agit pas, bien sûr, de la chaleur de la jeunesse, pourrait peut-être déclarer qu'elles sont les plus agréables qui puissent exister entre un homme et une femme - une amitié sympathique teintée d'une amitié plus chaleureuse. teinté d'admiration d'un côté et de reconnaissance flattée de l'autre. L'expérience récente de Winnie a élevé la reconnaissance au sommet de la gratification, presque jusqu'à celui de la gratitude. Non seulement sa théorie avait souffert aux mains de Godfrey Ledstone ; Même si elle pouvait le nier, sa vanité aussi avait été blessée. Elle accueillait favorablement les baumes et souriait gentiment à quiconque voulait les administrer. Après une expérience amoureuse malheureuse, on dit souvent que les gens accueillent les attentions d'un nouveau venu « par dépit » ; il est probable que le motif est moins souvent la contrariété envers le délinquant que la gratitude envers le successeur, qui redonne à la vie sa puissance de plaisir. C'était l'humeur de Winnie. Elle était prête à suivre les conseils de Mme Lenoir, pas seulement sur le point précis sur lequel ils lui étaient proposés. Elle était prête à tout accepter – prête à oublier, autant qu'elle le pouvait, ses théories et son point de vue, ainsi que ce qu'ils impliquaient pour elle. Elle voulait profiter pendant un moment des choses agréables de la vie ; on ne pouvait pas jouer tout le temps à l'apôtre ou au martyr ! Elle était prête à voir ce que ce nouvel épisode, ce voyage et ces vacances avaient à lui offrir ; elle n'était pas réticente à voir à quel point elle pourrait être encline à aimer le major Merriam. Pourtant, tout cela consiste à l'analyser bien plus qu'elle ne s'est analysée elle-même. En elle, c'était en réalité le sang de la jeunesse qui remuait, le rebond du chagrin, la réaffirmation du droit à ses charmes et à son libre exercice. Un tel état d'esprit n'est pas celui où les nuances les plus subtiles du scrupule sont susceptibles de prévaloir ; c'est aussi un mouvement purement naturel et primitif de l'esprit et du corps. D'ailleurs, Winnie pouvait toujours, comme le lui rappelait Mme Lenoir, apaiser un mal de conscience par un *tu quoque sidérant* lancé contre le sexe masculin en général.

Encore une fois, d'une manière inconsciente et aveuglément instinctive, elle était une étudiante de la nature humaine, et plutôt têtue. Elle ne se reposait pas facilement dans l'ignorance des gens, ni même dans le doute. Elle aimait chercher, tester, classer et se laisser guider par le résultat. Son histoire l'a montré. Elle avait testé Cyril Maxon, l'avait classé et avait donné suite à ses conclusions. Elle avait expérimenté sur Godfrey Ledstone, l'avait classé, avait constaté qu'elle avait mal calculé, payé les frais d'une expérience infructueuse et en avait accepté l'issue. Voilà désormais du matériel nouveau : des hommes d'un genre avec lequel son expérience ne l'avait pas encore initiée à un degré considérable d'intimité. Elle aurait pu souvent dîner en leur compagnie ; mais sous le toit de Maxon, il n'était pas facile d'acquérir une véritable connaissance des autres hommes.

Des hommes de vues et de visions, des hommes d'affaires et d'ambitions, des hommes d'aisance et de plaisir - parmi eux son sort avait été choisi depuis qu'elle avait quitté la maison de son père. Les Merriam étaient avant tout des hommes de devoir. Ils avaient leurs opinions, et tous deux prenaient leurs récréations avec un enthousiasme sain ; mais le service était comme le souffle de leurs narines. Le général était le soldat le plus intelligent des deux, comme en témoigne l'expédition Kala Kin. Il était peu probable que le fils commande jamais plus qu'un régiment ou, tout au plus, une brigade ; les distinctions supérieures doivent être laissées au deuxième frère. L'enthousiasme de Bertie correspondait bien à ses dons. Il adorait le régiment et, dans quelques mois, il le verrait lieutenant-colonel ; si seulement le régiment pouvait voir le service sous son commandement, avec quelle joie chanterait-il son *Nunc dimittis*, avec son devoir accompli et son nom inscrit sur une liste honorable !

Winnie regardait son agréable visage bronzé, ses yeux bleu pâle sincères et ses vêtements très bien confectionnés, avec une calme satisfaction. Elle avait beaucoup entendu parler du régiment, mais les ragots l'amusaient.

interviennent les femmes des officiers – je suppose que certains d'entre vous ont des femmes ? elle a demandé.

" Oh, ils sont terriblement importants, Miss Wilson. Le ton social dépend tellement d'eux. Vous voyez, avec un groupe de jeunes gars – les subalternes, vous savez – eh bien, vous voyez, n'est-ce pas ? "

"Eh bien, je pense que je peux le voir, Major Merriam. Ils ne doivent pas flirter avec les subalternes ? En tout cas, pas trop ?"

"C'est pourri. Mais ils devraient leur apprendre les bonnes manières."

"Est-ce que ça devrait être maternel ? Tu n'as pas l'air que ça sonne bien ! Sœur aînée ?"

"C'est plutôt ça, Miss Wilson."

Il disait « Miss Wilson » assez souvent, du moins c'est ce qui frappa Winnie, tout comme Bob Purnett avait l'habitude de dire « Mme Wilson ». Ledstone' trop souvent. Il lui a donné un autre petit pot l'instant d'après. Il laissa le sujet des épouses d'officiers et se pencha vers elle avec un sourire complaisant mais plutôt désolé.

"Je dis, savez-vous ce que le Général a eu le culot de suggérer à votre cousin ?"

Winnie avait oublié son signal. "Ma cousine?" s'exclama-t-elle surprise.

"Pourquoi, Mme Lenoir ! C'est votre cousine, n'est-ce pas ?"

Le mensonge direct que Winnie n'aimait pas. Mais pourrait-elle trahir sa bienfaitrice ? "C'est tellement lointain que j'oublie le cousin de l'ami", dit-elle avec un petit rire inquiet. "Mais qu'est-ce que le général a eu le culot - c'est votre phrase, pas la mienne - de suggérer à Mme Lenoir ?" Elle semblait avoir encore une fois oublié sa cousine, car elle dit : « Madame. Lenoir », pas « Cousin Clara ». Cependant, comme le major ne l'avait jamais entendu dire autre chose, ce point n'attira pas son attention.

"Eh bien, pour que nous puissions faire la fête tous les quatre jusqu'à Madère. Un joli petit endroit, même si je suppose qu'il ne sera plus aussi animé maintenant qu'il l'était pendant la guerre."

"Ça a l'air délicieux."

"J'ai un article à lire à l'Institut naval et militaire dans six semaines. Je pourrais simplement l'intégrer et l'écrire là-bas, vous savez."

"Nous vous aiderions tous", a déclaré Winnie.

Le major décela une raillerie. "Je devrais y essayer avant que tu te lèves le matin."

"Oh, eh bien, alors je dois me contenter de l'humble fonction d'aider à détendre votre esprit par la suite."

"Mais ça ne te dérangerait pas que nous venions ?"

"Vous n'appréciez pas à quel point j'aime le Général."

"Eh bien, il vous vénère à moitié, Miss Wilson. Et vous supporterez ma compagnie pour lui ?"

"C'est un homme trop distingué pour porter les tapis et les coussins."

"Vous pouvez me taper autant que vous le souhaitez à bord. La difficulté est de bouger suffisamment."

"Sur cette base, je n'opposerai pas mon veto au parti, Major Merriam." Elle a ri. "Mais bien sûr, je n'ai vraiment rien à dire. C'est à Mme Lenoir de décider, n'est-ce pas ?"

Bertie Merriam avait le sentiment d'avoir obtenu la permission, mais à peine des encouragements, tout comme le général était convaincu d'avoir fait une suggestion et de ne pas en avoir reçu. Mais la permission suffisait.

"Je dirai au général que je vous ai mis au carré", dit-il, rayonnant. "Il y a de belles excursions à faire, vous savez. Vous pouvez soit monter à cheval, soit être porté dans un hamac..."

"Je me demande si Mme Lenoir s'occupera des excursions !"

"Eh bien, si les seniors veulent y aller doucement, nous pourrions les faire ensemble, n'est-ce pas, Miss Wilson ?"

"Pour être sûr que nous le pourrions", sourit Winnie. « Encore des tapis et des coussins pour vous ! Ne sera-ce pas ce que vous appelez un devoir de fatigue ?

"Je vais m'en charger", a-t-il déclaré. "Je n'hésite pas à travailler pour une bonne cause, tu sais."

Une chose chez lui surprenait Winnie, mais cela lui plaisait aussi. De toute évidence, il la considérait comme pleine d'esprit. Elle n'avait jamais eu l'habitude d'avoir cette vision d'elle-même. Cyril Maxon en aurait été étonné. Même si Stephen Aikenhead lui attribuait de temps en temps le mérite d'un succès, son attitude générale à son égard était celle d'un chercheur ou d'un disciple, et les disciples ne peuvent pas échanger de manière convenable des mots d'esprit avec leurs maîtres. Parce que Bertie Merriam appréciait visiblement – sans chercher à égaler – son escrime, elle commença à en profiter elle-même. Bien plus, elle commença à s'y fier. Tout autant que son *tu quoque stupéfiant* envers le sexe masculin, cela pourrait servir, à la rigueur, à apaiser un scrupule de conscience. "Je peux toujours le garder à distance." Cette idée dans son esprit contribuait à minimiser les scrupules auxquels pouvaient donner lieu son admiration, l'expédition, les excursions, les tapis et les coussins. Car si la clôture peut accorder la permission, elle peut sûrement aussi la refuser ? Si les Merriam étaient quelque chose au monde, c'étaient des gentlemen. En matière de cœur, un gentleman n'a pas besoin d'être très intelligent pour comprendre ; il le sent.

Mais la plus habile à apaiser les scrupules et les scrupules était Mme Lenoir. Son traitement neutre de l'excursion commune a fait honte à Winnie d'en faire trop. Quelle raison y avait-il de supposer que Bertie tomberait amoureuse ? Un agréable flirt passager peut-être – et pourquoi pas ? D'ailleurs – ici le sujet était traité d'une manière plus générale, même si l'application particulière n'était pas obscure – supposons qu'il le fasse ! Qu'importe ? Les hommes tombaient toujours amoureux et en tombaient encore. Un léger haussement d'épaules encore galbées réduisit ces événements à leurs véritables proportions. Finalement, elle profita de l'occasion pour laisser entendre que Bertie Merriam n'était pas ce qu'il appellerait lui-même « pieux ». Il acceptait la religion de sa caste et de son pays telle qu'il la trouvait ; il se conformait à ses observances et avait une croyance honnête et sans curiosité en ses dogmes. C'était pour lui un aspect naturel de la vie et une partie intégrante de la discipline régimentaire — tout comme aller à l'église l'était pour Alice Aikenhead, à l'école. Mais il n'y avait aucune raison de supposer qu'il la pousserait à l'extrême, ou de considérer qu'elle pourrait lui demander plus que ce que la loi lui demande. En ce qui concerne la loi, toutes les objections disparaîtraient en quelques mois. Forte de son influence sur le Général, Mme Lenoir prévoyait, en cas de coup de foudre, un bref trouble et une fin heureuse. Le deuxième valait bien le premier. En fait, elle était désormais concentrée sur son projet : un nouveau départ et un bon mariage pour Winnie. Elle était prête à le faire parvenir de toutes les manières possibles, par la diplomatie, par de durs combats si nécessaire, par des cajoleries et, enfin, par une dotation pour Winnie qui éliminerait tous les obstacles d'ordre financier. Même si la majeure partie de son argent était placée dans une rente, elle pouvait très bien se permettre de faire vivre Winnie jusqu'à quatre cents dollars par an, ce qui n'était pas une dot méprisable pour l'épouse d'un officier du régiment. Avec trois fils dans l'armée, le général ne pouvait pas faire de très belles allocations ; les quatre cents seraient les bienvenus avec une épouse.

Elle aurait été intéressée d'entendre une conversation qui eut lieu entre le général et son fils alors qu'ils dînaient ensemble au club de Bertie, deux jours avant le départ de l'expédition. Le général remplit son verre de porto et ouvrit le sujet.

"Bertie, mon garçon, tu devrais te marier", dit-il. « Un commandant, comme vous le serez bientôt, devrait avoir une femme. C'est bon pour le régiment, à mon avis — même si certains hommes pensent le contraire, comme je le sais — et cela rend beaucoup moins probable qu'un homme soit obtenu. dans n'importe quelle égratignure pour son propre compte - une chose qu'un célibataire est toujours susceptible de faire, et de nos jours une affaire beaucoup plus sérieuse qu'elle ne l'était.

Le général, au moins, n'avait pas l'air trop « pieux ». Mme Lenoir pourrait se consoler.

Bertie Merriam rougit un peu à cause de son bronzage. "Eh bien, pour être honnête, j'y ai simplement réfléchi, d'une certaine manière, vous savez."

"Quelqu'un de spécial à tes yeux ?" demanda le général.

"Il est trop tôt pour le donner", a plaidé Bertie.

"Oui, oui. Je comprends bien, mon garçon. Je te demande pardon. Mais je suis très heureux d'entendre ce que tu dis. Je sais que tu choisiras une bonne fille - et une jolie aussi, je parie mes chances. ! Je n'en demanderai pas plus. Un peu d'argent ne ferait pas de mal, bien sûr. Prends ton temps, Bertie, et j'attendrai. Ainsi le général s'éloigna-t-il ostensiblement du sujet. Mais après avoir fini son verre et l'avoir laissé remplir à nouveau, il remarqua : « J'attends avec impatience notre escapade, Bertie. C'était une heureuse idée de ma part, n'est-ce pas ? J'apprécierai parler à Clara – je le fais toujours. — et vous serez heureux avec la petite Miss Wilson. Je l'aime bien — je l'aime beaucoup. Bien sûr, il y a vingt ans, il n'aurait pas été judicieux que Clara la chaperonne, mais à cette heure-ci, tout est oublié. " Seuls les vieux fous comme moi s'en souviennent. Cela ne devrait pas porter préjudice à la jeune fille aux yeux d'un homme sensé. "

Il échangea un regard avec son fils. Rien d'explicite n'a été dit. Mais on avait répondu à une question que Bertie avait souhaité poser. Il était maintenant tout à fait clair pour lui que, s'il désirait courtiser Miss Winnie Wilson, il ne devait s'attendre à aucune opposition de la part du général.

"Je suis tout à fait d'accord avec vous, père. Ce serait très injuste envers Miss Wilson."

Dans quel esprit Mme Lenoir – et Miss Wilson – auraient-elles entendu la conversation ? Auraient-ils pu reconnaître qu'ils n'accordaient pas un traitement aussi équitable que celui qui leur était accordé ? Ou les théories de Winnie et sa capacité à lancer un *tu quoque stupéfiant*, ainsi que les difficultés pratiques de Mme Lenoir, auraient-elles encore eu raison ? Il est probable qu'ils le feraient. Pris ensemble, ils étaient très puissants, et l'idée atavique de l'honneur de « l'école publique » de Stephen Aikenhead aurait difficilement pu prévaloir.

Le père et le fils rentrèrent chez eux, bras dessus bras dessous. L'histoire du mariage de son fils, la perspective de le voir commander son régiment excitèrent le vieux soldat dans des sentiments inhabituels.

"Je serai un homme fier quand je pourrai me vanter d'avoir deux colonels - et si ce drôle de George veut s'en tenir au travail, il devrait m'en donner un troisième avant que de nombreuses années ne soient écoulées. Il n'y a pas de meilleur poste au monde que le commandement d'un régiment — aucune position dans laquelle vous pouvez faire plus de bien , à mon avis, ou servir le roi à un meilleur but. Et une bonne épouse peut vous aider, comme je l'ai dit — vous aider beaucoup.

Il serra le bras de son fils et ajouta : « Seulement, tu ne dois pas la laisser interférer avec ton travail. Le régiment doit toujours passer en premier en tout, Bertie – oui, même avant ta femme ! C'est la règle du service.

CHAPITRE XX

UNE OFFRE HÉROÏQUE

Bob Purnett a passé près de deux mois en Irlande ; ce fut beaucoup plus long qu'il ne l'avait prévu, mais il aimait y chasser et, une fois celle-ci terminée, il trouva d'excellents logements et une société amusante chez un écuyer que ses prouesses sur le terrain avaient gagné à l'amitié et qui maintenait la réputation nationale. tradition en matière de bon bordeaux. Bob n'avait aucune raison de se presser ; le travail de son année était terminé. Les vacances sur la Riviera étaient le prochain point de son programme annuel.

Il arriva à Londres deux jours avant le début de l'expédition à Madère. Il n'en savait rien. Il avait écrit quelques lettres amicales et légères à Winnie (dans l'idée qu'elle pourrait être découragée), et la réponse à la première – elle n'avait pas répondu à la seconde – lui indiquait où elle se trouvait et donnait l'impression qu'elle était toujours là. trouvé la vie supportable. Là où elle se trouvait possédait une certaine importance à ses yeux ; il hocha la tête. C'était un facteur – il ne pouvait pas dire à quel point il était important – pour répondre à la question qu'il s'était posée, pas encore avec une fréquence oppressante de temps en temps, dans les intervalles de chasse et de consommation du bon bordeaux de son hôte. "Pourquoi pas?" telle était la forme que prenait la question dans sa pensée. Si elle l'avait fait avec Godfrey Ledstone – pas vraiment un type après tout ! – pourquoi ne le ferait-elle pas avec quelqu'un d'autre ? Il est vrai que Winnie l'avait toujours intrigué. Mais il y avait une ligne de division – une ligne fixe, sûrement, si quelque chose était fixe ? Elle l'avait traversé une fois. Il ne voyait pas pourquoi, avec les politesses requises, elle ne ferait pas un autre transit. Pourtant, parce qu'elle l'avait toujours intrigué, il était, comme il se le disait, bêtement nerveux à l'idée de lui faire cette proposition. Les gens qui font des choses, et pourtant qui ne semblent pas être le genre de personnes qui les font généralement, suscitent ces doutes et ces hésitations, qui rendent la psychologie confuse et rendent l'expérience perplexe. Pourtant, finalement, il était disposé à « tenter le coup » – et, disons-le, non sans le sens des responsabilités qu'il était dans sa nature de ressentir. Elle avait dépassé les limites, mais il savait qu'elle ne se considérait pas comme une habitante de l'autre côté. Il était prêt à l'admettre, à se le permettre, à être très attaché à sa bonne conduite. Surtout, aucune allusion au mercantile ! Il avait la perception de voir non seulement à quel point une telle chose serait fatale, mais aussi grossière et injustifiable. Il était (en une phrase) prêt à combiner une charmante compagnie avec une influence édifiante. En permanence? Et bien! Si le passé doit être révolu, les futurs peuvent, par une parité de traitement, être laissés au futur.

Il a appelé à l'appartement de Knightsbridge vendredi après-midi. Dans le quartier du salon, aucun signe de l'expédition imminente n'était visible ; La précieuse Emily a limité les ravages du rangement aux chambres et à leurs environs immédiats. Mme Lenoir et Winnie étaient ensemble, buvant du thé. Winnie le reçut avec une joyeuse cordialité ; chez l'hôtesse, il sentit vaguement une pointe de réserve. Mme Lenoir, pleine de son nouveau projet, ne voyait pas pourquoi Bob Purnett devait venir. Elle n'avait rien contre lui, mais il n'avait aucune importance ; si son plan réussissait, il abandonnerait naturellement. Elle se montra vaguement aimable - les « grandes manières » firent leur apparition - et, après lui avoir donné une tasse de thé, retourna à ses bagages, dont ni elle ni Winnie n'avaient dit un mot - Winnie attendant une piste de son amie, et son amie n'était pas disposée à le donner.

Winnie n'avait pas pensé à Bob depuis des semaines, mais son cœur lui faisait chaud au cœur. "Il m'a sauvé la vie cette première nuit", fut son expression intérieure de gratitude. Elle s'allongea sur le canapé et le laissa parler. Mais il ne parla pas longtemps sans rien dire ; Bob Purnett a pris ses clôtures ; après tout, il avait inspecté minutieusement ce « teaser » particulier avant de monter à cheval.

"Je pense beaucoup à toi depuis que je suis parti."

"Flaté, M. Purnett."

"Oh, pourriture. Je veux dire, j'espère que tu n'es pas malheureux, et ainsi de suite, tu sais."

Winnie bougea ses petites mains dans un geste expressif d'une endurance raisonnée.

"Mais, dis-je, c'est plutôt calme ici, n'est-ce pas ?"

"Oh oui, mais ça ne me dérange pas."

"Tu ne veux pas rester assis ici toute ta vie, n'est-ce pas ?"

"C'est une commande assez importante, n'est-ce pas ? Avez-vous autre chose à suggérer ?"

"Vous avez déjà commencé à vous moquer d'un gars !"

"Déjà ? Bon Dieu, est-ce qu'il y a quelque chose d'extraordinaire à venir ?"

Bob se leva de sa chaise, traversa le tapis et se tint à ses côtés. Il s'éclaircit la gorge et alluma une cigarette. Winnie commença à être curieuse ; elle lui sourit. "Je crois que tu as quelque chose en tête. Arrête-toi." Une idée soudaine lui vint à l'esprit. "Vous ne venez pas de Godfrey ? Parce que c'est totalement impossible."

"Pourquoi me prenez-vous ? Je n'ai pas vu ce type. Je dis, qu'est-ce qui vous a fait penser cela ?"

"Oh, je vous demande pardon, je suis désolé. Mais vous m'avez demandé si je voulais rester ici ; c'était comme suggérer que je devrais aller ailleurs, n'est-ce pas ? Alors j'ai pensé que vous vouliez peut-être dire que je devrais y aller, y aller. de retour, tu sais. Je préférerais me suicider.

"Oh, s'il te plaît, laisse tomber. Je ne parlais pas de ça. Je pars pour Monte Carlo mardi." Il baissa les yeux sur ses bottes marron à large passepoil, bien cirées ; il était toujours admirablement chaussé. Pourtant, il semblait ne trouver aucune inspiration, ou alors pas très heureuse. "Tu t'en es remis, n'est-ce pas ?"

Winnie s'est repliée dans sa coquille. "Je pense que je préfère ta stupide sympathie. Comment peux-tu t'attendre à ce que j'en parle ?"

"Mettre un pied dedans?"

"Eh bien, oui, plutôt." Sa main droite marquait un tatouage sur le bras de son fauteuil.

"Faites-le toujours", remarqua Bob d'un ton réfléchi, les yeux toujours rivés sur ses bottes. Il n'était pas surpris qu'elle trouve sa question mal formulée, préliminaire nécessaire tant elle était sur le fond.

"Oh, c'est absurde. Vous êtes un chéri. Mais avez-vous vraiment quelque chose que vous essayez de dire ?"

Il doit sauter maintenant – ou il doit refuser. Il l'a vu, et le courage est venu avec le besoin.

"Je dis, pourrais-tu penser à venir avec moi à Monte ?" Il leva les yeux et la regarda bien en face tout en posant la question. Il avait du courage, mais l'énigme était terriblement tenace. « Viendra-t-elle ou me mettra-t-elle dehors ? » est un bref résumé de son questionnement intérieur ; il pensait qu'il s'agissait d'un pari égal.

"Venir avec toi?"

"Oui. Amusez-vous un peu, vous savez. Nous aurions un moment rare." Il était de nouveau à terre. "Et tout comme tu veux, honneur brillant, Winnie, jusqu'à ce que tu voies ce que tu voulais, tu ne sais pas ?"

Winnie resta assise immobile pendant quelques instants. Elle regarda Bob Purnett avec un regard interrogateur. C'était un très bon garçon. Ça, elle le savait. Était-il tout à fait sain d'esprit ? Il était certainement drôle, si drôle que l'indignation refusait d'orner la situation. Lentement, un sourire dessina les lignes de sa bouche. Cela contrastait joliment avec l'appel sincère de Dick

Dennehy à «prendre soin d'elle»; et non moins aux attentions respectueusement prudentes de Bertie Merriam. Oui, et aux projets de Mme Lenoir ! Elle était consciente que Bob n'avait jamais compris la véritable signification de son action à l'égard de Godfrey Ledstone. Mais dire que cela lui avait tellement manqué ! Et voilà que les malles étaient remplies, non pas pour Monte-Carlo, mais pour Madère, des malles qui sentaient la respectabilité. Elle pouvait être amusée, mais son amusement ne pouvait pas être dénué de méchanceté ; elle pourrait sourire, mais Bob devait souffrir — enfin, juste un peu, en tout cas. Elle le regarda, souriant toujours avec une amabilité perfide.

"Est-ce une demande en mariage, Bob ?" elle a demandé.

Il rougit. "Eh bien… euh… tu ne peux pas te marier, n'est-ce pas, Winnie ?"

"Pas pour le moment. Mais je peux le faire dans un peu plus de six mois. Monte Carlo et vous voudriez-vous m'attendre ?"

« Dans un peu plus de… ? Quoi, Maxon… ?

"Oui, il l'est… très bientôt maintenant."

"Tu ne me l'as jamais dit!"

"Jusqu'à présent, je n'avais aucune raison de supposer que vous étiez intéressé."

Bob Purnett était visiblement bouleversé, très bouleversé en fait. Il la regarda pendant un moment, ses yeux semblant proéminents dans leur surprise consternée. "Bon dieu!" » marmonna-t-il et il commença à traverser la pièce à grands pas, puis à revenir — comme M. Ledstone dans l'arrière-salle de Woburn Square ou Godfrey dans son nouveau studio. Il a continué ainsi pendant trois ou quatre minutes. Winnie était assise, la tête appuyée sur le haut dossier de son fauteuil, ses yeux le suivant avec un amusement méprisant et une méchanceté satisfaite. Bob souffrait de sa présomption, de son incapacité à apprécier les différences manifestes, de son jugement grossièrement erroné à son égard. Ses frémissements sous le châtiment étaient amusants à regarder. Dans sa malheureuse personne, elle semblait punir tout le grand monde qui avait refusé de la comprendre ; elle récupérait enfin un peu d'elle-même.

Un jour, alors qu'il marchait, il la regarda. Son visage était rouge et il fronçait les sourcils. Le sourire constant de Winnie ne semblait lui apporter aucun réconfort. Avec un étrange mouvement de tête, il reprit sa marche agitée.

En effet, Bob se sentait assez pris. Quel imbécile il avait été de ne pas reconnaître le terrain avant une avance si téméraire ! Mais ce n'était pas un scélérat ; il était fier de « jouer le jeu ». Certains hommes qu'il connaissait feraient une promesse à la légère si cela était susceptible de servir leur objectif et n'hésiteraient pas à la rompre dans six mois. Ce n'était pas sa manière de faire, même si cela pouvait servir son objectif. Ce qu'il demandait, tout en faisant les cent pas, c'était s'il était tenu de faire la promesse ; s'il l'a fait, il doit être conservé. Bien sûr, c'était la dernière chose qu'il avait voulu dire ; c'était totalement en dehors de son projet de vie, et son sentiment pour Winnie n'était pas assez fort pour évincer son projet de la première place dans ses affections. Mais pourrait-il sortir du trou dans lequel il se trouvait sans brutalité, sans l'insulter ? Il ne voyait pas qu'il le pouvait. Elle n'avait pas épousé Godfrey Ledstone – cela avait été impossible. Au fond de lui, Bob n'avait jamais cru à l'existence d'une autre raison réellement efficace. Ses théories n'avaient été qu'une tentative d'en tirer le meilleur parti. Il lui serait désormais possible, sous peu, de l'épouser. Il était, concéda-t-il, tout à fait naturel qu'elle saute sur l'occasion. Pourrait-il refuser, après sa première proposition ? Cela reviendrait à présenter l'affaire – à la fois la sienne et la sienne, en fait – dans des termes désagréablement clairs. Mais il sentait que c'était une terrible malchance, et lui aussi éprouvait son ressentiment – une protestation colérique contre l'incohérence. Pourquoi Maxon a-t-il d'abord refusé, puis est-il revenu sur son refus ? Pourquoi Winnie a-t-elle franchi la ligne, puis a-t-elle voulu revenir en arrière ? Ils « laissent entrer un homme » par un comportement pareil – le laissent entrer très mal.

Pourtant, à sa manière, il l'aimait beaucoup ; et il était désolé pour elle. Il ne lui appartenait pas de la blesser volontairement, même si ne pas lui faire de mal était à son propre détriment. Et puis, ce serait plutôt héroïque – donc tout à fait la bonne chose à faire. Comme la plupart des humains, il était sensible aux attraits de l'héroïque ; le charme de cette situation l'aiderait, ou, en tout cas, pourrait l'aider à supporter la situation.

Il vint se placer devant elle, les mains dans les poches ; il avait l'air plutôt penaud.

"Très bien, Winnie. Dès que possible. J'en ai ma parole." Il esquissa un sourire. "Ne sois pas trop déprimé avec moi, cependant. Je ne me suis jamais imaginé comme un mari, tu sais."

"Tu n'as certainement pas besoin de t'imaginer comme étant à moi", dit Winnie.

"Tu veux dire… tu ne le feras pas ?"

" Bien sûr que je ne le ferai pas, pas plus que je n'irai avec toi à Monte-Carlo. " Elle éclata de rire devant la perplexité de son visage rouge. "Oh, vieille oie, penser que je devrais faire l'un ou l'autre !"

Bob savait que sa première proposition était irrégulière et aurait pu être considérée comme insultante – du moins par une femme aussi incohérente que Winnie ; son second était sans aucun doute beau et héroïque. Il ne voyait pas non plus que c'était ridicule. Il rougit encore plus sous le mépris amical des paroles de Winnie.

"Je n'y vois rien de particulièrement absurde. Quand je pensais que tu ne pouvais pas te marier, je ne te l'ai pas demandé. Quand tu m'as dit que tu pouvais, je l'ai fait. Qu'est-ce qu'il y a avec ça ?"

"Eh bien, c'est vous et moi qui suis vraiment en cause ! Mais ne vous précipitez pas sur moi, Bob. J'aurais pu m'envoler vers vous, mais je ne l'ai pas fait."

"Oh, tu es bien rentré à la maison à ta manière. Tu m'as fait passer pour un con." Son ton exprimait une admiration pleine de ressentiment à contrecœur ; son regard était du même ordre. Il était furieux, et Winnie, dans son animation et son triomphe, était très jolie.

"Je ne pense pas que ce soit entièrement ma faute. Je pense que vous avez aidé. Allons, ne vous fâchez pas. Vous savez que vous êtes terriblement soulagé. Votre visage, tandis que vous réfléchissiez à la question, était une étude de consternation. "

Il était certainement soulagé du mariage ; mais il était déçu et blessé du voyage à Monte-Carlo. Si elle s'était « envolée » vers lui avec une indignation morale, cela aurait été une conduite intelligible, quoique, là encore, à son avis peu cohérente, de sa part ; en fait, elle l'avait traité non pas de scélérat, mais d'oie, et lui avait joué son tour avec un visage souriant, paraissant à la fois très attirant et désespérément inaccessible.

"Eh bien, je pense ce que je dis. Mon offre est valable. Peut-être que vous réfléchirez mieux à votre réponse." Sa voix était maintenant obstinément en colère. Il a clairement suggéré qu'elle – dans sa position – pourrait aller plus loin et s'en sortir pire.

Winnie n'a pas manqué l'allusion, mais l'a laissé passer avec un mépris gai.

"Je ne me disputerai pas ; je n'en ai pas l'intention. Si je l'avais fait, j'aurais dû me disputer au début." Elle sauta de sa chaise et posa une main sur son bras. "Pardonnons-nous, Bob!"

Sous une impulsion soudaine, il la saisit par la taille. La silhouette de Winnie se raidit dans une soudaine rigidité, mais elle ne fit aucun autre mouvement. Le bras de Bob retomba ; il se dirigea vers une chaise derrière la porte, sur laquelle il avait laissé son chapeau et ses gants. "Je pense que je ferais mieux d'y aller", dit-il d'une voix chancelante, sans tourner la tête vers elle.

"S'il te plaît, Bob."

La situation fut soulagée, ou, du moins, terminée, par l'ouverture de la porte. La femme de chambre annonça : « Major Merriam, mademoiselle !

Le major entra vivement. Un grand paquet de papier blanc en forme d'entonnoir annonçait un bouquet de fleurs. Bob, derrière la porte, n'était pas dans le champ de vision immédiat du major.

"Eh bien, Miss Wilson, êtes-vous toutes prêtes pour le voyage ? Je vous ai apporté quelques fleurs pour votre cabine."

"Oh, merci beaucoup. Puis-je—euh—vous présenter mon ami, M. Purnett ? M. Purnett—Major Merriam." Le major s'inclina poliment ; Bob plutôt raide.

"J'étais juste en train de partir", dit-il en revenant vers Winnie, avec un chapeau et des gants dans la main gauche. Il se demandait « qui diable était ce type » et « qu'est-ce que c'était qu'un voyage et une cabine ».

"Oui, nous sommes en fait presque prêts, même si nous sommes des femmes ! Emily est si splendide dans ce domaine ! Faut-il y aller, Bob ? Il faudra un certain temps avant que nous nous retrouvions. Nous partons pour Madère demain matin, et puis en Italie, vers les Lacs. Elle sourit à Bob. "Mais j'ai peur que nous n'arrivions pas à Monte-Carlo !"

« Je ne savais pas que tu… tu partais.

"J'allais justement vous le dire quand le major Merriam est arrivé. Nous l'attendons tous avec impatience, n'est-ce pas, major ? Le major Merriam et son père nous accompagnent jusqu'à Madère."

"Les dames sont assez gentilles pour accepter notre escorte et notre compagnie pendant deux ou trois semaines", a déclaré Bertie Merriam. Il trouvait que l'autre type avait l'air plutôt boudeur.

"Tu vas être absent longtemps ?" Bob a lancé l'enquête.

"Oh, environ trois mois, je pense. Eh bien, si tu dois y aller, au revoir, Bob. C'est si gentil à toi de venir me voir." Elle sentit le bouquet qu'elle avait pris à Bertie. "Vos fleurs sont délicieuses, Major Merriam !"

Bob Purnett n'avait jamais rêvé d'un tel facteur dans la situation que présentait maintenant le major, ce major parfaitement équipé, très à l'aise, qui ne doutait pas que ses fleurs seraient les bienvenues, et dont la compagnie était acceptée jusqu'à Madère... pendant deux ou trois semaines, à Madère. Les sentiments qui l'avaient poussé à mettre sa main autour de la taille de Winnie se transformèrent en une jalousie féroce. Elle avait ri de sa proposition – de son offre héroïque. Se moquerait-elle du major, s'il en faisait un ? D'une manière ou d'une autre, ses sentiments l'avaient désormais éloigné de l'humeur dans laquelle il s'était initialement préparé à la proposition. Il l'avait fait pour l'honneur. Il aurait réussi maintenant à l'empêcher d'aller à

Madère avec le Major. Son esprit n'était pas rapide à bouger, mais il réalisa soudain qu'il n'était pas improbable qu'il ne la voie plus. Son monde n'était pas, sauf dans les relations occasionnelles du terrain de chasse, le monde des hommes comme le Major.

"Eh bien, au revoir, je vous souhaite un agréable voyage", réussit-il à dire sous les yeux du major.

« Au revoir – et *au revoir* – à mon retour !

Comme il détestait les yeux du major ! Il n'osait même pas lui serrer la main ; le major le détecterait et se moquerait de lui ! Une simple secousse était tout ce qu'il pouvait donner. Alors il dut s'en aller et la laisser avec le major, la laisser se préparer, non pas pour Monte-Carlo avec lui, mais pour Madère avec le major. C'était une belle récompense pour une offre héroïque ! Certes, dans son duel contre le sexe masculin, Winnie avait marqué quelques coups sûrs cet après-midi-là.

D'un air apathique et inconsolable, il se dirigea vers Piccadilly. Il était en contradiction avec le monde. Il n'avait personne avec qui aller à Monte-Carlo – personne dont il se souciait le moins du monde. En effet, de qui se souciait-il vraiment, ou qui se souciait vraiment de lui ? Il avait beaucoup d'amis en quelque sorte ; mais à quel point se souciait-il d'eux, ou d'eux, de lui ? C'était bien peu de choses – c'était la vérité, visible dans la clarté inhabituelle de l'atmosphère de cet après-midi. D'autres hommes avaient des femmes, des enfants ou des amis dévoués. Il semblait n'avoir personne. C'était un monde dégoûtant ! Et il aimait Winnie – non, il l'aimait plus que ça. Il l'avait appris également cet après-midi. Et il avait finalement proposé la belle chose. Pour personne d'autre au monde, il n'aurait fait cela. Sa récompense avait été le ridicule de sa part – et l'apparition du major. "Tout cela est un peu trop épais", pensa le pauvre Bob Purnett, soudain confronté au genre de choses qui ont tendance à arriver occasionnellement à ceux qui mènent le genre de vie qu'il menait. Mais il n'a pas explicitement établi un lien entre le genre de vie et le genre de choses. Il n'avait qu'un sentiment général, mais désespéré, de désolation. Les temps étaient bouleversés.

Lorsqu'un homme est malheureux, il est terriblement tenté de blesser quelqu'un – même un individu innocent, dont le seul crime est de ne former qu'une infime (et involontaire) partie d'un monde qui se comporte si mal. Si une personne particulièrement vulnérable passe par là, qu'elle fasse attention à elle-même ! Il s'agit par exemple, même de loin, de la cause de la misère. La misère a tendance à voir un ennemi partout et à chercher un compagnon.

Juste au moment où Bob passait devant Hyde Park Corner, il heurta Godfrey Ledstone, qui sortait du parc d'un pas rapide. Le réverbère les révélait. Godfrey serait passé par là avec un signe de tête et un « Comment vas-tu ? »

Ce n'était pas du tout l'idée de Bob. Il était résolu à embêter son ami, à lui dire depuis combien de temps ils ne s'étaient pas rencontrés, à lui raconter ses agissements entre-temps. Il appréciait le malaise de Godfrey ; car Godfrey le considérait comme un sympathisant de Winnie et craignait qu'on fasse référence à ce sujet. Bob a fait cette référence à son bon moment.

"C'est drôle, je devrais te rencontrer !" observa-t-il en tirant fortement sur son cigare.

"Vraiment ? Je ne sais pas. Je fais souvent cette promenade."

"Parce que je viens juste de rendre visite à Winnie." Il regarda sa potentielle victime avec jubilation. Il était comme un sauvage qui croit pouvoir décharger une partie de son malheur sur son prochain en employant les cérémonies appropriées.

"Oh, je—j'espère qu'elle va bien ?"

"Ça a l'air épanoui. Je n'ai pas beaucoup parlé avec elle, cependant. Il y avait un type qui dansait - un major, quelqu'un ou autre. Oh oui, Merriam - le major Merriam. Il est arrivé très vite, avec un bouquet de fleurs aussi gros. comme votre tête. Il semble qu'elle et Mme Lenoir partent à l'étranger demain, et notre ami le major y va aussi. Je ne pense pas que vous ayez besoin d'être mécontent de Winnie, mon vieux.

"Qui est-il ? Je n'ai jamais entendu parler de lui."

"Eh bien, je ne pensais pas que vous et elle entreteniez une correspondance ! Si vous en arrivez là, je douterais plutôt qu'il ait jamais entendu parler de vous." Bob sourit d'une manière moins aimable que d'habitude.

"Eh bien, je suis pressé. Au revoir, vieil homme."

"Tu marches sur mon chemin ?" Il indiqua Piccadilly et vers l'est.

C'était le chemin du retour de Godfrey. "Je dois aller dans un magasin de Sloane Street", a déclaré Godfrey.

"Ta-ta alors ! Ce sera un soulagement pour toi si elle s'installe bien, n'est-ce pas ?"

Godfrey n'a rien dit de plus que « Au revoir ». Mais son visage, comme il le disait, était très expressif ; cela a tout à fait satisfait l'impulsion de Bob Purnett de blesser quelqu'un. Godfrey Ledstone n'aimait pas plus le major Merriam que lui-même ! La cérémonie magique avait fonctionné ; une partie de son malheur était déchargée.

Eh bien, les deux étaient finalement dans le même cas. Winnie avait conduit Godfrey à la grande expérience et, par là même, au grand échec. Elle avait, cet après-midi, fait en sorte que Bob Purnett, à son tour, trahisse son plan de vie bien établi, l'avait renvoyé malade et sauvage parce qu'il ne pouvait pas faire la seule chose qu'il avait toujours déclaré avec mépris qu'il ne ferait jamais. Elle les avait abandonnés tous les deux, laissé Godfrey à ces démarches, aux malheurs de la famille, à la répudiation immédiate de Miss Thurseley ; Laissa Bob contempler un plaisir perdu, un héroïsme infructueux et la major à Madère. Les deux auraient dû sympathiser l'un avec l'autre. Pourtant, leurs pensées les uns envers les autres n'étaient pas amicales. "Si j'avais su quel genre de type il était, j'aurais tenté ma chance plus tôt", pensa Bob. La protestation de Godfrey était encore plus profonde. " Bien sûr que cela arrivera, mais pourquoi diable a-t-il besoin de m'en parler ? " Car Bob avait supprimé toute cette partie de l'histoire qui expliquait ce qu'il racontait.

Ils se séparèrent – artificiellement séparés à cette occasion, puisqu'il n'y avait aucun magasin dans Sloane Street où Godfrey Ledstone souhaitait se rendre. Ils continuèrent leur chemin avec leurs pensées, dans le miroir desquels chacun voyait Winnie souriant au Major. C'est exactement ce que faisait Miss Wilson en ce moment ! Les hommes jaloux voient plus que ce qui se passe, mais ce qui se passe, ils le voient généralement.

CHAPITRE XXI

EST-IL UN BULLY?

La nature volontaire et dominatrice de Cyril Maxon enregistrait ses propres décrets comme ayant force de loi et considérait ses propres résolutions comme des faits accomplis. Une fois qu'il fut parvenu à modifier ses opinions et qu'il eut décidé qu'il voulait rencontrer Lady Rosaline en temps voulu, il la considéra dans son âme secrète comme déjà la sienne, en tout cas comme étant réservée pour lui, et il n'eut aucune difficulté à déclarer qu'elle avait donné un consentement tacite dans leur entretien à Paris et dans les relations d'amitié qui existaient maintenant entre elle et lui.

Mais, naturellement, la dame n'avait pas le même point de vue ni sur ses droits ni sur ses propres actions. Tout au plus qu'elle lui avait donné, c'était la permission de tenter sa chance, de se recommander à elle pendant l'intervalle de temps inévitable. Elle était vraiment plutôt contente de cet intervalle et fit remarquer un jour à Mme Ladd que ce ne serait pas une mauvaise chose si tout le monde était obligé d'attendre huit ou neuf mois avant de se marier. "Surtout si nous devons être liés par l'opinion de M. Attlebury !" ajouta-t-elle en riant.

Elle aimait l'idée du mariage ; cela lui convenait, et elle était seule et pas riche. Elle ne savait pas encore à quel point elle appréciait cet homme à mesure qu'elle apprenait à le connaître plus intimement ; de temps en temps, elle voyait des signes de quelque chose qui l'aidaient à mieux comprendre l'attitude de Mme Maxon. « Oh ! je n'ai pas peur de me battre », se disait-elle alors ; "Mais je ne veux pas avoir à me battre tout le temps. C'est fatigant et un peu vulgaire." Alors elle temporisait, comme la situation le lui permettait ; car Maxon était toujours un homme lié, aussi technique que soit devenue la cravate ; il n'était pas en mesure de forcer le rythme. Ce fait accidentel l'a aidée à se défendre contre sa forte volonté et ses instincts dominateurs ; car sa conscience ne lui avait accordé un soulagement que sur un point (si tant est qu'il soit sur ce point), et elle ne lui permettait pas d'oublier qu'il était encore un homme marié.

L'attitude de Lady Rosaline excitait, bien entendu, la plus vive curiosité et une abondance de commérages de la part de ses amies, Mme Ladd et Miss Fortescue. Que voulait faire Rosaline ? "Oh, elle a l'intention de l'avoir", s'est exclamée Miss Fortescue, "en fin de compte, vous savez !"

"Je pense qu'elle le fera, mais je crois qu'une petite chose pourrait la transformer", fut le verdict plus prudent de Mme Ladd. Cyril Maxon ne l'aurait pas reçu agréablement.

La grande déception des bonnes dames fut de ne pouvoir faire dire un mot à ce sujet à leur vénéré pasteur, accessible et même bavard qu'il était généralement avec ses ouailles. Lorsque Maxon avait fait le premier pas dans ces démarches qui avaient tant exaspéré le pauvre vieux M. Ledstone, il avait écrit à son ami une longue lettre très argumentative, justifiant sa démarche. Attlebury avait répondu de la même manière et suggéré une entrevue. Maxon déclina cette proposition comme étant pénible pour lui, et finit par affirmer que sa conscience approuvait la conduite qu'il prenait.

"Si c'est le cas, il ne sert plus à rien de le dire; mais assurez-vous que c'est le cas", fut la réponse d'Attlebury. Maxon s'en offusqua quelque peu, comme si cela mettait en cause sa sincérité. Il n'y eut pas de rupture ouverte, mais les hommes ne se retrouvèrent plus dans une amitié intime ; il y avait une réserve entre eux. Pourtant Attlebury n'en avait pas dit plus, ou très peu plus, que Lady Rosaline elle-même ; elle avait aussi demandé que sa propre conscience l'approuve. Mais Attlebury ne pouvait pas, ou, en tout cas, ne voulait pas, cacher la note d'autorité à l'écart de son conseil. Maxon raidit instinctivement le cou. Avant que l'intervalle nécessaire n'ait parcouru la moitié de son cours, cet instinct fut puissamment secondé par un autre.

Il était allé prendre le thé avec Mme Ladd un dimanche. C'étaient de vieilles connaissances, et depuis plusieurs années il avait l'habitude de lui rendre cinq ou six visites au cours d'une année ; à ces occasions, depuis son mariage, Mme Ladd lui avait discrètement présenté ses condoléances pour les défauts de Winnie. Mais Winnie avait disparu pour de bon ; il y avait maintenant un sujet encore plus attrayant.

"Rosaline et moi parlons d'un petit voyage ensemble à l'étranger dans un mois." Elle lui sourit. « Me pardonnerez-vous si je l'emmène pendant trois ou quatre semaines ?

"Vous allez beaucoup me manquer tous les deux. J'aimerais pouvoir venir aussi, mais c'est tout à fait impossible."

"Je pense qu'elle veut du changement." Ce que Mme Ladd souhaitait faire comprendre, c'est que l'intervalle nécessaire pourrait être ennuyeux pour Lady Rosaline, mais elle ne voyait pas vraiment comment le dire avec délicatesse. "De Noël à Pâques, c'est long, n'est-ce pas ? L'avez-vous vue récemment ?"

"Je lui ai téléphoné tardivement la semaine dernière, c'est tout. Je suis très occupé."

" Bien sûr que vous l'êtes... avec votre cabinet ! Avez-vous rencontré un certain Sir Axel Thrapston chez Rosaline ? "

"Axel Thrapston ? Non, je ne pense pas. Non, j'en suis sûr." Il rencontrait très rarement quelqu'un chez Lady Rosaline, car ses visites étaient programmées de manière à éviter, autant que possible, une telle éventualité. "Qui est-il?"

" Je ne sais pas grand-chose de lui moi-même. Il vient de Northumberland, je pense, et y vit généralement. Je crois que sa femme était une vieille amie de Rosaline ; elle est décédée il y a environ deux ans. Je l'ai rencontré là-bas deux fois... un homme d'âge moyen, plutôt chauve, mais plutôt beau."

"Non, je ne l'ai pas rencontré, Mme Ladd."

"Il semble juste avoir fait son apparition, mais je pense qu'il est plutôt assidu." Elle rit encore. "Et deux ans, c'est à peu près la période dangereuse, n'est-ce pas ?"

Ainsi Mme Ladd, laissant entendre à Cyril Maxon, en toute amitié, qu'il n'était pas le seul homme au monde et qu'il valait mieux ne pas l'oublier. Aussi amie qu'elle fût, elle connaissait suffisamment son homme pour éprouver un certain plaisir à lui donner ce salutaire avertissement.

Il en fallait davantage pour détourner Cyril Maxon de son appropriation confiante de Lady Rosaline, mais ce quelque chose de plus ne tarda pas à venir. Lui aussi rencontra Sir Axel dans son appartement – une ou deux fois pendant les heures qu'il avait pris l'habitude de considérer comme réservées à lui-même ; il s'efforça de ne montrer ni surprise ni agacement, mais il ressentit immédiatement un grief. Le voilà, l'homme le plus occupé, trouvant péniblement une heure libre ; allait-il le passer en bavardages triviaux ? Thrapston avait toute la longue journée d'inactivité pour appeler. Lady Rosaline pourrait vraiment lui donner un indice ! Mais cela ne semblait pas la frapper. Et elle semblait apprécier la compagnie de Sir Axel – comme d'ailleurs la plupart des gens. C'était un simple gentilhomme de campagne, pas du tout idiot dans ses affaires, mais sans grande prétention à la culture intellectuelle ou artistique. Cependant, il pouvait le reconnaître et le respecter ; il le reconnaissait et le respectait chez Lady Rosaline, était désireux d'apprendre d'elle et s'en remettait à son autorité. "Quand les gens souhaitent s'attacher, ils doivent toujours être ignorants. Avoir un esprit bien informé, c'est avoir une incapacité à satisfaire la vanité des autres, ce qu'une personne sensée souhaiterait toujours éviter." Jane Austen se permet peut-être un peu de malice dans cette remarque, mais on ne peut nier qu'elle parle avec autorité sur la nature humaine.

À une occasion, alors qu'il retrouvait son ami seul, Maxon se plaignit des moments où il ne l'était pas.

"Je n'ai rien contre lui, bien sûr, mais c'est à vous que je viens parler. Eh bien, je scandalise mon commis, et parfois mes clients, pour le plaisir de venir !" Il a réussi à garder une voix et des manières ludiques.

Elle était aimable, admettant la force de son plaidoyer. "C'était stupide de ma part de ne pas y penser ! Bien sûr, Sir Axel peut venir à tout moment. Je lui donnerai un indice pour qu'il appelle plus tôt. Est-ce satisfaisant, monseigneur ?" Elle l'appelait parfois par ce titre – en partie en prévision du poste de juge, mais aussi avec une pointe de raillerie face à sa nature dominatrice.

"C'est très gentil - et tu n'aimes pas mieux ça toi-même ?"

"Peut-être que oui. Et clairement vous le faites. Et" - elle sourit - "très probablement, Sir Axel le fera. Nous serons tous les trois ravis! Délicieux!"

"Je ne pensais pas à son point de vue, je l'avoue." Il était un peu trop méprisant.

"Non, mais il peut y penser, je suppose ? Et je suppose que je peux le faire, si je le souhaite, M. Maxon ?"

Il la regarda un instant avec aigreur, puis se reprit et, sans répondre, passa au sujet d'un livre qu'il lui avait apporté. Mais il était contrarié qu'elle lui résiste, lui tienne tête et revendique sa liberté, surtout celle de recevoir Sir Axel seul. Cependant, ce n'était pas un bon terrain de combat ; il s'était attiré sa réprimande.

Lady Rosaline était tout à fait consciente du fait que l'apparence et l'attention de Sir Axel étaient pour elle un atout précieux, mais elle ne pensait pas au mari de son vieil ami sous un autre jour. D'abord, lui-même, quoique assidu, n'avait montré aucun signe de sentiment. S'il se déplaçait dans cette direction, il le faisait lentement et secrètement. Et puis elle avait toujours un penchant pour Maxon. Elle avait une grande opinion de ses capacités – elle en était plus sûre que de son appréciation – et les chances d'une carrière élevée pour lui la séduisaient. Mais Sir Axel et son assiduité rehaussèrent sa valeur et renforcèrent son indépendance. Ils l'ont aidée à établir sa position ; elle avait l'idée que plus elle l'établirait fermement maintenant, mieux elle résisterait à toute attaque contre elle, si et quand elle deviendrait Lady Rosaline Maxon. Ici, elle avait probablement raison. Mais elle avait aussi une autre idée. On ne lui dicterait rien ; elle ne se laisserait pas intimider pour devenir Lady Rosaline Maxon.

Dans cet état des affaires extérieures et des dispositions intérieures, les « procédures » allaient et venaient, ne signifiant en réalité qu'un quart d'heure passagère pour le montant Cyril Maxon, pour qui tout était rendu aussi facile et sympathique que possible. D'autres effets à Woburn Square, sans doute –

peut-être d'autres à Madère ! Bien que transitoires et formels, ces débats laissèrent derrière eux un état de choses encore plus essentiellement transitoire et formel. L'égalité n'était plus qu'un simple détail technique, et lorsque la conscience a décidé que Cyril Maxon était toujours un homme marié à toutes fins utiles, la conscience a commencé à donner l'impression d'accorder une importance trop élevée à la question. Pour la conduite actuelle, oui – et il ne souhaitait pas aller à l'encontre de l'injonction, pour des raisons à la fois morales et prudentielles ; mais pour avoir tracé l'avenir selon des lignes précises ? Cela semblait être un point différent. Il reconsidéra son attitude, non sans être influencé, plus ou moins consciemment, par l'indépendance de Lady Rosaline et par l'assiduité de Sir Axel Thrapston. L'allusion qu'elle se considérait toujours comme libre, la notion de rivale, faisaient passer l'intervalle nécessaire d'une simple nuisance à un danger possible. De plus, elle partait à l'étranger avec Mme Ladd, et il ne pouvait pas la suivre. Mme Ladd exerçait une influence amicale, mais il aimerait définir la situation avant le départ de Lady Rosaline. Ne voulant pas risquer une collision particulièrement ennuyeuse avec Sir Axel, il lui écrivit et lui demanda un rendez-vous.

Elle ne voulait ni ne voulait refuser l'entretien, et elle ne le pouvait pas non plus. Mais elle sentit une attaque et se mit instinctivement sur la défensive. Elle voulait exactement le contraire de ce que Cyril Maxon faisait ; le voyage d'abord et la décision ensuite étaient son ordre des événements. Elle comptait sur l'intervalle nécessaire, alors qu'il en perdait maintenant patience. "Je ne serai pas pressé !" se dit-elle. Elle lui donna le rendez-vous qu'il avait demandé un samedi après-midi (il avait suggéré ce jour relativement libre) à quatre heures et demie, mais elle laissa entendre à Sir Axel qu'elle serait chez elle à cinq heures et demie le même après-midi. Son motif en faisant cela était plutôt vague – juste l'idée que certaines discussions peuvent durer trop longtemps, ou qu'elle aimerait peut-être détendre un esprit agité en discutant avec un ami, ou, peut-être, qu'elle aimerait peut-être qu'on lui dise qu'elle avait bien fait. Les raisons pour lesquelles elle a fait allusion à Sir Axel défient toute analyse concluante.

"Lady Rosaline", dit Cyril Maxon en posant sa tasse de thé vide, "la semaine dernière a vu la fin d'un épisode de ma vie." (M. Attlebury n'aurait guère qualifié cela d'épisode.) "L'avenir est désormais ma préoccupation. J'ai pris les mesures que j'ai prises avec la plus grande considération, et je suis heureux de penser, d'après ce que vous avez dit à Paris, qu'il avait votre approbation. Il s'arrêta un moment. "J'espère que je ne me trompe pas en pensant que vous avez compris pourquoi je l'ai pris, alors qu'une fois j'avais décidé que c'était permis ?"

"Oh, il ne faut pas trop insister sur ce que j'ai dit à Paris. Je ne suis pas une autorité. Je vous l'ai laissé."

Il a souri. "La question de la licéité - naturellement. Mais l'autre tout à fait ? Eh bien, peu importe." Il se leva de sa chaise et se tint à ses côtés. "Tu dois savoir que c'est pour toi que j'ai fait ce que j'ai fait ?"

Elle bougeait avec agitation, sans affirmer ni nier. Elle le savait très bien.

« Devant le monde, nous devons rester tels que nous sommes pour le moment. Mais cela ferait une grande différence pour moi, pendant ce temps d'attente, de savoir que je... que je peux compter sur toi, Rosaline. mes sentiments, même si j'ai fait preuve de retenue, je t'aime et je veux que tu sois ma femme le plus tôt possible.

"Eh bien, ce n'est pas possible pour le moment, n'est-ce pas ?"

"Non. Mais il n'y a aucune raison pour que nous n'ayons pas une parfaite entente entre nous."

« Cela ne ferait-il pas l'objet de ragots, et ne soulèverait-il pas peut-être des questions embarrassantes, si nous... eh bien, si nous arrangions quelque chose de manière définitive maintenant... avant la fin du temps ?

"Ce serait tout à fait entre nous. Il ne pourrait y avoir de questions. Il n'y aurait aucune différence dans nos relations actuelles - nous ne devrions ni l'un ni l'autre le souhaiter. Mais l'avenir serait sûr."

"Je ne vois pas l'intérêt d'être fiancée maintenant, si cela ne fait aucune différence", murmura-t-elle avec inquiétude.

"Cela fera une énorme différence dans mes sentiments. Je pense que tu le sais."

" Cela me semble créer un état de choses plutôt... plutôt difficile. Vous savez combien je vous aime... mais pourquoi ne serions-nous pas libres tous les deux jusqu'à ce que le moment soit venu ?" Elle prit le courage de lever les yeux vers lui sur cette suggestion.

"Je n'ai aucun désir d'être libre." Sa voix devint plutôt dure. "Je ne le savais pas. A Paris———"

Elle s'est évanouie soudainement ; car, en réalité, sa conscience n'était pas tout à fait facile. "Eh bien, qu'est-ce que j'ai dit à Paris après tout ? Vous n'avez jamais dit à Paris ce que vous dites maintenant ! Si vous l'aviez fait, eh bien, j'aurais dû vous dire que je n'étais pas du tout prêt à prendre une décision. Et je Je ne suis pas prêt maintenant. Je veux que ce temps d'attente me décide. Tu essaies de me pousser à dire « oui » avant que je sois prêt, à quoi ça sert, même à toi ? de changer d'avis dans les six prochains mois, même si vous m'obligez à vous dire « oui » maintenant ? »

« J'ai franchi une étape importante – et pour moi difficile – en me fiant à vos sentiments à mon égard. Il semble que je m'étais trompé à leur sujet. Sa voix était sombre, voire même rancunière.

"Ne dis pas ça, Cyril. Mais pourquoi dois-je renoncer à ma liberté bien avant, enfin, bien avant de pouvoir obtenir quoi que ce soit à la place ?" Elle sourit à nouveau, le réconfortant. "Laisse-moi quand même partir à l'étranger. J'essaierai de te le dire à mon retour. Là !"

"J'avoue penser que tu me l'avais pratiquement dit il y a longtemps. C'est sur cette foi que j'ai agi."

"Tu n'as pas le moindre droit de dire ça. Je t'ai aimé et je te l'ai laissé voir. Je ne me suis jamais engagé."

"Pas en mots, je l'autorise."

"Cyril, ton insinuation n'est pas justifiable. Je n'en veux pas. Quoi que j'aie pu ressentir, je n'ai rien dit et fait que je n'aurais pu avoir avec personne."

Il avait gardé son sang-froid ; ça a donné un coup de pied maintenant. « Avec Thrapston, par exemple ? ricana-t-il.

"Oh, comme c'est absurde ! Je n'ai jamais pensé à Sir Axel de cette façon !" Tout en parlant, elle jeta un coup d'œil à l'horloge. Non, nous avions largement le temps. Elle ne souhaitait pas une rencontre entre les deux cet après-midi. Elle se leva et se tint à côté de Maxon. « Vous êtes plutôt exigeant et… et tyrannique, monseigneur, » dit-elle. "Je ne pense pas que je t'aime autant aujourd'hui. Tu m'intimides presque, en effet !"

Il baissa les yeux vers les siens, fronçant lourdement les sourcils. "Je l'ai fait pour toi."

"Oh, ce n'est pas juste de m'imposer ça ! En effet , ce n'est pas le cas. Mais, s'il vous plaît, ne nous disputons pas. C'est vraiment si peu de chose que je demande - pas beaucoup plus d'un mois pour y réfléchir - quand rien n'est fait." cela peut durer plus de six ans ! En effet, je pense qu'un an serait… eh bien, ce serait mieux pour nous deux."

"Oh, fais-en deux ans, fais-en cinq !" grogna-t-il.

"Cyril, si tu continues comme ça, je n'y arriverai jamais, ici, maintenant et pour de bon !"

Même lui a vu qu'il était allé trop loin. Il parvint à adoucir son front et sa voix, et introduisit le plaidoyer habituel de l'homme pour excuser sa grossière impatience. "C'est seulement parce que je t'aime."

"Oui, mais tu n'as pas besoin d'être comme un ours qui fait l'amour," rétorqua-t-elle d'un ton mesquin. Pourtant, dans une certaine mesure, ces excuses l'ont apaisée ; et elle ne voulait en aucun cas « ne jamais y arriver » sur-le-champ. Son impolitesse et ses excuses lui donnaient ensemble un avantage tactique qu'elle ne tarda pas à utiliser. "Mais si tu m'aimes comme tu le dis, tu ne refuseras pas ce que je te demande", poursuivit-elle. Puis elle lui a fait plaisir avec une touche de sentiment. "Si je dis 'Oui', je veux le dire sans aucun doute, de tout mon cœur, Cyril. 'Oui' maintenant ne serait pas ce qu'il devrait être entre toi et moi."

Elle a conservé son avantage jusqu'à la fin de l'entretien. Elle a gagné son répit ; il ne fallait plus rien dire avant son retour de l'étranger. En attendant, ils correspondaient en amis : « Aussi grands amis qu'on voudra ! » lança-t-elle en souriant. En tant qu'amis aussi, ils se séparèrent à cette occasion ; car lorsqu'il lui proposa de l'embrasser, elle lui tendit gracieusement la main en disant : « Cela fera l'affaire pour aujourd'hui, je pense, Cyril. Son froncement de sourcils revint, mais il se soumit.

En effet, dès la première rencontre entre eux, Cyril Maxon a été battu. Elle s'est dressée contre lui et a gagné sa place. Il est vrai qu'elle y était presque obligée ; sa position n'en était que plus favorable. Pourtant, quelle que soit la défaite, Maxon n'y était pas habitué et ne l'aimait pas. Et il l'aimait d'autant moins qu'il lui infligeait cela – il prononça quelques mots durs à son sujet alors qu'il rentrait chez lui depuis Hans Place – mais il n'en avait pas moins envie de l'épouser. L'élément magistral en lui devenait d'autant plus urgent de remporter cette victoire, de rattraper tout le terrain qu'il avait perdu aujourd'hui – et bien plus encore. Mais s'il comparait l'entretien d'aujourd'hui avec ses hypothèses précédentes, il était évident qu'il avait perdu beaucoup de terrain. Ce qui semblait pratiquement certain est devenu simplement raisonnablement probable. Au lieu d'être pratiquement accepté, on lui a dit qu'il n'était qu'un prétendant, mais sans doute un prétendant qui avait de bons espoirs de succès. Oui, de très bons espoirs, si rien n'intervenait. Mais il détestait le voyage à l'étranger, et il détestait Sir Axel Thrapston – en dépit du refus de Lady Rosaline de tout intérêt sentimental pour ce gentleman. Le simple fait qu'elle demande un délai rendait tout retard dangereux, et, même si elle doutait le moins du monde, n'importe quel homme qui l'entourait pourrait la rendre encore plus douteuse. « Si elle me jette maintenant… » murmura-t-il avec colère ; car toujours dans son esprit, comme de temps en temps sur ses lèvres, il y avait ce « je l'ai fait pour toi ». Elle avait accepté le sacrifice de sa conscience ; allait-elle maintenant refuser de répondre à sa prière ? Dans la nouvelle perspective de son éventuel refus, il faillit admettre le sacrifice. En tout cas, affirmait-il, il avait agi sur la base d'une conclusion pleine de difficultés et pas tout à fait exempte de doutes. Il était hors de doute que le cas de conscience pouvait varier en aspect, selon que lady Rosaline Deering disait ou non « oui ».

Si le combattant vaincu était résolument sauvage, le vainqueur était plutôt épuisé. Lady Rosaline était allongée dans un luxueux fauteuil devant le feu, ne faisant rien, se sentant très fatiguée. Elle avait gagné, mais une succession de telles victoires – un besoin perpétuel de telles victoires – aurait un effet à la Pyrrhus sur ses nerfs. La pièce parut soudain remplie d'une atmosphère de paix. Elle s'étira un peu, bâilla un peu et se blottit plus loin dans son grand fauteuil.

Ainsi Sir Axel Thrapston, ponctuel à cinq heures et demie et manquant Cyril Maxon d'une dizaine de minutes, la retrouva. Son arrivée ne troublait pas son sentiment de repos et l'accentuait peut-être plutôt ; car avec lui elle n'avait aucune querelle, et à son sujet aucune complication de sentiments difficiles à démêler. De plus, c'était un homme essentiellement paisible, un homme qui vit et laisse vivre. Elle le reçut gracieusement, mais sans se lever du grand fauteuil.

"Pardonnez que je ne me lève pas, je suis un peu fatigué. Prenez la petite chaise et tirez-la."

Il fit ce qu'on lui demandait. « Vous en faites trop ? Il a demandé.

"Oh, pas particulièrement, mais je suis fatigué. Mais tu me reposeras si tu restes assis là, et cela ne te dérangera pas si je ne parle pas beaucoup." Cependant, elle continuait à parler. "Il y a des gens qu'on aime et admire énormément, et pourtant qui sont plutôt... enfin, exigeants, n'est-ce pas ?"

Sir Axel aurait été ennuyeux de ne pas supposer que son amie avait eu récemment une expérience avec une personne telle qu'elle le décrivait.

"Non, exigeant n'est pas tout à fait le mot que je veux. Je veux dire, ils adoptent si fortement leur propre point de vue que c'est vraiment un combat – un véritable combat – pour leur faire comprendre qu'il peut y en avoir un autre."

"Je connais ce genre de gars. Mon jardinier écossais en fait partie."

"Eh bien, je ne connais pas votre jardinier écossais, mais je connais un ou deux hommes de ce genre."

"Je devrais penser que tu pourrais te défendre!"

Son regard était celui d'une appréciation amicale à son égard – et à son apparence. Elle avait certainement fière allure à la lueur du feu.

"Oh, je pense que je peux, mais on ne veut pas toujours devoir le faire."

"Pas assez bien pour vivre avec des gens comme ça, Lady Rosaline !"

Il ne voulait aucune référence personnelle, mais son compagnon n'eut aucune difficulté à trouver une candidature personnelle. Ses yeux s'éloignèrent du feu et se posèrent sur son visage dans un regard méditatif.

« À moins que, je veux dire, tu sois tout à fait sûr de l'emporter. Et même alors… eh bien, je déteste les querelles, de toute façon.

"Moi aussi, même si je gagne, Sir Axel ! Je suis entièrement d'accord avec vous." Les yeux prirent un regard reconnaissant. Sir Axel faisait une impression plus favorable que ce que ce brave homme avait imaginé. Cyril Maxon est responsable du succès de Sir Axel cet après-midi ; c'était un véritable instinct qui avait poussé Lady Rosaline à prendre un deuxième rendez-vous ! Ses nerfs étaient apaisés ; sa lassitude se changea en une langueur agréable. Elle lui sourit avec indolence, avec un contentement paisible.

"Quand as-tu dit que tu partais ?" elle a demandé. En lui demandant quand il pourrait venir la voir, il avait fondé son argument sur un départ anticipé de Londres.

"Mardi prochain. J'ai hâte. Je n'ai jamais vu Venise. Je serai chez Danieli."

"Maintenant, ai-je demandé votre adresse, Sir Axel ?"

Il rit. "Oh, je jouais ma propre main. Je pensais que peut-être, si je ne pouvais pas supporter ma propre société tout le temps, tu me laisserais te rendre visite aux Lacs sur le chemin du retour."

Lady Rosaline et Mme Ladd avaient prévu un moment absolument calme au bord des lacs italiens. Mais Sir Axel était absolument silencieux – après Cyril Maxon.

"Eh bien, je pourrais aller jusqu'à vous envoyer une adresse. Ne considérez pas cela comme un ordre, ni même une invitation !"

"Vous voyez, je ne connais personne là-bas et je ne parle pas un mot de cette langue."

"Eh bien, si le désespoir absolu vous pousse à notre porte, peut-être que nous vous laisserons rester un peu."

"Oh, dis-je, je ne voulais pas vraiment dire ça!"

« Le fait est que vous n'êtes pas très doué pour les jolis discours, n'est-ce pas ? Mais ça ne me dérange pas – et vous savez que je devrais toujours être heureux de vous voir.

Sir Axel partit tout content, ne sachant à qui ni à quoi la plus grande partie de son plaisir pouvait être justement attribuée. Puissions-nous donc profiter des erreurs de nos voisins et y trouver quelque consolation à nos souffrances de leur éclat supérieur.

CHAPITRE XXII

JUGEMENT EN CONSÉQUENCE

Certes, le quatuor a fait une fête très agréable à Madère. La composition s'est avérée aussi heureuse que le major l'avait prévu. Les deux aînés profitaient du soleil, des belles nuits, du casino, des ragots entre eux et avec des camarades occasionnels qui avaient quelque chose à ajouter. Le jeune couple faisait ses excursions, prenait son bain et jouait un peu de tennis sur gazon (Winnie ne pouvait pas s'enthousiasmer pour cela), jouait doucement et dansait avec enthousiasme. Toutes ces choses ne sont pas exclusivement liées les unes aux autres. Il y avait là d'autres jeunes femmes et d'autres jeunes hommes. Le major était recherché parmi les premiers ; Winnie parmi ces derniers. Il n'y avait pas d'excès de *tête-à-tête* . Entre les couleurs, les fleurs et le plaisir, la vie se déroulait très agréablement.

Mais Mme Lenoir était un peu impatiente. Son projet favori semblait tenir le coup. Elle ne parvenait pas vraiment à comprendre pourquoi. Ce n'était pas, pensa-t-elle, les autres jeunes hommes et femmes ; il n'y avait aucun signe d'attraction étrangère susceptible d'inciter l'un ou l'autre de ses amants prédestinés à s'éloigner du chemin désigné. Pourtant, les avances du major étaient, à son avis, douloureusement délibérées, et la bonne camaraderie de Winnie avec lui était presque manifestement dénuée de sentimentalité. Mme Lenoir sentait son expérience en faute ; elle s'était attendue à ce que, dans un climat aussi favorable, l'affaire mûrisse plus vite. Mais il existe des moyens de forcer les plantes, et elle était une jardinière habile.

Un jour, une semaine après l'arrivée du groupe sur l'île, elle sortit dans le jardin de l'hôtel après le déjeuner et s'installa, avec l'aide vaillante du général, dans une chaise longue ; l'endroit offrait une vue sur le port. Le général, ses offices remplis, s'asseyait sur une chaise plus courte et fumait son cigare. Loin en dessous d'eux, la jolie ville délabrée semblait scintiller au soleil ; un clignement des yeux plutôt endormi est l'attitude qu'il adopte envers l'existence, sauf lorsqu'un bateau de tourisme arrive ou qu'un escadron de navires de guerre arrive. Puis il s'assoit, mange et se rendort aussitôt.

"Je suppose que lorsqu'ils descendront du Mont, ils iront directement au casino", dit le général.

"Oui, je leur ai dit que nous les retrouverions là-bas. Hugh !"

Elle ne l'appelait pas très souvent Hugh. En utilisant son nom, il avait l'habitude de reconnaître quelque appel un peu particulier à ses services ou à son attention.

"Oui, ma chère Clara ? Maintenant, tu ne vas plus t'inquiéter de ta part du vin ?"

"Non", dit-elle en souriant, "je ne le suis pas. J'ai une petite confession à vous faire. Je vous ai raconté un mensonge à propos de Winnie. Je vous ai raconté le mensonge que j'ai dit à tout le monde : qu'elle était une cousine éloignée. Elle ne l'est pas. Je l'ai rencontrée chez des amis, des gens très sympas. Elle était un peu à la dérive. Je lui ai demandé de venir un peu chez moi, et on s'est tellement bien entendu qu'elle est restée orpheline, je sais. son père était pasteur – et je pense qu'elle est assez seule au monde, même si elle a un petit revenu. Elle a ri. "Vous voyez comme c'est une longue histoire. Avec la plupart des gens, il est tellement plus facile de raconter un petit mensonge. Mais je vous ai dit la vérité sur elle maintenant." Mais ce n'est pas toute la vérité. La conscience de Mme Lenoir semblait certainement parfois fonctionner sur des ressorts faciles.

"Merci de me l'avoir dit, Clara. Je suppose que je sais pourquoi vous me l'avez dit. Mais je pense que mon garçon sait déjà que, s'il a des projets à propos de Miss Winnie, il ne me trouvera pas un obstacle. Seulement elle ne le fait pas. il me semble que c'est plus qu'amical envers lui. »

"Eh bien, elle attendrait naturellement une piste, n'est-ce pas ?"

"Tu penses que c'est ça ?" Le léger mouvement de son éventail par Mme Lenoir n'était pas engageant. "C'est un garçon très consciencieux. Il regarde les choses sous tous ses aspects. Je suis sûr qu'il se demanderait non seulement s'il l'aimait, mais s'il pourrait la satisfaire - si la vie qu'il pourrait lui offrir lui plairait. Être femme de soldat, ce n'est pas que de la bière et des quilles. Et s'entendre avec tout le régiment !"

"Cher moi, y a-t-il tout cela à considérer ?" Son ton était enjoué, mais plutôt méprisant. "On ne dirait pas qu'il était désespérément amoureux."

"Les hommes diffèrent", réfléchit le général. "Regardez mes trois fils. Bertie, comme je vous le dis, lent et solide, fait un excellent mari pour une femme sensée. Le colonel ne regarde jamais une femme, autant que je sache. George court après chaque jupon qu'il rencontre, et les conséquences en dépendent, confondez-le ! »

« Et lequel, » demanda Mme Lenoir, « ressemble le plus à mon père, Hugh ?

« Histoire ancienne, histoire ancienne ! murmura-t-il, moitié de plaisir, moitié de contrition, mais en jetant un coup d'œil à son compagnon. "Dois-je lui dire ce que vous m'avez dit à propos de Miss Winnie ?"

"Comme tu veux." Elle a ri. "Je ne pense pas qu'il soit allé assez loin pour avoir des droits , tu sais."

"Je ne pense pas qu'il l'ait fait", acquiesça le général, en riant également – et sans se rendre compte de la portée de son aveu.

Mme Lenoir, cependant, le gardait précieusement dans son armurerie : elle en aurait peut-être besoin. Le général pouvait évidemment estimer que, une fois commencée, la confession aurait dû aller plus loin. Elle avait les mêmes réponses plausibles qu'elle avait données à Winnie elle-même. Elle en avait un autre ; elle reconnaissait son propre mensonge, mais elle plaidait qu'elle n'avait pas le droit de trahir son amie. En fin de compte, elle n'avait aucun doute sur sa capacité à diriger le général. Elle l'avait déjà géré auparavant – dans un cas beaucoup plus difficile ; et il aimait beaucoup Winnie. Quelque chose de partisan a influencé son humeur ; les free lance ont renouvelé les souvenirs d'anciens raids dans cette petite escarmouche contre les conventions ; elle était déterminée à se battre avec le meilleur avantage possible – avec le père « contenu » et le fils aussi profondément engagé dans sa position qu'elle pouvait l'obtenir avant que le coup ne soit porté.

À la suite de cette conversation, le général emporta l'idée inquiète – née de la confiance si ostensiblement placée en lui, renforcée par la légère touche de mépris dans la voix de Mme Lenoir – qu'une des dames, voire peut-être les deux, considérait son fils , sinon un retardataire, du moins un peu prosaïquement circonspect dans ses relations amoureuses. Une telle vision, si elle était réellement adoptée, aurait causé une certaine injustice à Bertie Merriam. Il n'était pas impulsif ; il n'était pas passionné. Il a mis du temps à se décider. Il serait presque vrai de dire qu'avant de tomber amoureux, il a décidé qu'il le ferait – ce qui n'est pas l'ordre des événements le plus courant. Mais il avait déjà pris sa décision. Seulement, il ne reçut que très peu d'encouragements. Winnie était toujours « joyeuse » avec lui ; mais elle ne lui demanda rien, ne lui fit aucune réclamation particulière, et prit la même liberté qu'elle lui accordait. Dans le cours agréable de leur vie, il était un camarade parmi tant d'autres ; plus intime que les autres, sans doute, en raison de son escorte habituelle, des excursions et des repas à table, mais non différent en nature. Vaguement, le major sentait qu'il y avait quelque barrière, réelle mais imperceptible, qu'il ne pouvait franchir, chose faite de mille bagatelles discrètes, et pourtant composant dans la masse une défense qu'il ne voyait pas comment pénétrer.

Il y avait dans l'hôtel un petit homme curieux, un homme d'environ quarante-cinq ans, petit, chauve, minable, mais propre, bien qu'il ne se lavait pas. En fait, il ne faisait rien : pas d'excursions, pas de sport, pas de danse, pas de flirt. Il n'a même pas lu ; il restait assis, méditant, il faut le présumer. Quelque chose en lui faisait rire les filles et faire des clins d'œil aux hommes à son passage ; les hommes ont dit "Dotty!" et les filles ricanaient à ce mot d'esprit. Son nom, recherché dans le registre des hôtels, s'est avéré être Adolphus Wigram. L'esprit qui avait fait la recherche l'appelait « Dolly » – et le nom devint aussitôt le sien, remontant à « Dotty » parfois par un ultra-esprit.

Lorsque Winnie rentra du casino ce soir, ayant quelques minutes à perdre avant de s'habiller pour le dîner, elle se dirigea vers le balcon de l'hôtel, qui surplombe la ville d'une altitude plus élevée et, pour ainsi dire, plus condescendante que le jardin. Elle appuya ses coudes sur le balcon et contempla la beauté du paysage, si habilement composé de collines, de pentes et de mer qu'on peut difficilement le concevoir comme le résultat d'un simple caprice – et probablement violent – de la nature. Elle était perdue dans ses pensées et fut surprise de trouver des coudes au niveau des siens et une tête à proximité, quoique plutôt plus basse. Elle reconnut « Dolly » – dans le costume le plus miteux de tous, regardant d'un air méditatif les lumières de la ville et du port de Funchal.

"Un endroit assez petit, Miss Wilson", a déclaré "Dolly". "Plein de monde!"

"Je suppose que oui," acquiesça poliment Winnie. Elle était sortie sur le balcon occupée par une autre question que celle de la population de Madère.

« J'ai essayé de comprendre les choses une fois, de les saisir dans leur ensemble, vous savez. Cela semble facile à certaines personnes, mais je n'y suis pas parvenu. J'enseigne l'histoire. J'étais un peu surmené ; certains de mes amis se sont abonnés pour m'envoyer ici pour juste quinze jours. Cela me fait du bien.

Winnie tourna son visage vers le drôle de petit homme saccadé. "Est-ce que tu vas prendre les choses en grand à ton retour ?" elle a demandé.

"Non, non, j'ai bien peur que non. Il y en a environ trente mille là-bas, je suppose ! Tous pensent qu'ils sont très importants. Tous naissent, ou meurent, ou font l'amour, ou meurent de faim, ou se remplissent le ventre." , et ainsi de suite.

Winnie sourit. "Oui, j'ose le dire. Cela semble vrai, mais plutôt banal. J'ai moi-même des problèmes, M. Wigram."

" Moi aussi : revenus, impôts et dépenses nécessaires. Pourtant, ces trente mille sont intéressants. "

"Ils ont terriblement de chance de vouloir très peu de vêtements et presque pas de feu, et de vivre dans un si bel endroit. Qu'entendez-vous par les choses en grand, M. Wigram ?"

"Eh bien, je veux dire la vérité", dit le petit homme absurde en se cramponnant aux balustrades du balcon, comme s'il allait sauter par-dessus et se casser le crâne sur les pierres en forme de noix qui servaient de chemin à trente ou quarante pieds sous terre. "La vérité, ce sont les choses en grand, vous savez."

"Je ne pense pas le savoir, mais je connais un ami en Angleterre qui parle un peu comme toi."

"Pauvre diable ! Combien d'argent gagne-t-il ?"

"Il a des moyens indépendants, M. Wigram."

"Alors il peut se permettre de parler beaucoup mieux."

"Tu me mets vraiment mal à l'aise. Tout le monde peut sûrement dire ce qu'il veut de nos jours ?"

Le petit homme eut un rire brusque et rauque. "J'enseigne l'histoire dans une école et je gagne cent cinquante livres par an. Puis-je dire ce que j'aime ? Est-ce que je dis la vérité sur l'histoire ? Oh mon Dieu, non !"

"Je ne gagne que cent cinquante livres par an. Puis-je faire ce que je veux ?" demanda Winnie.

« Dolly » se tourna vers elle avec une drôle de solennité ridicule. « Cela me semble, observa-t-il, une compétence réservée à une jeune femme valide. Je ne sais pas ce que vous pouvez faire, mais je pense que vous êtes tout à fait en mesure de dire la vérité – si cela vous arrive. tu le sais. Quelqu'un dépend de toi ?

"Pas une âme", sourit Winnie.

"J'ai une mère et une sœur célibataire. Vous voyez la différence ? Je crois avoir entendu le gong. Bonsoir."

"Bonsoir, M. Wigram." Winnie se précipita pour s'habiller pour le dîner, pitoyable, souriante et réfléchie.

Le quatuor n'était pas aussi joyeux que d'habitude ce soir-là. Bertie Merriam était plutôt maussade, et quand Winnie s'en rendit compte, elle commença à avoir des remords. Au Mont, il avait enfin montré des signes d'avancée définitive ; si elle ne l'avait pas repoussé, elle l'avait du moins combattu par une inconscience affectée de ce qu'il voulait dire, par une absence de sentimentalité persistante. C'était presque contre sa propre volonté ; elle ne pouvait pas s'en empêcher ; l'instinct en elle était irrésistible. Elle aurait pu être égale à suivre le point de vue de Tora Aikenhead : « Tant que ma conscience est claire, ce que j'ai fait avant de vous connaître ne vous regarde pas, et je n'en dirai pas un mot. Elle aurait certainement pu suivre avec une parfaite empressement la conception atavique de l'honneur de « l'école publique » de Stephen. Il s'agissait là, à leur manière, de formes de défi. Mais le compromis de Mme Lenoir – « J'attendrai que la vérité ne puisse plus me blesser, même si elle peut vous blesser » – n'était pas un défi ; c'était une tromperie. Sous l'influence de la gratitude envers l'ami à qui elle devait tant de bonté, et de la déférence qu'elle accordait honnêtement à l'expérience et à la sagesse de son conseiller, elle l'avait accepté. C'est très bien de l'accepter en paroles ! Elle a constaté qu'elle ne pouvait pas agir en conséquence. Au lieu de faire en sorte que Bertie Merriam l'aime tellement que la vérité puisse lui être dite sans risque – ou, en tout cas, avec le minimum de risque – elle passait son temps à essayer de l'empêcher de l'aimer de cette façon. . Si elle continuait, elle réussirait ; il était sensible, fier, facile à décourager. Pourtant, dans l'état actuel des choses, elle savait qu'elle ne pourrait pas résister à l'envie de continuer. Ensuite, nous en sommes arrivés à ceci : Mme. Le compromis de Lenoir ne fonctionnerait pas. Cela pourrait être justifiable ou non, mais cela ne fonctionnerait tout simplement pas entre les mains de Winnie. Elle ne pouvait pas le réaliser, car cela signifiait en fin de compte qu'elle devait se comporter exactement comme Godfrey Ledstone. Le grave de son offense était qu'il avait eu honte d'elle ; maintenant, elle avait honte d'elle-même. Il avait concédé à sa famille le droit de la trouver honteuse ; elle accordait le même droit au major et essayait simplement de s'attirer suffisamment de faveurs pour passer outre son jugement. Une telle démarche n'était pas seulement contraire à ses théories ; c'était contraire à la nature qui avait produit les théories. Et, en pratique, cela a abouti à une impasse ; cela a tenu le major paralysé. Il ne recula pas parce que ses sentiments lui dictaient une avance. Il ne pouvait pas avancer, car elle ne le laissait pas faire. Là, il se retrouva coincé contre cette barrière impalpable et impénétrable.

"J'ai parlé, sur le balcon, avec ce drôle de petit homme qu'ils appellent 'Dolly'", a-t-elle fait remarquer. "Il m'a dit que si vous n'aviez personne à votre charge et que vous aviez cent cinquante livres par an, vous étiez en mesure de dire la vérité."

"Est-ce exactement une question de quel argent vous avez, Miss Winnie ?" demanda le général.

Elle a laissé passer la question. "En tout cas, c'est exactement mon revenu. Plutôt drôle !" Elle regarda Mme Lenoir par-dessus la petite table et ne fut pas surprise de constater que Mme Lenoir la regardait déjà.

"Je suppose qu'il voulait dire que si vous n'étiez pas absolument obligé de trouver ou de conserver un emploi..." commença le major.

"C'est ce qu'il voulait dire ; et il y a beaucoup de choses là-dedans, n'est-ce pas, Major Merriam ?"

"Eh bien, ce n'est pas ce qu'on nous enseigne à l'école, mais c'est peut-être le cas."

"Plus de luxe pour les riches", sourit Mme Lenoir.

"Les radicaux pourront en faire un nouveau grief lors des prochaines élections", a déclaré le général.

Bien sûr, les deux hommes ne savaient pas ce qui sous-tendait le discours de Winnie. Bien entendu, Mme Lenoir l'a également fait ; elle l'a vu en une minute, et sa lecture n'avait guère besoin de la confirmation de l'air maussade de Bertie. Winnie était en rébellion – probablement dans une rébellion irréconciliable. Mme Lenoir la regarda avec un sourire satirique et protestataire. Winnie lui rendit son sourire, mais ses yeux étaient résolus – plutôt joyeusement résolus, comme si elle aimait ce nouveau goût de sa tasse de défi préférée.

"Il y a des temps et des saisons", a déclaré Mme Lenoir. "N'existe-t-il même pas une chose appelée économie de la vérité ? Je ne pense pas connaître la doctrine exacte."

« On ne dirait pas tout à un enfant, ni à un imbécile non plus », observa le général.

« Choisirais-tu le mauvais moment pour dire la vérité à qui que ce soit ? » a demandé Mme Lenoir.

"Avez-vous le droit de décider quel est le bon moment, tout seul ?" Winnie rétorqua gaiement. Son moral avait commencé à remonter. C'était presque comme une discussion au Shaylor's Patch. Il y avait une raison plus profonde. Avec sa détermination, elle avait retrouvé un sentiment d'honnêteté et, plus encore, de liberté retrouvée. Quoi qu'en pensent les Merriam, elle serait à nouveau elle-même – elle-même et non plus Miss Winnie Wilson, une jeune personne qu'elle avait commencé à haïr cordialement depuis environ une semaine.

Winnie n'est pas allée au casino ce soir-là ; elle laissa le général et son fils s'y promener ensemble. Elle suivit Mme Lenoir dans le salon et s'assit près d'elle.

" Alors tu as pris ta décision, Winnie ? " Mme Lenoir ne semblait ni en colère ni blessée. Elle reconnut simplement la résolution de Winnie.

"Oui. Je ne peux pas continuer. Et c'est un bon moment. Les journaux arrivent demain et, si ce que m'a dit Hobart Gaynor est vrai, il y aura quelque chose sur moi dedans."

"Oui, je m'en souviens. Eh bien, si vous êtes déterminé à le faire, cela ne fait pas une si mauvaise… occasion." Mme Lenoir réfléchissait à la meilleure manière de transformer cette « occasion » en une justification du silence antérieur. Avec le Major, ce ne serait pas vraiment une question urgente – d'autres facteurs décideraient probablement de son action – mais c'était un point que son ami le Général pourrait soulever. Elle regarda pensivement Winnie. "A quel point l'aimes-tu ?" elle a demandé.

— Je l'aime autant que je le connais, mais je ne le connais pas beaucoup. J'en saurai un peu plus demain. Elle fit une pause. "J'aimerais beaucoup la vie, tout cela, je pense."

"Elle n'est pas amoureuse, mais elle le prendrait", interpréta intérieurement Mme Lenoir.

"Je suis désolé d'agir contre ton avis, après tout ce que tu as fait pour moi. Cela semble ingrat."

"Oh, je ne m'attends pas à ce que les gens abandonnent leur liberté, simplement parce que je les aime." Elle s'est levée. "Je pars dans ma chambre, ma chérie. Bonne nuit et bonne chance."

Winnie est sortie sur le balcon pour chercher M. Adolphus Wigram et parler encore de la vérité. Mais il n'était pas là ; il était descendu au casino, où il perdait chaque nuit exactement un demi-dollar avec une malchance ininterrompue - probablement une des choses sur lesquelles les prétentions de sa famille et le montant de son salaire l'amèneraient à cacher la vérité lorsqu'il arriverait. retour à son école. Alors elle se souvint qu'il y avait une danse impromptue en bas, et alla danser et flirter furieusement jusqu'à minuit. Les jeunes filles dirent qu'elles n'avaient jamais vu Miss Wilson aussi belle et que jamais les jeunes hommes ne s'étaient rassemblés autour de Miss Wilson avec autant d'empressement. En fait, Miss Wilson avait une aventure. Un petit reproche à lui faire. C'était la dernière nuit de sa vie – du moins, dans la mesure où cette vie avait une réelle signification. Bien que Winnie n'ait pas proposé de changer son nom dans le livre de l'hôtel ou sur les lèvres de ses compagnons occasionnels pendant son séjour à Madère, cette nuit-là a pourtant marqué la fin de Miss Winnie Wilson pour des raisons essentielles.

Comme les journaux anglais n'arrivent sur l'île qu'une fois par semaine, la concurrence est redoutable le jour du courrier. On peut observer des personnes qui combinent agilité et égoïsme avec un intérêt sain pour les affaires publiques, assises sur cinq exemplaires de leur journal préféré, en lisant un sixième, et regardant immédiatement avec colère les candidats potentiels à l'un des exemplaires de réserve. Winnie n'a pris aucune part à la ruée et n'a attaqué la réserve de renseignements de personne. Elle savait que son document serait livré dans un emballage séparé, adressé personnellement par Hobart Gaynor ; elle ne voulait qu'un journal d'une journée.

Elle le trouva posé près de son assiette au déjeuner, repas qui se passait dans la discussion des nouvelles du monde ; le major avait été un concurrent couronné de succès dans la lutte et était bien préparé. Winnie se leva lorsque le café apparut, son papier à la main. » Elle s'adressa à Bertie Merriam de manière plutôt ostensible.

"Je vais dans le jardin, ce siège sous les arbres. Tu sais ?"

"Je viendrai aussi. Directement j'ai bu mon café." Alors que Winnie s'éloignait , il échangea un regard avec son père. Ils avaient eu une petite conversation confidentielle au casino la veille au soir, au cours de laquelle le comportement de Winnie avait fait l'objet de quelques commentaires perplexes. Cette invitation au jardin paraissait plus prometteuse. Mme Lenoir était occupée à lire une lettre. Winnie avait également lu une lettre – de Hobart Gaynor, lui disant tout ce qu'elle avait besoin de savoir et la renvoyant à une certaine page de son journal.

Oui, c'était là – très court, concret et difficile. Eh bien, que devrait-il être d'autre ? Seulement, il semblait étrange de reproduire Cyril Maxon lui-même. Le bruit sonnait comme si ses paroles exactes, voire même son ton, avaient été captées ; ils semblaient résonner dans ses oreilles ; elle l'entendit presque tout dire. Et quelle fin plus appropriée, si inévitable, pourrait-il y avoir aux déclarations de Cyril que les mots qui clôturaient ce bref compte rendu : « Jugement en conséquence » ? Ces mots auraient toujours pu être écrits à la fin des propos de Cyril. « Jugement en conséquence. » Cela semblait résumer et conclure l'histoire de ses relations avec lui. Depuis le début jusqu'à la fin, sur elle et ses œuvres – sur tout ce qu'elle faisait et était – il y avait eu un « jugement en conséquence ».

Elle laissa tomber le numéro du *Times* sur ses genoux et resta assise à attendre Bertie Merriam sans penser beaucoup à lui. La silhouette de « Dolly » apparut. L'un ou l'autre petit homme fumait une cigarette et, entre les bouffées, semblait se parler à lui-même d'une manière joyeuse et animée – aucun son, mais ses lèvres remuaient rapidement. À son passage, Winnie l'a salué. « Vous avez reçu votre courrier, M. Wigram ?

Il a arrêté. "J'ai eu de bonnes nouvelles, Miss Wilson, de bonnes nouvelles de chez moi. Ils ont augmenté mon salaire."

"Oh, je suis content, M. Wigram."

"Une augmentation de vingt livres, Miss Wilson. Eh bien, j'ai fait quinze ans. Mais c'est quand même libéral." Il semblait enfler un peu. "Et c'est une reconnaissance. Je l'apprécie comme une reconnaissance." Le gonflement passager s'est atténué. "Et ça va aider", termina-t-il sobrement.

« Serez-vous capable de dire la vérité davantage, M. Wigram ?

"Oh, je ne pense pas, je ne pense pas. Je—je n'y avais pas pensé de ce point de vue, Miss Wilson."

"Je n'ai pas eu d'augmentation de mes revenus, mais je vais le faire."

Il n'écoutait pas vraiment. Il eut un faible rire. "Je fais juste quelques calculs, Miss Wilson." Il continua, répartissant chaque centime de cette augmentation durement gagnée de vingt livres par an. Précieux, mais pas suffisant pour lui permettre d'enseigner la véritable histoire.

Le major Merriam se dirigea vers elle avec son cigare. Il était vraiment plutôt impatient, mais il n'en avait pas l'air. L'invitation pourrait n'être qu'une excuse tardive pour les camouflets d'hier.

"Puis-je m'asseoir à côté de toi ?"

"S'il vous plaît, faites-le. Avez-vous vu le *Times* ?"

"J'en ai parcouru beaucoup."

"Avez-vous vu celui-ci, le 26 ?" Elle montra sa copie.

"Je suppose que oui. Je les ai tous parcourus."

"Lis ça." Son doigt indiquait le rapport.

Il l'a lu; le processus n'a pas duré longtemps. Il sortit son cigare de sa bouche. "Eh bien, Miss Wilson ?"

"J'étais Mme Maxon; c'est tout", a déclaré Winnie.

CHAPITRE XXIII

LE RÉGIMENT

Si Bertie Merriam avait fait preuve d'une juste indignation ou d'un chagrin incontrôlable, Winnie l'aurait laissé digérer son émotion dans des loisirs solitaires. Mais comme il avait simplement l'air extrêmement pensif, tandis qu'il laissait tomber le *Times et tirait longuement sur son cigare, il semblait naturel de lui raconter l'histoire.* Elle a procédé ainsi, sans vantardise ni excuse, mais avec une véracité sobre, tempérée par une appréciation humoristique de la façon dont les différentes parties, y compris elle-même, sont sorties de leurs diverses épreuves. De temps en temps, son auditeur hochait la tête pour montrer qu'il comprenait les points : l'impossibilité de vivre avec Cyril Maxon ; de la façon dont Shaylor's Patch a élargi l'horizon ; de l'expérience avec Godfrey Ledstone et de son échec comique-tragique ; de la façon dont Maxon, pour des raisons indéterminées, s'était trouvé ouvert à lui dans une voie qu'il avait toujours déclaré n'être légalement ouverte à personne ; enfin des considérations, suffisantes ou insuffisantes, qui avaient conduit à l'incarnation de Miss Winnie Wilson. En fait, dans la mesure où il est dans le pouvoir d'un être humain de dire la vérité sur lui-même, Winnie l'a dit ; elle n'avait aucune personne à charge et elle gagnait cent cinquante livres par an.

Comme on l'a dit, le major n'était pas un homme particulièrement religieux. Il avait lui-même mené une vie inhabituellement stable et régulière, se gardant strictement entraîné au travail auquel tout son cœur était consacré, mais ses idées morales étaient celles de sa classe et de sa génération. Il n'était pas intransigeant. De plus, il avait un fort parti pris en faveur de la dame qui le prenait maintenant dans sa confiance, et non seulement avait l'avantage de raconter sa version de l'histoire sans que personne ne la critique ou la contredise, mais il réussissait à la raconter de manière à la convaincre. sincérité, sinon de sa sagesse. Il était prêt à voir avec ses yeux, au moins au point d'admettre une excuse là où elle plaidait la justification. Bien qu'il lui imputât un grand manque de sagesse mondaine dans ses relations avec Godfrey Ledstone, son caractère moral n'en souffrit pas à son avis et (ce qui était peut-être plus remarquable) ses sentiments à son égard ne furent pas perceptiblement refroidis. Il ne nourrissait pas non plus de griefs personnels. Elle avait le droit de se protéger de la vaine curiosité de simples connaissances. Dès qu'elle avait eu des raisons précises de lui accorder un traitement spécial, elle l'avait traité ouvertement et en avait fait preuve de netteté.

"Merci", dit-il à la fin. "Je respecterai votre confiance."

"Ce que je vous ai dit est également destiné au Général, s'il vous plaît."

"Merci encore. C'est très direct de votre part. Vous devez être content d'en avoir enfin terminé ?"

Winnie fit la moindre grimace. "N'est-ce pas une vision plutôt optimiste ?" Son propre point de vue sur les choses « finies » était devenu moins optimiste qu'autrefois.

"Eh bien, oui, je suppose que oui." Même pendant qu'il parlait, la même idée était au fond de son esprit. Les choses ont tendance à ne jamais « finir », à ne pas avoir de fin absolue, à continuer, pour le meilleur ou pour le pire, d'affecter la vie jusqu'à ce que la vie elle-même prenne fin — et même, après cela, d'affecter parfois d'autres vies. Bertie Merriam lui-même, en réfléchissant pensivement, a vu que la chose n'était en aucun cas « finie » avec l'arrivée des nouvelles contenues dans le *Times* du 26.

"Et maintenant," dit Winnie en se levant de sa chaise, "je vais dire des bêtises avec la fille Layton et les garçons Anstruther, et oublier tout ça pendant un moment." Elle resta un moment à le regarder d'un air très amical, plutôt perplexe. Elle voulait lui faire comprendre qu'elle trouverait très naturel que sa révélation fasse toute la différence, mais l'assurance n'était pas facile à formuler sans supposer plus que ce qu'elle était, par les formes du jeu, en droit de supposer. Elle s'en approcha le plus possible. "J'ai toujours été prêt à en accepter les conséquences. Si je revendique moi-même la liberté d'opinion, je l'accorde aux autres, Major Merriam."

"Oui, oui, je comprends bien. Vous ne craignez sûrement pas un jugement sévère de ma part ?" Il ajouta après une brève pause : « Ou de mon père ?

"Je ne pense pas que j'en ai besoin. Vous avez tous les deux été de très bons amis pour moi." » Elle eut un sourire. "Et, bien sûr, d'après ma théorie, je n'admets pas du tout que je sois à proprement parler un sujet de jugement."

"Mais tu admets que je peux penser différemment si je le souhaite ?"

"Oui, je l'admets. Nous pouvons tous penser ce que nous voulons et faire ce que nous voulons, à condition que nous le fassions sincèrement."

« Les choses ne deviendraient-elles pas plutôt – enfin, chaotiques – sous ce système ? demanda-t-il en souriant à son tour.

"Je savais que je ne devrais pas te convertir, espèce d'homme à cheval sur la discipline !"

Il entendit la description en riant, mais sans protester ni avertissement. À ses oreilles, c'était un compliment. Il ne pensait pas non plus que Winnie, dans la mesure où il prétendait la comprendre, était aussi méprisante à l'égard de toute discipline que sa raillerie enjouée le laissait entendre, ni en pratique une anarchiste aussi complète que sa théorie de la liberté effrénée de jugement privé exigée en logique pour qu'elle doive le faire. être. Elle ne lui paraissait pas une femme naturellement anarchique, ni même particulièrement instable. Elle avait eu « pas de chance » et s'était battue aveuglément et imprudemment. Mais, dans de bonnes conditions, elle se conformerait volontiers aux normes, puisqu'elle ne voudrait pas faire autre chose. De ce point de vue, il ne voyait guère de raisons de réviser son jugement ou de modifier ses intentions, dans la mesure où le jugement et les intentions dépendaient de son évaluation de la femme elle-même. Sa franchise était même un nouveau point en sa faveur.

Jusqu'à présent, ni Winnie ni même Mme Lenoir n'ont besoin de regretter cette révélation. L'affaire, une fois pleinement expliquée, parut au major tout à fait pardonnable – au pire, une folie visionnaire dans laquelle une jeune femme ignorante s'était témérairement opposée au monde. Mais il y avait un autre aspect de l'affaire. *Tout comprendre c'est tout pardonner.* Peut-être. Mais certaines personnes hésitent à comprendre les choses pour cette raison même ; les conséquences semblent trop alarmantes et même révolutionnaires. Et la grande majorité des gens, même s'ils étaient disposés à comprendre chaque cas, n'ont vraiment pas le temps de le faire ; on ne peut pas s'attendre à ce qu'ils soient dans cette vie bien remplie. Ils se trouvent obligés de travailler par généralisations et par catégories, de lier par des règles et des interdits qui n'admettent aucune exception. C'est le seul moyen par lequel les membres d'une société peuvent entreprendre la tâche d'évaluer la conduite des autres, voire de réglementer la leur. Le monde classe en rangs et prononce un jugement sur les escouades, une méthode inévitablement approximative, mais – le monde le plaide – la seule alternative pratique à une anarchie morale contre laquelle il doit se protéger, même si au prix de passer constamment le contrôle. même peine à l'encontre de délinquants présentant des degrés de criminalité très différents.

Or, le monde, ou la société, ou l'opinion publique, ou tout autre terme collectif pouvant être utilisé pour désigner cette force à laquelle tous les animaux grégaires, qu'ils le veuillent ou non, se soumettent nécessairement, possédait pour le major Merriam une signification qui était pour lui tout le monde. - important, mais auquel Winnie et Mme Lenoir n'avaient accordé que la moindre considération, voire aucune, ; cela signifiait quelque chose non pas vague et lointain, mais proche, puissant, avec des revendications étroites et impératives sur lui. C'était cette chose qui le préoccupait tandis qu'il traversait le jardin jusqu'à l'annexe dans laquelle son père et lui étaient logés, et où il trouverait le général en train de lire sur la véranda jusqu'à ce qu'il soit l'heure d'aller au casino. Il n'avait pas beaucoup d'estime pour la société en général, pour les moralistes ou les commères de Londres. Ce n'était pas un homme éminent ; peu de gens le sauraient, parmi ces quelques-uns, la moitié s'en moquerait, et la chose exploserait bientôt. Mais ni sa vie ni son cœur n'étaient à Londres, et ce n'était pas à propos des sentiments ou des vues de la grande ville qu'il alla, avec l'exemplaire du *Times de Winnie* à la main, consulter son père.

Le général avait lu et somnolait maintenant sur la véranda. Il se réveilla au bruit des pas de son fils. "Prêt pour le casino, mon garçon ?" » demanda-t-il vivement.

"Eh bien, j'ai quelque chose dont je veux parler en premier, si cela ne vous dérange pas." Il a posé le *Times* sur la table.

Lorsque le général entendit l'histoire, racontée plus brièvement que Winnie ne l'avait racontée, mais sans perdre ses caractéristiques essentielles, il conçut une rancune contre Mme Lenoir - le silence de Clara, rendu plus trompeur par sa demi-confiance trompeuse, semblait il était méchant envers lui, mais, en ce qui concerne la prisonnière du barreau elle-même, son jugement était encore plus indulgent que celui de son fils, comme on pouvait peut-être s'y attendre d'après son expérience plus diversifiée. La chose était agaçante, nettement agaçante, mais il n'en appréciait pas moins Winnie. La pauvre fille était dans le pétrin !

" Cependant, ce n'est vraiment pas à nous de la juger", a-t-il conclu en regardant son fils. "Nous n'avons rien à voir avec ça. C'est pour elle et sa propre conscience."

"Elle a eu une malchance diabolique", a déclaré Bertie.

"Oui, elle l'a fait. Ciel, mon garçon, qui suis-je pour être dur avec elle ?"

Le major contemplait le jardin. "En ce qui me concerne moi-même, je prendrais le risque et continuerais." Il savait que son père comprendrait ce qu'il entendait par « ça ».

"Eh bien, eh bien, il y a des choses à considérer———"

Bertie se retourna brusquement. La conviction résonna dans sa voix lorsqu'il l'interrompit : « Par Jupiter, il y en a ! Voilà le régiment !

Le général pinça les lèvres et fit deux petits hochements de tête rapides. "Oui. Dans quelques mois, tu seras aux commandes."

"Il se peut que cela ne soit pas rendu public, bien sûr. Il y a toujours cette chance."

"L'année prochaine, tu vas en Inde. Tout se passe en Inde."

"Bien sûr, si les gens pouvaient comprendre le cas comme nous le faisons..."

"Ne construisez pas là-dessus, Bertie. Le simple fait de cela" - il a tapoté le *Times* - "sera tout ce qu'ils veulent; croyez-moi sur parole. Ils ne rendraient pas les choses confortables pour elle."

Pour le moment du moins, l'esprit de Bertie n'était pas là-dessus ; il était dirigé vers le sujet dont il avait autrefois parlé à Winnie elle-même : l'influence que la femme d'un commandant exerce et doit exercer sur le ton de la petite société sur laquelle elle est naturellement appelée à exercer une sorte de présidence. . « Est-ce que ce serait bon pour le régiment ?

Le général avait un air triste en sortant et en allumant un long cigare maigre. Il ne regarda pas Bertie et murmura : « Je dois considérer cela, dans votre position.

Il fallait certainement en tenir compte ; car ici les deux hommes touchaient à ce qui était leur véritable religion effective – la chose qui en vérité façonnait leur vie, à laquelle ils étaient à la fois des adhérents loyaux et intransigeants, à l'égard de laquelle le fils était presque un fanatique. Ce qui était important pour le régiment était d'une importance vitale pour Bertie Merriam et pour l'œuvre de sa vie. L'une des choses importantes pour le régiment était les épouses de ses officiers ; le plus important était leur influence sur les « jeunes gens » — comme il l'avait dit à Winnie. Cela devrait être, sinon maternel, du moins « aîné ». Vu sous ce rapport, il y avait évidemment matière à réflexion, à supposer que tout se passe en Inde, comme c'est le cas selon le général. Présenter aux « jeunes gens » une « sœur aînée » telle que Winnie – il fallait certainement y réfléchir.

Plus tard dans l'après-midi, Mme Lenoir s'assit dans un fauteuil en osier sur la terrasse du casino qui domine, d'une hauteur respectable et escarpée, la rade et la mer. Elle avait passé un après-midi solitaire, elle n'avait vu aucun de ses trois amis et s'était laissée aller seule à prendre une tasse de thé dans cet hôtel, qu'elle se sentait à ce moment-là comme incertaine du droit d'être qualifié de lieu de plaisir. Elle avait l'instinct que quelque chose se passait, que les choses se réglaient dans son dos. Ce sentiment la rendait agitée ; lorsqu'elle était agitée, les rides sur son visage montraient une ciselure plus profonde. Et par un instinct très humain, parce qu'elle pensait que son ami le général allait se fâcher contre elle, elle commença à se fâcher contre lui — pour ne pas commencer la querelle de façon désavantageuse. Ils faisaient des histoires ; Bon sang, pourquoi y avait-il de quoi faire toute une histoire ? Hugh pour faire des histoires ! Un sourire plus âcre , moins aimable que d'habitude, courba les lèvres de Mme Lenoir ; cela la faisait paraître plus vieille.

Tout à coup, sans voir d'où il venait, elle trouva à côté d'elle le général, un général plutôt raide, levant son chapeau très cérémonieusement. "Tu as pris ton thé, Clara ? Puis-je m'asseoir à côté de toi ?"

"Oui, j'ai pris mon thé, merci. Et toi ?"

"Non, merci. En fait, j'ai bu un whisky et un soda."

L'indulgence était inhabituelle. Cela confirmait l'instinct de Mme Lenoir.

"Où est Bertie ?"

"Il est parti se promener à Camara de Lobos."

L'instinct s'est avéré infailliblement correct. Une enjambée sur une route de plain-pied : il s'agit clairement d'un cas de troubles mentaux nécessitant un traitement physique !

Le général s'assit. Il ne fumait même pas ; il posa le gros bouton argenté de son bâton contre ses lèvres. Elle le regarda du coin de l'œil. Ah oui, certainement oui !

Quand il parla, ce fut brusquement. "Je ne sais pas exactement combien de temps tu comptes rester ici, Clara, mais j'ai bien peur que Bertie et moi devions prendre le prochain bateau pour rentrer chez nous. Nous devons retourner à Londres."

"Qui est inconsolable à Londres ?"

"J'ai reçu une lettre qui le recommande——"

"Oh, c'est absurde !" Elle ne cachait pas son impatience. "Elle le lui a dit, n'est-ce pas ?"

"Je ne pense pas que tu m'as traité de manière assez équitable."

Le soleil commençait à décliner au-dessous du promontoire qui bornait la vue sur la droite. La tristesse croissante de l'atmosphère semblait s'étendre sur le visage de Mme Lenoir. Sa voix aussi était dure quand elle parlait.

"Je vous ai traité de manière absolument équitable. Vous les hommes, vous voulez toujours jouer avec vos cartes levées et les nôtres sur la table. C'est l'idée masculine d'un jeu égal ! Oh, je le sais ! Pour ma part, je la trouve idiote. Je ne l'aurais pas dit si tôt. Et donc elle n'est pas assez bien pour lui, n'est-ce pas ?

Mme Lenoir avait certainement bien fait d'attiser sa colère. Cela lui a permis de lancer l'assaut et de prévenir le mouvement offensif plus délibéré du général. Par sa simplicité également , elle dénonça impitoyablement l'invention délicate par son ami d'une lettre de Londres recommandant à lui et à son fils de prendre le prochain bateau pour rentrer en Angleterre.

"Il ne s'agit pas vraiment de cela", dit le général, sa vieille joue brun pâle rougissant sous la rudesse de ses paroles méprisantes. "Tu sais combien je l'aime, et combien Bertie l'aime aussi. Mais il faut regarder les faits en face, prendre les choses telles qu'elles sont, Clara. Ce n'est pas tant une question de ses propres sentiments. Il y a le régiment."

Mme Lenoir devint encore plus ennuyée, parce qu'elle s'aperçut en un éclair que, vieille étudiante des hommes comme elle l'était, elle avait négligé un facteur important dans l'affaire. Ennuyée et étant une femme, elle s'en est prise aux autres femmes qui, comme elle le supposait, se mettaient en travers de son chemin.

"Une parcelle de personnes, dans une garnison ou un cantonnement quelque part !" Quel que soit le jugement porté sur sa vie, elle était toujours consciente d'avoir elle-même été célèbre.

"Je suppose que vous faites référence aux femmes ? Je ne pensais pas tellement à elles. Ça serait sûr de sortir, et ça ne s'appliquerait pas aux jeunes."

Elle se tourna vers lui presque violemment, mais ses mots suivants atteignirent une nouvelle note.

"Et cela nuirait à la carrière de mon garçon, Clara."

Le soleil s'était couché. Il y eut un intervalle de lumière froide avant les gloires de la rémanence. Le visage de Mme Lenoir était pâle et dur. "Oui, il les suivrait partout dans le monde", a-t-elle déclaré. « Tantôt un courrier devant eux, tantôt un courrier derrière eux, toujours très proches. Oui, les femmes bavardaient et relevaient leurs jupes ; les vieillards ricanaient et les jeunes plaisantaient. Y a-t-il quelque chose à choisir entre nous, Hugh ? — entre vous, les hommes, et nous, les femmes ?

Il n'entrerait pas dans ce sujet. "Vous ne comprenez pas très bien. Je pense peut-être à son intérêt... eh bien, je suis son père et il est mon aîné. Il le voit à la lumière de son devoir envers le Service."

"Ma pauvre petite Winnie !" Peu à peu, la rémanence arrivait et semblait adoucir les lignes dures de son visage.

"Tu sais que je... eh bien, je l'aime assez moi-même !" Sa voix trembla un instant. « À peu près autant, je crois, en fin de compte, que le garçon. Mais… pourrais-je lui dire quelque chose de différent ? Je donnerais un an de salaire pour ne pas la blesser.

" Un an de solde ! Vieille oie, Hugh ! Vous donneriez votre vie, mais vous ne lâcheriez pas un seul bouton de la tunique d'un des soldats de votre régiment béni. " Elle lui tendit la main, souriant sous des yeux embués. "Vous êtes pédés, les hommes", a-t-elle conclu.

Après un regard furtif autour de lui, le général porta la main à ses lèvres. Ils étaient de nouveau amis et il était content. Pourtant, elle ne renoncerait pas à son privilège du ridicule et de l'ironie, dernière et unique arme des vaincus.

"Je ne sais pas s'il faut dire quoi que ce soit———"

" Alors vous deux vaillants soldats avez décidé que je ferais mieux de le dire ? " elle l'interrompit.

"Comment l'un de nous a-t-il pu laisser entendre qu'elle... qu'elle était la moins intéressée par nos mouvements ?"

"Même pas pendant vos retraites ? Oh, je lui dirai que vous prenez le prochain bateau. Mais presque une semaine de congé, n'est-ce pas ?" Elle a laissé entendre avec malice que la semaine pourrait être difficile, voire dangereuse. Cela dépendrait de la manière dont Winnie prendrait sa décision. L'impulsion irréparable de Mme Lenoir aurait été de rendre cette semaine plutôt éprouvante pour le Major, si elle avait été à la place de Winnie. En lui étant désagréable ? Non, elle aurait trouvé un meilleur moyen que ça.

Un rire joyeux retentit depuis la porte du casino. Winnie était là, en conversation animée avec les garçons Anstruther. Un grand événement s'était produit, propre à amuser tout l'hôtel. « Dolly » avait perdu son demi-dollar habituel – et l'avait perdu comme d'habitude. Il fit le tour de la salle, puis parcourut la salle de concert attenante. Il alla à l'autre table, il revint à celle où il avait joué. Il s'agita pendant quelques minutes, derrière le deuxième garçon Anstruther. Puis il a repêché un autre demi-dollar et l'a mis sur un seul numéro : vingt ! Winnie, sa confidente, pourrait-elle douter de ce qu'il avait en tête ? Le nombre vingt était le gage de Dame Fortune ; il le porterait sur sa manche ! Le numéro vingt est apparu ; le petit homme, haletant rapidement, se jeta sur sa poignée d'argent.

"Eh bien, chacun d'entre nous peut gagner après ça !" » dit l'aîné des garçons Anstruther, qui était fermement partisan de l'idée que M. Wigram était un « hoodoo » pour tout l'hôtel.

Avec une dextérité rapide mais gracieuse, Winnie se débarrassa de ses compagnons. Elle avait aperçu la grande silhouette du général alors qu'il quittait le côté de Mme Lenoir. Elle descendit vers la chaise de son amie et posa une main sur son épaule.

"Pas froid?" Mme Lenoir secoua la tête. "Eh bien, rentrons à la maison, quand même, d'accord ? J'ai passé un long après-midi avec ces garçons, je suis fatigué."

« Asseyez-vous une minute, mon enfant. Alors vous avez laissé le chat sortir du sac ?

"Je t'ai dit que je devais le faire. Est-il venu ici ? Je ne l'ai pas vu."

"Bertie ? Non, seulement le général. Bertie est parti se promener seul. Mais avant de partir, il l'a dit au général."

"Bien?" Winnie tirait sur les gants qu'elle avait enlevés pour compter son argent dans la pièce.

"Ils rentrent chez eux par le prochain bateau." Winnie ne fit aucun signe, ne fit aucun mouvement. "Une lettre de Londres, si vous voulez observer la fiction habituelle." Sa méchanceté, son désir que son sexe se batte pour lui-même et venge ses blessures, pétillaient à nouveau dans ses yeux. "Mais ils ne peuvent pas y aller avant mardi !"

Les yeux de Winnie se tournèrent vers la mer. "Mardi ou mardi de douze mois, quelle différence cela fait-il ?" Elle poussa un petit soupir ; elle avait aimé l'idée de cela – de la vie que cela signifiait, de voir le monde, d'un nouveau départ, de sa grande courtoisie et gentillesse. "Je ne pense pas que nous devions nous considérer responsables d'un cœur brisé", ajouta-t-elle soudain.

"Non, mais il aurait continué, même après que tu le lui aies dit." Sa voix prit son inflexion ironique. "Il aurait continué sans le régiment."

Winnie était appuyée contre le dossier de sa chaise. Elle se redressa, presque avec un sursaut. "Parti mais pour quoi faire ?" » demanda-t-elle d'un ton véritablement étonné.

Le sourire âcre de Mme Lenoir pénétrait le crépuscule. Après un moment de regard vide, les lèvres entrouvertes de Winnie se rencontrèrent également dans un sourire. En fin de compte, pour eux deux, cela semblait drôle – plutôt inexplicable.

"Le régiment, Winnie !" répéta Mme Lenoir en se levant de son siège.

"Cela ne m'est vraiment jamais venu à l'esprit", a déclaré Winnie.

CHAPITRE XXIV

UNE LUMIÈRE

Il semblerait bien que Winnie se soit maintenant habituée à découvrir que des choses qui ne lui étaient jamais venues à l'esprit pouvaient néanmoins occuper une place importante et inattaquable dans l'esprit des autres - et même, qu'elle pourrait, pour des raisons de sécurité, tenir compte de la probabilité d'une telle révélation lorsqu'elle a élaboré des plans ou s'est lancée dans une ligne de conduite. Mais, en fait, ce serait lui demander d'avoir appris très tôt une très dure leçon. Ce n'était pas comme s'il n'existait qu'une ou deux de ces convictions bien ancrées ; de nouveaux surgirent, pour ainsi dire, d'une embuscade à chaque pas de son avance, à chaque étape de son pèlerinage, et manifestèrent une force sur laquelle elle n'avait pas calculé, à laquelle le vol aérien et sans entraves des spéculations de Shaylor's Patch ne l'avait pas préparée. . C'était bien pour elle de déclarer qu'elle accordait aux autres la liberté de pensée et d'opinion qu'elle revendiquait pour elle-même. Bien sûr qu'elle l'a fait ; mais les autres faisaient un usage si étrange de leur liberté ! Le point de vue de Maxon, le point de vue de Dick Dennehy, le point de vue de Woburn Square, le point de vue de Bob Purnett (le sien – et celui de Godfrey Ledstone !) – qu'ils soient considérés comme maîtrisés et appréciés. A eux deux, ils avaient semblé parcourir à peu près le terrain, comprendre toutes les objections que pouvaient soulever les normes religieuses, sociales ou simplement habituelles. Mais non. C'était là un homme qui était prêt, pour lui-même, à renoncer à toutes les objections habituelles, mais qui produisit soudain un nouveau culte, un culte ésotérique, son propre fétiche tribal, évidemment un fétiche très puissant, à apaiser par des sacrifices coûteux, qui il se considérait comme étant manifestement nécessaire et il ne faisait aucun doute qu'il serait facilement compris des autres.

« Comment pourrais-je penser au régiment ? » demanda pathétiquement Winnie. "Je déclare que j'ai pensé à tout le reste - c'est pourquoi je lui ai dit. Le grand monde ne le dérange pas, mais il se soucie d'une demi-douzaine de femmes et d'une douzaine de garçons quelque part en Inde ! Les gens sont pédés, n'est-ce pas, Mme Lenoir ?

Mais Mme Lenoir avait désormais été scolarisée ; les conversations avec le père et le fils lui avaient fait mieux comprendre, et comme il fallait que les choses se passent ainsi, il était souhaitable que Winnie comprenne aussi.

" Eh bien, Winnie, c'est peut-être tout ce que son régiment représente pour vous : une meute de femmes et de garçons en Inde ; en fait, c'est à peu près ainsi que je l'ai appelé moi-même. Mais, pour rendre justice à Bertie, nous devons nous rappeler que pour lui, c'est un grand -un grand--"

"Un super quoi ?" Winnie avait l'air malveillante face à l'hésitation de son amie.

"Eh bien, une grande institution", a conclu Mme Lenoir, plutôt boiteuse.

"Une institution ! Oui !" Winnie hocha la tête. "C'est ça... et je suis absolument destiné à me heurter aux institutions. Elles m'attendent, elles se cachent, elles se cachent dans les coins. Et il y en a combien, à se casser les tibias !"

"Ils finissent tous par ne faire qu'un, je pense", dit Mme Lenoir en souriant. Elle était heureuse d'entendre Winnie philosopher. C'était une bonne preuve qu'il n'y avait pas non plus de cœur brisé, même s'il pouvait y avoir une certaine déception et une certaine contrariété. "J'ai été très blessée au début", a-t-elle poursuivi, "et cela m'a rendu impolie envers le général. Cela ne sert à rien d'être blessé ou en colère, Winnie. Nous nous en chargeons nous-mêmes, si nous choisissons de suivre notre propre chemin. Que ce soit ça vaut la peine d'en assumer les conséquences, c'est à chacun de nous de décider.

"Dans mon cas, ça vaut mille fois le coup", a déclaré Winnie. "Tout de même, je ne comprenais pas du tout ce que cela allait être. Seulement, maintenant je comprends, je vais y faire face. Imaginez si j'avais eu moins de scrupules et effectué une entrée furtive dans le régiment. ! Qu'est-ce qui n'aurait pas pu arriver ?"

Trois jours s'étaient écoulés depuis la date des aveux de Winnie au major ; ils avaient changé les attitudes relatives des deux femmes. Mme Lenoir avait surmonté sa déception et était revenue à sa philosophie habituelle, à sa reconnaissance habituelle des choses telles qu'elles étaient, à sa compréhension que chez les hommes, leur profession et leurs affaires doivent passer en premier. Winnie s'était endurcie envers son défunt prétendant. Prête à être rejetée pour son propre compte, elle ne pouvait se résoudre à accepter avec douceur le rejet à cause du régiment. Après les grandes choses qu'il avait défiées, le régiment semblait un chétif adversaire. Quoi qu'il en soit, si petite chose qu'elle était, une simple institution naine comparée à ses autres géants antagonistes, c'est elle, et non eux, qui l'a maintenant vaincue ; c'est lui, et non eux, qui retenaient désormais Bertie Merriam.

Il faut avouer qu'elle s'est comportée assez malicieusement pendant les journées où les deux officiers attendaient leur navire. Un intérêt exagéré pour les affaires du régiment, une admiration apparemment naïve pour le merveilleux *esprit de corps* du service britannique, des demandes sérieuses sur les moyens par lesquels le commandant nouvellement promu espérait maintenir un ton moral élevé parmi ses subalternes - ces étaient les sujets avec lesquels elle enchantait les heures du déjeuner et du dîner. Le major se tortillait, le général paraissait grave et peiné ; Mme Lenoir affectait de ne rien remarquer, car elle voyait que son jeune ami était pour le moment incontrôlable et trop prêt à se quereller avec eux tous. Pour le reste, Miss Wilson, dont l'existence artificielle devait prendre fin lorsqu'elle embarquait sur le bateau à vapeur pour Gênes, flirtait avec les garçons Anstruther et perdait son argent au jeu.

Ainsi le temps passa jusqu'à la veille du départ du père et du fils. Au dîner ce soir-là, Winnie était toujours d'une gaieté rebelle et gaiement malveillante ; le repas terminé , elle courut dans le jardin et se cacha dans un coin secret. Les garçons Anstruther la cherchèrent en vain et, mécontents, se rendirent au casino. Mais il y avait un chercheur plus persistant.

Elle fut tirée de quelques méditations pas très heureuses en trouvant Bertie Merriam debout en face d'elle. Il ne s'excusa pas de son intrusion ni, en revanche, ne demanda la permission de s'asseoir à côté d'elle ; il resta là, la regardant gravement.

"Pourquoi prends-tu plaisir à me rendre malheureux ?" Il a demandé. "Pourquoi essayez-vous de me faire paraître ridicule et de me donner l'impression d'avoir fait quelque chose de peu distingué ? Je ne suis pas ridicule et je n'ai pas conscience d'avoir fait quoi que ce soit de manière peu distinguée. Le sujet est très difficile pour moi, même pour en parler avec vous ; mais j'agis avec des motifs honnêtes et avec une conviction honnête."

Winnie leva les yeux avec une hostilité maussade. "Chaque fois que j'ai agi avec des motivations honnêtes et des convictions honnêtes, les gens se sont tous combinés pour me rendre malheureux, Major Merriam."

"J'en suis sincèrement et profondément désolé, et je ne le défends pas. Pourtant, les cas ne sont pas les mêmes."

"Pourquoi pas ?"

" Parce que tu voulais faire ce que tu as fait. Sans doute tu étais convaincu que tu en avais le droit, mais tu le voulais en plus. Maintenant, je ne veux plus faire ce que je fais. C'est la différence. Je le veux moins et moins chaque heure que je passe avec toi, malgré que tu sois si désagréable. Il sourit un peu en entendant ces derniers mots.

Winnie le regarda avec curiosité. Qu'allait-il dire ?

"Vous n'êtes pas cohérent. Vous dites que vous aimez que les gens agissent conformément à leurs convictions ; vous vous sentez lésé lorsque les gens vous reprochent d'agir conformément à vos convictions. Pourtant, vous me punissez pour avoir agi conformément aux miennes. Me laisserez-vous mettre les choses au point. devant vous, franchement, puisque nous devons nous séparer, probablement pour de bon, demain ?

"Oui, tu peux dire ce que tu veux, puisque nous devons nous quitter demain."

"Mon idée n'est pas l'idée absurde que vous pensez, et je ne suis pas la grand-mère que vous essayez de me faire passer. Je vais être appelée à servir le Roi dans un poste de grande responsabilité, où mon exemple et mes normes affecteront de nombreuses vies. Je dois être fidèle à mes responsabilités telles que je les vois. Si je faisais ce que mes sentiments m'inclinent à faire - je vous prie de croire que je n'assume rien des vôtres - je ne devrais pas être fidèle à elles. dans le régiment, on ne vous comprendrait pas, ni votre position ni vos convictions. Que savent la plupart des femmes d'officiers et la plupart des jeunes hommes de l'armée du genre de société ou du genre de spéculations qui produisent des convictions comme les vôtres. Ils ne les comprendraient ni ne les apprécieraient. Et s'ils ne le faisaient pas, eh bien, quelle opinion auraient-ils de vous, et quel effet aurait cette opinion, je ne parle pas de votre position ? — mais quel effet cela aurait-il sur ma position et mon influence ?

"Ils me traiteraient simplement comme une mauvaise femme ordinaire, une méchante femme ordinaire ?"

"Disons le cas ordinaire d'une femme qui a fait un scandale. Parce que je suis d'accord avec vous pour penser qu'une telle femme n'a pas besoin d'être une mauvaise femme. Mais même lorsqu'elle n'est pas mauvaise, elle peut, dans certaines positions, nuire au le Commonwealth — et un régiment est un Commonwealth. Je ne suis pas intelligent, comme mon frère. Il est peu probable que j'obtienne un poste plus important que celui-ci , je pense. je lui suis fidèle à un prix élevé — oui, un prix élevé maintenant. Et vous essayez de me ridiculiser. Eh bien, laissez passer cela ! Je veux me mettre dans tes yeux avant de te dire au revoir.

"Je suis désolé d'avoir essayé de vous ridiculiser. Est-ce suffisant, Major Merriam ?"

"C'est quelque chose", sourit-il. "Mais ne pourrais-tu pas aller jusqu'à ne pas me trouver ridicule ?"

"Dois-je penser que les femmes des officiers et les subalternes ne sont pas ridicules non plus ?"

"Je peux laisser cela à vos réflexions ultérieures. Ils ne se sépareront pas de vous demain, et ils ne se soucient pas tellement de votre bonne opinion."

"Non, je ne te trouve plus ridicule." Elle parlait maintenant lentement et pensivement. "Je n'ai pas compris. Je vois mieux ce que tu veux dire et ce que tu ressens maintenant. Seulement comprendre les autres ne rend pas le monde plus facile ! Mais je pense que je comprends. Le Roi te paie pour ta vie, et tu es je suis obligé de le donner, non seulement en temps de guerre, si cela est exigé de vous, mais aussi en temps de paix – est-ce quelque chose comme ça ?

"Oui, c'est le genre de chose. Merci."

"Et vous ne devez rien faire qui rende la vie qu'il a achetée moins précieuse pour lui, que ce soit en temps de guerre ou en paix ?"

"Oui, c'est ça aussi." Il lui souriait maintenant plus joyeusement et avec une grande gentillesse.

"En fait, vous vous êtes vendu d'un seul coup et de manière irrévocable ?"

"Ah, eh bien, ce n'est pas tout à fait ainsi que je devrais le dire. Nous, les Merriams, l'avons toujours fait."

"Esclaves héréditaires !" sourit Winnie. — C'est vraiment un peu comme le mariage, tel que le concevait Cyrille. Il ne faut pas avoir d'autre femme. Le régiment est à vous. Ce serait la bigamie !

"Les gens charmants peuvent dire de grandes bêtises", osa observer le major. Il était à nouveau plutôt froid.

"Nous tournons en rond dans cette discussion. Maintenant, tu me trouves ridicule !"

Il fit un geste de protestation. Winnie rit. " Il y a six jours , je ne me souciais pas particulièrement de toi, mais j'aurais dû t'épouser si tu me l'avais demandé."

" Alors tu m'as dit pourquoi je ferais mieux de ne pas te le demander ? Oui ? "

"Maintenant, je t'aime tout particulièrement, mais rien au monde ne me pousserait à t'épouser", dit Winnie. Elle lui lança un rapide regard railleur. "Donc, si vous luttez, vous n'avez pas besoin de lutter."

"J'ai plutôt du mal, Winnie."

"Demain, c'est fini."

"Oui, mais que va-t-il t'arriver ?"

"Il est devenu plus difficile de répondre à cette question qu'auparavant." Elle se leva de sa chaise. "Mais maintenant j'entre demander pardon au général d'avoir été si méchant."

Elle se tenait là devant lui, mince, presque vague, dans la douce obscurité. Sa robe noire était une tache plus sombre dans l'obscurité ; son visage et ses épaules brillaient de blanc, ses sourcils et la ligne de ses lèvres rouges semblaient noirs, et noirs aussi les yeux avec lesquels elle le regardait, mi-aimant, mi-ridiculeux, de l'autre côté du gouffre qui les séparait. Il fit un pas rapide et impulsif vers elle, lui tendant les bras. Il lui sembla que la sienne venait à leur rencontre ; au moins, elle n'a pas reculé. Avec un soupir et un frisson, elle s'abandonna à son étreinte. "Je suis à moitié désolée, c'est complètement impossible", murmura-t-elle.

Après son baiser passionné, l'homme la laissa partir et recula. "Maintenant, j'ai vraiment honte de moi", a-t-il déclaré.

" Oh, ma chérie, ce n'est pas nécessaire. Nous voici, deux petites choses perplexes, ensemble par cette belle nuit pendant un petit moment, puis très loin l'un de l'autre pour toujours ! Et nous n'avons rien fait de bien terrible. Juste ce que tu aimes en moi m'a embrassé, et juste ce que j'aime en toi t'a embrassé, et t'a souhaité bonne chance, et j'ai été désolé pour les ennuis que j'ai causés, et t'ai dit combien j'espère pour toi. et votre cher régiment, je suis content que vous l'ayez fait, et je suis content de l'avoir fait. Cela nous rend sûrement amis pour toujours que nos lèvres se soient rencontrées ainsi ?"

"J'abandonnerai tout si tu me le demandes, Winnie."

"Non, non. J'ai appris à penser à ce que l'on ressentira demain. Oublie que tu as dit ça. Tu ne le penses pas vraiment."

Il resta silencieux un moment. "Non, je ne le pensais pas vraiment. Je vous demande pardon."

"Je ne vous en veux pas. J'aimais que vous y réfléchissiez juste une minute. C'est fini." Elle sourit d'un air rassurant. "Mais je me souviendrai - et j'aimerais me souvenir. Tout de moi ne te quittera pas, ni tout de toi maintenant, demain - pas absolument tout. Eh bien, cela ne se produit jamais, avec des gens que vous avez rencontrés intimement, Je pense. Mais ce que tu me laisses est tout bon. Je commençais à bander. Cet aperçu de toi tel que tu es vraiment l'a arrêté. Cher ami, embrasse-moi encore une fois, et alors au revoir.

Très doucement, il embrassa de nouveau ses lèvres, car c'étaient ses lèvres qu'elle lui confiait avec une parfaite confiance.

"Entrons maintenant", dit Winnie en passant son bras sous le sien.

Ils déambulèrent lentement dans le jardin parfumé. La nuit était calme ; aucun vent envieux ne troublait le repos de l'île. Merriam, profondément ému, mais désormais maître de lui-même, ne parla pas, mais pressa doucement, une ou deux fois, la main qui reposait sur son bras. Avec Winnie, il y avait un sentiment de tristesse, mais aussi de paix. Elle s'était fait un ami et elle allait maintenant le perdre — mais pas complètement. Et, en le conquérant, elle s'était reconquise elle-même, et en avait fini avec la Miss Wilson qui se moquait et flirtait ces derniers jours, avec des intentions pas très bonnes et des manières pas très bonnes ; elle essayait à nouveau de comprendre, d'être juste, de trouver un véritable équilibre entre elle et les autres.

« Vous êtes très différent des autres, dit-elle soudain ; "mais, d'une manière ou d'une autre, tu m'aides à être plus juste envers eux aussi." Elle poussa un petit soupir. "Mais la justice est terriblement difficile. Il est vraiment beaucoup plus confortable de croire qu'il n'y a absolument rien à dire pour les gens. Vous croyez cela à propos de beaucoup de gens, n'est-ce pas ? Vous le croiriez à propos de mon ami Dick Dennehy, J'imagine, qui veut que l'Irlande soit indépendante, et détruire la monarchie, et abattre l'armée et la marine, et tout ce genre de choses, et pourtant, c'est l'un des plus grands gentlemen.

"Ensuite, je le pendrais, mais je lui serrerais d'abord la main", a déclaré le major.

"Un peu comme ce qu'il m'a fait !" pensa Winnie pour elle-même ; mais Merriam ne comprit pas la signification du regard, du sourire et de la douce pression exercée sur son bras.

"Mais il a aussi son régiment !" continua-t-elle. Puis, levant les yeux vers son compagnon, elle vit qu'il ne tenait pas compte de ses paroles, et le reste de sa méditation sur le parallèle se fit en silence.

Le général n'était pas retrouvé cette nuit-là : il s'était retiré dans ses propres quartiers de l'annexe. Winnie lui fit ses adieux sur le balcon après le petit-déjeuner le lendemain matin, alors qu'ils se levaient et regardaient la grande coque du paquebot dans la rade ; elle devait commencer dans quelques heures.

"M'avez-vous pardonné, Général ? Voulez-vous me dire au revoir ? J'ai dit au revoir à votre fils hier soir."

"Il sera parti avant que vous ne retourniez en Angleterre. Il m'a raconté quelque chose à propos d'hier soir. Vous êtes amis, lui et vous, maintenant ? Et, bien sûr, ma chère, vous et moi. Et nous nous reverrons."

Le navire a émis un cri d'avertissement. "Allez, si tu viens", semblait-elle dire.

"Mais lui et moi ne nous rencontrerons pas. Je suis si heureux que nous nous soyons rencontrés – juste une heure une fois."

Le drôle de petit homme « Dolly » s'affairait sur le balcon, monstrueusement encombré d'impedimenta : un tapis, un « nid » de paniers en osier, une casquette et une paire de chaussures de campagne, un énorme régime de bananes et un spécimen de canne à sucre. Le navire hula de nouveau et il se précipita vers Winnie.

"Au revoir, Miss Wilson, au revoir", dit-il en laissant tomber une demi-douzaine d'objets par terre pour lui serrer la main. "J'ai quelque chose pour tout le monde, je pense. J'ai gagné – oui, j'ai gagné – hier soir, et je suis descendu tôt en ville et j'ai acheté ces cadeaux."

" Comme ça va ! Au revoir, M. Wigram. Dites toute la vérité que vous pouvez, n'est-ce pas ? "

Il pencha la tête de côté, avec un sérieux comique. "Je pense – depuis que je vous ai parlé, Miss Wilson – que ma classe de terminale pourrait supporter un peu." Encore une chouette ! "Oh, au revoir !" s'écria-t-il avec un trouble extraordinaire, en ramassant les objets qu'il avait laissés tomber et en se précipitant vers l'escalier. Winnie le regarda descendre les marches qui menaient à travers le jardin jusqu'au débarcadère.

"Je pense que la classe senior peut supporter un peu, n'est-ce pas, Général ?"

"Tu es trop jeune pour y participer, ma chérie."

Elle se tourna vers lui. "Je ne suis pas malheureux et je ne me considère pas malheureux, car je pense que, au moins dans une certaine mesure, je peux apprendre. Les seules personnes vraiment malheureuses sont celles qui ne peuvent pas du tout apprendre, je pense. Fantaisie je traverse tout ça et je n'apprends absolument rien !"

Un hululement plus long et plus insistant ! Bertie Merriam se dirigea vers le balcon. Aucun observateur n'aurait deviné que cette huée signifiait quelque chose pour lui ou qu'il avait des adieux à faire. Le général tendit la main à Winnie. "Je ferai les pas en douceur, Bertie peut me dépasser. *Au revoir*, Miss Winnie, à Londres !"

Bertie Merriam est venue vers elle. "Tu as bien dormi?" Il a demandé.

"Oh oui. Pourquoi pas ? J'étais tellement en paix. Ne dis rien ce matin. Nous nous sommes dit au revoir hier soir."

"Oui, je sais, mais——" Il était visiblement embarrassé. "Mais je veux te demander une chose. Cela va paraître assez absurde, je sais, et plutôt vaniteux."

"Est-ce que cela va?" » demanda Winnie, les yeux brillants.

"Eh bien, s'il devait y avoir une petite dispute en Inde - je sais que les gens chez nous n'y prêtent pas beaucoup attention - une petite expédition ou quoi que ce soit de ce genre, pourriez-vous la surveiller ? Parce que nous pourrions avoir de la chance. pour y être, et j'aimerais que vous sachiez comment le régiment se présente.

"Si vous avez la chance d'être tué, je lirai à ce sujet", a déclaré Winnie. Elle sourit avec des lèvres tremblantes. "C'est vraiment le moins que je puisse faire pour un ami, Major Merriam."
"Tué ? Oh, pourriture ! Voyez d'abord à quel point nous sommes proches de la pleine force - c'est mon grand test - et ensuite, si vous lisez d'autres gars qui nous montrent le chemin, vous pourriez me le faire savoir, et je me renseignerai. à ce sujet, parce que nous ne pensons pas que cela se produise très souvent. Salut, ce coup de sifflet donne vraiment l'impression qu'elle était sérieuse ! Il lui serra fermement la main et la regarda dans les yeux. "Voici la fin, Winnie !"
"Je n'aurais pas si cela ne s'était pas produit, n'est-ce pas ?"

"Je me demanderai souvent si j'ai bien fait."

Elle a souri. "Ce n'est pas nécessaire. Ce que tu as fait n'aurait fait aucune différence — seulement tu aurais été un peu moins fidèle à ton devoir."

"J'aurais aimé savoir ce que tu allais devenir."

"Je n'ai plus peur. Que Dieu te bénisse, ma chérie."

Il attendit encore un moment. "Tu n'as aucune rancune contre moi ?"

Winnie se détourna brusquement et se pencha par-dessus le balcon. "Oh, s'il te plaît, s'il te plaît !" balbutia-t-elle.

Lorsqu'elle le revit, il était à mi-chemin du débarcadère. Il s'est retourné, a agité la main et a ainsi disparu hors de vue — et hors de la vie de Winnie Maxon.

CHAPITRE XXV

"PEUT-ÊTRE!"

"Bonne grace!" s'exclama Mme Ladd en posant son couteau et sa fourchette.

De sa table dans la salle à manger de l'Hôtel de la Grande Bretagne à Bellaggio, elle avait vue sur la porte et pouvait scruter ses convives lorsqu'ils entraient. L'hôtel était plein de nouveaux oiseaux de passage chaque soir, car la fin de la saison approchait et le monde entier voyageait vers le nord. Dame d'une vive curiosité, possédée, en outre, de ce sentiment de supériorité sur le visiteur occasionnel que procure toujours un long séjour dans un hôtel, Mme Ladd laissait échapper peu de nouveaux arrivants sans commentaire ni critique. Lady Rosaline, qui tournait le dos à la porte, se sentait souvent obligée de tourner la tête pour apprécier par elle-même la justesse des remarques de sa compagne ; mais cette fois-ci, elle demanda simplement : « Qu'y a-t-il, ma chérie ?

"Eh bien, cette femme qui vient d'arriver !" Sa voix était pleine d'excitation agréable. "C'est la femme de Cyril Maxon. Qui est-ce avec elle, je me demande !" Mme Ladd ne connaissait pas personnellement, ni même par ouï-dire, Mme Lenoir.

La tête de Lady Rosaline tourna, non pas avec rapidité ni empressement, mais avec une expression d'indifférence bien élevée. Elle regarda Winnie marcher dans la pièce. « Est-ce qu'elle nous a vu ? elle a demandé à Mme Ladd.

"Non, elle n'a pas regardé dans cette direction. Qu'allons-nous faire, Rosaline ? C'est très gênant." Aussi gênant que cela puisse paraître, Mme Ladd semblait plus perplexe que peinée.

"Je ne la connaissais que très peu – trois ou quatre appels assez formels – autrefois."

"Oh, je la voyais de temps en temps, même si c'était son mari qui était mon ami, bien sûr."

"Eh bien, je pense que nous pouvons faire ce que nous voulons."

"Je ne sais pas. En tant qu'amis, eh bien, quelle est la bonne chose à son égard ?"

« Cela ne me dérange pas de savoir ce qui est juste… envers M. Maxon », dit lady Rosaline d'un ton maussade. "Cela ne lui fera pas de mal si nous sommes courtois avec elle. Je me ferai plaisir. Je ne sortirai pas de mon chemin pour la chercher, mais si nous nous rencontrons, je m'inclinerai."

"Oh, eh bien, je dois faire la même chose que toi, bien sûr. Seulement, je dois dire que j'espère que Cyril n'en entendra pas parler et ne sera pas blessé. Il attend toujours de ses amis qu'ils s'approprient ses querelles, tu sais !"

Lady Rosaline se permit un haussement d'épaules ; elle n'était pas tenue de plaire à Cyril Maxon, pas encore. La correspondance amicale se poursuivait toujours , mais il semblait qu'elle allait bientôt cesser ou prendre une autre tournure. Elle avait en ce moment une lettre à l'étage dans son écritoire – une lettre sans réponse – dans laquelle il l'informait que le dernier lien entre Winnie et lui serait rompu dans quelques semaines, et lui demandait la permission de la rejoindre à Bellaggio, ou ailleurs. sinon, elle le resterait pendant deux ou trois jours pendant les vacances de la Pentecôte.

"Dans ce cas, rien ne nous empêchera de parvenir à un accord complet", a-t-il ajouté.

Lady Rosaline savait ce que cela signifiait. Elle doit se décider. À moins de pouvoir se rattraper de la manière souhaitée par M. Maxon, elle ne pensait pas qu'il valait mieux qu'ils se retrouvent pendant les vacances de la Pentecôte ; il ne serait pas un compagnon agréable si ses souhaits étaient contrariés. Même maintenant, alors qu'il gardait encore de l'espoir et avait toutes les raisons d'être aussi agréable que possible, une tension de ressentiment imparfaitement réprimée traversait la lettre amicale.

Dans ces circonstances, avec cette décision à prendre, il n'était pas étrange que Lady Rosaline soit intéressée par le hasard qui mettait sur son chemin celle qui avait été - et était techniquement encore, pendant un petit moment encore - l'épouse de Cyril Maxon. . Mme Ladd, qui devinait assez perspicacement la situation de son amie, n'était guère moins curieuse, quoique plus retenue par sa loyauté envers Cyril. Elle était néanmoins heureuse que Lady Rosaline ait décidé qu'ils n'avaient pas besoin de couper Mme Maxon. Qu'elle était 'Mme. Maxon'—'Mme. Winifred Maxon', ressortit clairement de l'examen du livre d'or que Mme Ladd commença immédiatement après le dîner. Winnie naviguait à nouveau sous son propre pavillon et proposait de continuer à le faire flotter, à moins que Cyril Maxon ne s'y oppose. S'il en entendait parler, il s'y opposerait probablement ; alors elle pourrait trouver un autre sobriquet si Mme Lenoir était toujours obstinée à l'égard des « parents » qui défiguraient son propre nom de jeune fille de « Wilkins ».

"Et la femme qui l'accompagne semble être une Mme Lenoir. Au moins, leurs noms sont côte à côte, tout comme leurs chambres. Avez-vous déjà entendu parler d'elle ?"

"Jamais", répondit Lady Rosaline. C'était aussi bien ; ils avaient déjà beaucoup de matière à potins.

Ils étaient assis dans le hall de l'hôtel, où étaient disposées des chaises en osier et des petites tables, et où il était d'usage de prendre le café après le dîner. Mme Ladd avait fait son inspection et avait rejoint son amie.

"Est-ce qu'ils sont déjà sortis du dîner ?" elle a demandé.

"Non. Ils ont commencé en retard, voyez-vous. Là où nous sommes assis, ils n'ont pas besoin de nous dépasser quand ils sortent. Eh bien, nous ne voulons pas nous précipiter pour eux, n'est-ce pas, Mme Ladd. ?"

"En effet, non. Je ne parlerai que si cela m'est imposé – juste pour ne pas être méchante, Rosaline. Mais j'aimerais qu'ils sortent !"

Enfin les nouveaux arrivants entrèrent dans la salle, Mme Lenoir ouvrant la voie . Elle avait toujours l'air belle, mais plutôt vieille et hagarde. Par malheur, le voyage avait été orageux ces deux derniers jours, et le voyage en chemin de fer avait fatigué un corps peu robuste. Mais Winnie avait l'air bien, brillante et alerte. Ils ne croisèrent pas Mme Ladd et Lady Rosaline, mais s'assirent à une table près de la porte de la salle à manger. Tandis qu'ils étaient assis, leurs profils se présentaient au regard des deux dames qui les observaient de si près.

"L'autre femme devait être très belle autrefois", a déclaré Mme Ladd. "Je me demande qui elle était !" L'air de grandeur passée de Mme Lenoir faisait souvent parler d'elle dans un temps correspondant.

"Winnie Maxon aussi a l'air bien. Je pense qu'elle a changé d'une manière ou d'une autre, n'est-ce pas, Mme Ladd ? Il me semble qu'elle a un nouvel air - une sorte d'air assuré qu'elle n'avait pas auparavant."

"Ma chérie, il faut qu'elle l'emporte ! C'est ça le sens."

"Je me demande!" Lady Rosaline n'était pas satisfaite. Son souvenir de Winnie, si léger soit-il, lui rappelait bien que la femme de Cyril Maxon avait un air plutôt timide, une manière dépréciatrice. La femme là-bas n'était en aucun cas autoritaire ou « bruyante », mais elle semblait entièrement maître d'elle-même et autonome, et parlait d'une manière animée. Mme Ladd regarda à nouveau.

"Cyril a dit qu'elle l'avait accusé de la tyranniser. Je suis sûre qu'elle n'a pas l'air d'avoir été tyrannisée", a-t-elle fait remarquer. "Toutes des absurdités, je n'en doute pas."

Lady Rosaline ne répondit rien ; elle continuait simplement à chercher. Mais elle ne pouvait pas oublier que plusieurs mois s'étaient écoulés depuis que Winnie avait mis fin à sa vie conjugale avec Cyril Maxon.

Aucune rencontre entre les deux couples n'a eu lieu cette nuit-là ; en effet, Mme Lenoir et Winnie restaient inconscientes de l'examen minutieux auquel ils étaient soumis et de la présence des dames qui le dirigeaient. Fatigués du voyage, ils se couchèrent tôt et Mme Ladd, se sentant immédiatement très ennuyée, alla chercher un vieux roman sur les étagères du salon. Lady Rosaline ne lisait pas ; elle resta assise sans rien faire dans le couloir, pensant toujours à Winnie et à la remarque de Mme Ladd à laquelle elle-même n'avait pas répondu. Devrait-elle – pourrait-elle – interroger la seule personne susceptible de lui donner une réponse pertinente ? Pourrait-elle même répondre à quelque raison que ce soit ? Autrement dit, l'expérience et l'opinion de Winnie pourraient-elles guider Lady Rosaline dans la résolution de son propre problème ? Il serait peut-être étrange de poser cette question, et peut-être qu'aucune réponse, inutile ou utile, ne serait apportée. Pourtant, d'un autre côté, il serait peut-être possible d'obtenir un peu de lumière. Ces pensées occupèrent son esprit jusqu'à ce qu'elle se couche avec mécontentement, et, même après s'être couchée, elles restèrent encore à l'irriter et à l'embarrasser. Mais il n'y avait vraiment aucun doute sur ce qu'elle ferait en fin de compte. Elle allait sûrement essayer. La curiosité et l'intérêt personnel l'ont motivée. Ils étaient trop forts pour être réprimés, soit par la crainte d'un camouflet, soit par le doute de résultats utiles.

Le lendemain matin, immédiatement après le petit-déjeuner, elle sortit sur la grande terrasse devant l'hôtel et s'assit sur un banc près de la porte principale. Personne ne pouvait quitter la maison sans qu'elle le voie. Elle comptait sur les nouveaux arrivants qui se présenteraient de bonne heure pour explorer les environs ; elle supposait même que la jeune femme sortirait très probablement avant son vieux compagnon – et que cela (disaient les pensées secrètes de Lady Rosaline) offrirait la meilleure chance de toutes. Elle posa son parasol et attendit. Elle était à l'abri de Mme Ladd, dont elle ne voulait pas à ce moment-là, car Mme Ladd était à l'étage, réparant quelques ravages subis par une de ses robes.

"C'est une drôle de situation !" Lady Rosaline réfléchissait donc , et elle se demandait, dans un esprit de spéculation fantaisiste, ce que Cyril Maxon lui-même en penserait. "Ce que je veux vraiment faire, c'est demander son personnage à sa dernière place !" Oui, c'est de cela qu'il s'agissait ; et le parallèle était encore plus vrai, dans la mesure où il était très probable que le personnage ne lui dirait pas grand-chose, ne montrerait pas si le demandeur était susceptible de lui convenir, aussi bien ou mal qu'il lui convenait dans sa situation antérieure. Pourtant, cela doit sûrement révéler quelque chose sur lui ou sur sa femme elle-même ; même la connaissance de l'épouse qui avait quitté Maxon serait, d'une certaine manière, une connaissance de Maxon lui-même. Mais c'était une situation étrange. Qu'en penserait Cyril ?

Un nombre surprenant de personnes sont sorties de cette porte avant Winnie ; mais en fin de compte, la prévision de Lady Rosaline fut justifiée. Winnie est sortie, et elle est sortie seule. Elle portait son chapeau, son ombrelle et marchait d'un pas rapide, comme si elle partait en expédition. Lady Rosaline se leva de sa chaise et l'intercepta.

"Je pensais que c'était vous hier soir, à la table d'hôte, et maintenant j'en suis sûr ! Comment allez-vous, Mme Maxon ? Vous vous souvenez de moi, Rosaline Deering ?" Elle lui tendit la main. "Je suis si content de te voir."

Winnie lui serra la main. "Oui, je me souviens de vous, Lady Rosaline, et je suis contente de vous voir – si vous êtes contente de me voir, je veux dire, vous savez." Elle a souri. "Eh bien, tu n'aurais pas dû me serrer la main si tu ne l'avais pas voulu, n'est-ce pas ? N'est-ce pas charmant ici ?"

"C'est effectivement le cas. Mme Ladd - vous vous souvenez d'elle aussi, bien sûr ? - et moi sommes ici ensemble depuis près d'un mois et j'espère être ici encore quinze jours. Restez-vous longtemps ?"

"Nous l'espérions, mais mon amie ne va pas très bien, elle reste au lit ce matin, et j'ai peur qu'elle ait décidé de rentrer à la maison. Nous pourrions donc partir vraiment à tout moment."

De toute évidence, Lady Rosaline n'avait pas de temps à perdre. "Tu vas te promener ?" dit-elle.

"Oh, je vais juste me promener dans la ville et regarder autour de moi."

"Puis-je venir avec vous?"

"Bien sûr ! Ce sera très gentil." Il y avait juste une légère note de surprise dans la voix de Winnie. Ses relations avec l'amie de son mari, Rosaline Deering, étaient très limitées ; il n'avait jamais atteint le degré de cordialité sur lequel il semblait maintenant, assez paradoxalement, s'établir.

Ils partirent ensemble – un spectacle certainement étrange pour Cyril Maxon, si ses yeux l'avaient vu ! Mais même Lady Rosaline, même impatiente, ne pouvait pas se plonger immédiatement dans ses questions, et Winnie, pleine du nouveau plaisir de l'Italie, était concentrée sur les vues de la petite ville et sur la beauté du lac et des collines. Ce n'est que lorsqu'ils revinrent s'asseoir sur un siège face à l'eau que la conversation arriva à son terme. Pourtant, la promenade n'avait pas été vaine ; ils s'étaient bien entendus, la cordialité était solidement établie, et lady Rosaline avait eu l'occasion d'observer de plus près quel genre de femme était la femme de Cyril Maxon. L'ancienne impression d'air timide et de manières dépréciatives avait besoin d'une révision radicale pour la mettre au goût du jour ; ce n'étaient pas des mots que quiconque utiliserait pour décrire l'actuelle Winnie Maxon.

Pourtant, Lady Rosaline avait du mal à commencer, difficile à faire une quelconque référence, aussi réservée soit-elle, au passé. En fait, c'est Winnie elle-même qui a finalement donné les devants. Lady Rosaline était reconnaissante ; elle avait commencé à craindre qu'un désespoir nerveux ne la pousse à poser des questions incroyablement grossières, telles que : « Pensez-vous que je serais idiote si j'épousais votre mari ?

« Je suppose que vous voyez Cyril de temps en temps, Lady Rosaline ? Est-ce qu'il va bien ?

"Oh oui, il va très bien, je pense, et je le vois assez souvent, pour un homme si occupé et si recherché." Elle a décidé qu'elle devait risquer quelque chose si elle voulait gagner quelque chose. "N'est-ce pas un sentiment plutôt étrange, après avoir été si proches l'un de l'autre, d'être si complètement séparés maintenant ? J'espère que vous me direz si vous préférez ne pas parler ?"

"Ça ne me dérange pas", sourit Winnie. "C'est un grand changement, bien sûr, mais en réalité, je ne pense pas souvent à lui – ni lui à moi, j'imagine." Elle a ajouté, avec un petit rire : "Au moins, j'espère que non, car il ne trouverait rien de flatteur. Bien sûr, j'ai été surprise par le divorce."

"Nous en avons tous été plutôt surpris", murmura discrètement Lady Rosaline; son objectif était d'obtenir, non de donner, des informations.

"C'est la seule chose incohérente que je lui ai jamais vu faire." Elle a ri. "Je me demande s'il est possible qu'il soit tombé amoureux de quelqu'un d'autre !"

Lady Rosaline ne jetait aucune lumière. "Oh, eh bien, il n'aurait pas à demander en vain, je pense."

Winnie n'a rien dit. Elle regardait la mer avec un sourire que son compagnon jugeait à juste titre impénétrable. Lady Rosaline a pris un autre risque.

« Tant pis pour la femme, diriez-vous, je suppose ?

"Je ne veux rien dire. Ce que j'ai ressenti semble assez bien indiqué par ce que j'ai fait, n'est-ce pas, Lady Rosaline ? Parce que je n'étais amoureux de personne d'autre à l'époque, vous savez."

Non, ce qu'elle ressentait n'était pas suffisamment indiqué pour les objectifs de Lady Rosaline. Ce que Winnie avait fait montrait que, pour elle, la vie avec Cyril était impossible ; mais cela ne montrait pas pourquoi. Seul le point essentiel pour Lady Rosaline a été omis.

« Mais je devrais penser que certaines femmes pourraient très bien s'entendre avec lui ? hasarda-t-elle.

Winnie regardait le lac ; elle semblait ruminer. Puis elle se tourna vers son compagnon en souriant.

"Peut-être !" dit-elle. "Et maintenant, il faut vraiment que j'aille voir comment va Mme Lenoir, mon amie. J'espère que nous aurons une autre conversation avant de partir, je ne parle pas de Cyril !"

Lady Rosaline observa sa silhouette droite et sa démarche dynamique alors qu'elle retournait à l'hôtel, se souvenait de sa gaieté et de la gaieté de son sourire alors qu'elle appréciait le lac, les montagnes et la petite ville, retrouvait le scintillement insaisissable de ses yeux lorsqu'elle faisait référence à à la seule chose incohérente que Cyril Maxon ait jamais faite. Et ce « Peut-être ! » – ce « Peut-être ! » des plus insatisfaisants et des plus alléchants. Était-ce un véritable assentiment, ou simplement un rejet civil de la question, car sans importance pour la personne interrogée ? Ou s'agissait-il en fait d'une dissidence – d'un accueil profondément sceptique, presque méprisant, de la suggestion ? Il est probable qu'une autre femme le pourrait – peut-être qu'une autre femme le pourrait – qu'aucune femme ne le pourrait – ce « Peut-être ! » semblait susceptible de l'une des trois interprétations. Lady Rosaline se cramponna impuissante à ce mot glissant ; cela ne lui donnait aucune prise ; il ne fallait pas s'y attaquer.

Cela ne servait à rien de consulter Mme Ladd ; elle n'avait pas entendu la réponse insaisissable. Lady Rosaline pourrait-elle se dévoiler clairement à Mme Maxon ? C'était son instinct secret et urgent, mais, d'une manière ou d'une autre, cela ne semblait pas être une chose admissible ; c'était bizarre et déplaisant à ses sentiments. Pourtant, elle devra bientôt répondre à la lettre de Cyril. Lui permettre de venir la rencontrer équivaudrait à une acceptation. Refuser de le lui permettre serait, au moins, un tel ajournement qu'il ressentirait amèrement et refuserait probablement d'accepter ; Soit il prendrait cela comme un rejet définitif, soit il viendrait sans autorisation – et la « tyranniserait » encore ? Elle pouvait se cacher, mais le pouvait-elle ? Mme Ladd voudrait savoir pourquoi, se moquer d'elle – et, ce qui n'est pas improbable, mettre Cyril sur la bonne voie. Lady Rosaline se sentait enveloppée de perplexité comme dans un vêtement.

"Dérangez l'homme !" se dit-elle soudain à voix haute. Puis elle a commencé violemment. Une grande et belle dame âgée, portant une ombrelle, un grand coussin et un livre, était absolument à ses côtés. Elle reconnut la compagne de Winnie, Mme Lenoir.

"J'ai bien peur de vous avoir surpris ? Puis-je m'asseoir ici ? Winnie Maxon m'a dit qui vous étiez et vous lui avez parlé, n'est-ce pas ?" L'expression amusée de Mme Lenoir ne laissait aucun doute sur le fait qu'elle était au courant du sujet de la conversation. "Oh, elle vient juste de mentionner que vous étiez un ami de M. Maxon", a-t-elle ajouté. "Elle n'a pas trahi vos confidences."

"Je ne pense vraiment pas en avoir fait", sourit Lady Rosaline. "Mais M. Maxon est un de mes amis. Oh, laissez-moi installer ce coussin confortablement pour vous. Vous ne vous sentez pas très bien ce matin, m'a dit Mme Maxon."

"Je me sens mieux maintenant", a déclaré Mme Lenoir, acceptant gracieusement le service offert. "Et la journée est si belle que je pensais sortir. Mais je ne voulais pas vous faire sursauter, Lady Rosaline."

Elle poussa un soupir de contentement alors qu'elle parvenait à une position satisfaisante par rapport au coussin. "Je ne connais pas M. Maxon moi-même", a-t-elle fait remarquer.

"Je l'aime beaucoup."

"Oui?" Elle était tout aussi évasive que Winnie l'avait été avec son « Peut-être !

"Bien sûr, vous avez entendu sa version de l'histoire."

"Je l'ai fait", a déclaré Mme Lenoir. "Ou autant qu'elle me le dirait."

Lady Rosaline était déterminée à essayer ce que ferait une petite provocation.

"Bien sûr, nous qui sommes ses amis, pensons que tout aurait pu bien se passer avec un peu plus de sagesse de sa part."

Mme Lenoir haussa légèrement les sourcils. "Oh, peut-être !" murmura-t-elle doucement.

C'était vraiment exaspérant ! Être déconcerté à chaque instant par ce misérable mot, avec sa prétention d'admettre que ce n'était pas une concession réelle, avec son assentiment feint qui pouvait si probablement dissimuler une dissidence obstinée ! C'était comme écouter un son attendu provenant d'une autre pièce – le bruit de voix ou de mouvements – et trouver, à la place, un silence et une immobilité absolus ; il y avait quelque chose du même effet étrange. Lady Rosaline passa de la simple perplexité à un vague malaise – une appréhension de possibilités qu'on lui refusait les moyens d'évaluer, si vitales qu'elles puissent l'affecter. Oserait-elle entrer dans cette pièce étrangement silencieuse et les laisser verrouiller et lui barrer la porte ?

"Après tout, ce ne sont pas nos affaires", a remarqué Mme Lenoir en souriant. "Winnie ne pouvait pas le supporter, mais, comme tu le dis, peut-être une femme plus sage————"

"Je ne supportais pas quoi ?" » Lady Rosaline l'interrompit avec impatience.

"Oh, Cyril Maxon, tu sais."

Pas un pas en avant ! Silence encore ! Lady Rosaline, fronçant les sourcils avec inquiétude, se leva. Mme Lenoir leva les yeux, souriant à nouveau. Elle n'en était pas sûre, mais elle faisait le rapprochement, aidée par l'exclamation qu'elle avait involontairement entendue. En tout cas, elle n'avait pas envie d'intervenir. Cette femme était l'amie de Cyril Maxon, pas celle de Winnie. Mme Lenoir associait instinctivement les amies de son mari aux difficultés de sa femme. Laissez cet ami de Maxon se débrouiller seul !

"Mais, bien sûr, le poison d'une femme peut être la viande d'une autre femme. Allez-vous entrer ?"

"Oui, je pense. Le soleil est plutôt chaud."

"Oh, je suis une salamandre ! Au revoir, alors, pour le moment, Lady Rosaline."

Lady Rosaline était venue de l'étranger pour souffler, faire le point, se décider sur Cyril Maxon. Cela n'avait pas été facile, et sa rencontre avec ces deux femmes rendait les choses encore plus difficiles. Cette perplexité la contrariait énormément. Elle leur en voulait de leur réticence déconcertante ; insensiblement, la rancune s'étendit à l'homme qui était la cause ultime de son inquiétude. Il lui gâchait ses vacances. "Je vais avoir de la fièvre !" déclara-t-elle, alors qu'elle se dirigeait inconsolablement vers sa chambre, pour se mettre en ordre pour *le déjeuner* .

Sur sa coiffeuse était posée une lettre... de Venise. Elle n'avait pas oublié sa promesse d'envoyer une adresse à l'Hôtel Danieli. Sir Axel Thrapston l'informa alors qu'il partait pour rentrer chez lui dans quelques jours et qu'il lui conviendrait – et le trouverait agréable – de passer par Bellaggio en chemin ; serait-elle toujours là et supporterait-elle sa compagnie pendant un jour ou deux ? "Les tableaux, les églises et les gondoles, c'est très bien ; mais j'aimerai encore mieux bavarder avec un ami", a écrit Sir Axel.

En lisant, Lady Rosaline éprouvait un soulagement aussi vague que son malaise l'avait été, et pourtant aussi grand. L'atmosphère autour d'elle semblait soudainement changée et allégée. Presque en sursaut, elle se rappela comment elle avait éprouvé un sentiment similaire lorsque Cyril Maxon était parti et que Sir Axel était venu cet après-midi à Hans Place. Le sentiment n'était pas d'excitation, ni même principalement de plaisir ; il s'agissait de repos, plutôt que de lutte, de sécurité, face à une responsabilité incertaine mais peut-être énorme. Et cela était présent en elle avec une force encore plus forte qu'auparavant, à cause de ces deux femmes et de leurs « Peut-être ! » déroutants et glissants. Alors qu'elle ôtait son chapeau et arrangeait ses cheveux avant de descendre, la portée de ce vague changement de sentiment commença à prendre forme dans son esprit. Lentement, cela est devenu définitif. Lady Rosaline se décidait enfin ! Les possibilités qui se cachent dans l'obscurité de ce « Peut-être ! c'était trop pour elle. "Si je ressens ça, comment puis-je oser le faire ?" telle était la forme que prenaient ses pensées. Pourtant, même si elle n'osait pas le faire, des ennuis l'attendaient. Cyril Maxon ne se contenterait pas de cette décision. Il protesterait, il persisterait, il pourrait encore la « harceler » ; il pouvait la chercher, même si elle le lui interdisait, et, s'il la trouvait, elle n'était pas tout à fait sûre de sa capacité à résister.

Un sourire vint lentement à ses lèvres tandis qu'elle se regardait dans la trumière et mettait la touche finale à sa panoplie. Ce serait agréable d'avoir la compagnie de Sir Axel ; il pourrait même être agréable de rentrer chez lui sous l'escorte de Sir Axel, si les loisirs de ce gentleman le permettaient. Les pensées de Lady Rosaline embrassaient l'idée de Sir Axel comme allié, peut-être comme un bouclier. Peut-être sont-ils allés jusqu'à suggérer qu'un homme qui ne s'incline pas devant une décision peut se trouver confronté à une situation qu'il ne peut qu'accepter. En tout cas, lorsqu'elle descendit à la salle à manger, le froncement de sourcils inquiet de Lady Rosaline avait disparu ; En passant devant Mme Lenoir et Winnie, elle leur sourit sans aucune trace de rancune. "Je suis heureuse de les avoir rencontrés maintenant", fut sa réflexion. Elle a pardonné « Peut-être ! »

CHAPITRE XXVI

UN AMI DÉPART

Mme Lenoir et Winnie restèrent à Bellaggio quatre ou cinq jours, pendant lesquels leur relation avec les deux autres dames se transforma en une cordialité plus intime. Pourtant, ni les deux qui connaissaient la situation, ni celui qui la soupçonnait avec confiance, n'ont jugé bon de suggérer à Winnie l'existence d'une situation particulière ou d'une question urgente qui concernait Lady Rosaline et Cyril Maxon. Une telle révélation, de l'avis de tous les trois, serait source de maladresse. Mais une fois que les deux parties eurent dit adieu et que Winnie et elle furent sur le chemin du retour, Mme Lenoir ne vit aucune raison de ne pas mentionner la conclusion à laquelle elle était arrivée, ni de conjecturer ce qui, le cas échéant, aurait une incidence sur l'état des choses. l'arrivée de Sir Axel Thrapston aurait pu ; il était arrivé à Bellaggio la veille de leur propre départ, et avait été reçu par Lady Rosaline avec beaucoup de gentillesse.

Winnie n'avait pas découvert la vérité par hasard ; en effet, son esprit avait été occupé par la pensée d'un autre homme que Cyril Maxon. Elle l'entendit dire par son amie sans surprise, et ne fut pas incapable d'apprécier l'humour sombre et sombre de Mme Lenoir sur la situation. Pourtant, son sentiment natif et intime était celui d'une protestation contre cette façon de vivre qu'elle commençait, sous la pression de ses diverses expériences, à reconnaître et à apprendre qu'elle devrait accepter. Le jour où elle quitta définitivement la maison de Cyril Maxon, elle avait conçu qu'elle quitterait Cyril Maxon aussi pour de bon, qu'elle le mettrait hors de sa vie, loin d'elle et derrière elle, sans le droit ni le pouvoir d'exiger un seul regard en arrière alors qu'elle parcourait un chemin conditionné, certes, à certains égards par son existence, mais, pour l'avenir, essentiellement indépendant de lui. Le cours des événements n'avait guère justifié cette prévision. Se libérer de sa pensée ne s'était pas révélé possible ; il a fait plus que simplement imposer des conditions ; il figurait toujours comme un facteur plutôt déterminant dans la vie et dans sa vision de la vie. Elle semblait l'emmener avec elle partout où elle allait, pour ainsi dire, et le mettre ainsi en contact avec tous ceux avec qui elle avait elle-même des relations. Cela s'est produit aussi bien dans de petites choses que dans de grandes choses, comme par exemple dans cette rencontre étrange avec Rosaline Deering et dans l'épisode émouvant de sa rencontre avec Bertie Merriam, tout autant que dans l'histoire antérieure du studio de West Kensington. Elle n'avait pas réussi à dissocier son destin du sien, à rompre jusqu'au dernier lien le lien qui l'avait autrefois si étroitement liée à lui. La liberté complète, et tout son sens, pourrait survenir dans le futur ; pour le moment, son sentiment était celui du mépris pour la jeune femme ignorante qui avait pensé qu'une grande chose pouvait si facilement être défaite, privée de son effet et faite comme si elle n'avait jamais eu lieu. Et supposons que la liberté complète, désormais possible dans l'action, vienne réellement, et avec elle une émancipation intérieure correspondante ; Pourtant, il y avait et il y aurait encore des effets sur ces autres vies – des effets grands ou petits, transitoires ou permanents, mais qui, dans leur masse, représentaient une somme considérable d'expérience humaine, dont la forme et la couleur étaient finalement dues à sa propre action.

Même si elle n'avait pas aimé Bertie Merriam, leurs relations sexuelles, la révélation de lui-même et la manière dont ils se séparaient l'avaient profondément affectée. Pour la première fois, elle avait vu l'ennemi, la convention – l'ordre établi, la chose convenable – sous une forme qu'elle pouvait non seulement comprendre, mais avec laquelle elle était obligée de sympathiser. Ce qui lui avait semblé un dogmatisme dur chez son mari et Attlebury, et une simple respectabilité de caste, extérieure, étroite et lâche, chez les habitants de Woburn Square, prit une forme nouvelle lorsqu'elle s'incarna dans la loyauté d'un soldat et d'un soldat. trouve son expression, non pas dans des exigences envers autrui, mais dans le sacrifice de soi à une obligation et à un idéal. La liberté avait été son dieu, et elle n'abandonnerait pas le sanctuaire où Shaylor's Patch lui avait appris à adorer ; mais Merriam lui avait montré, et lui avait fait comprendre, par l'appel pénétrant d'une vive émotion, qu'il existait d'autres divinités dignes d'offrandes et de nobles adorateurs qui les faisaient. C'était un grand dégoût de sentiment qui la poussa à déclarer que Merriam ne pouvait faire d'autre que sacrifier l'espoir qu'il avait d'elle à son service juré et au régiment.

En se justifiant, ou plus que en se justifiant, Merriam a en quelque sorte plaidé en faveur de Cyril Maxon. Winnie s'est tenue à un compte rendu plus strict de ses relations avec son mari. Lorsqu'elle comprit pourquoi il s'était écarté de ses strictes convictions et combien il était probable que cet écart serait vain, elle eut hâte de débarrasser son âme de tout sens des responsabilités. Elle se souvenait exactement de ce qu'elle avait dit, aussi fidèlement qu'elle le pouvait ; elle écouta attentivement le récit de Mme Lenoir sur sa propre conversation avec Lady Rosaline.

"Pensez-vous que nous l'avons influencée, que nous l'avons arrêtée ?" elle a demandé. "Parce que je n'aurais pas fait ça exprès."

« Je ne l'aurais certainement pas encouragée exprès. Et, si vous me le demandez, je pense que notre attitude de… enfin, de réserve (Mme Lenoir souriait) aura son poids – combinée, peut-être, aux attraits de Sir Axel. ".

"Je suis désolé. Si Cyril la veut et que ça ne se réalise pas, il me détestera plus que jamais."

"Il ne devinera pas que vous avez quelque chose à voir avec cela – à supposer que ce soit le cas."

"Non, mais il remontera à moi, bien sûr. Il me reprochera de l'avoir forcé à agir contre sa conscience."

"Mais, mais, il ne devrait pas avoir une conscience aussi stupide", dit facilement Mme Lenoir. Pour elle, les consciences n'étaient pas des choses à traiter avec une ponctulio exagérée. « Après tout, si elle vous l'avait demandé directement, qu'auriez-vous dit ?

"J'aurais dû refuser de dire quoi que ce soit, bien sûr."

" Elle le pensait probablement, alors elle a essayé de vous pomper indirectement. Je pense que vous semblez avoir été très modéré - et je suis sûr que je l'étais. Et, en tant que femme envers une autre, vous devriez être heureuse si Lady Rosaline le fait. Soyez prompt à comprendre un indice. Je serai également heureux, d'ailleurs, parce que je l'aime bien et que j'espère la voir quelque chose en ville, ce que je ne ferais certainement pas si elle devenait Lady Rosaline Maxon.

"Eh bien, je n'avais aucune idée de l'état actuel des choses, et j'en ai dit le moins possible", a terminé Winnie, protestant contre toute nouvelle entrée au débit de son compte avec Cyril - une chronique à propos de laquelle elle n'avait pas beaucoup l'habitude de parler. se préoccuper d'elle-même.

Winnie trouva bientôt une distraction face aux curieuses investigations de sa conscience en s'occupant de son amie, dans laquelle elle assistait la précieuse Emily. Alors qu'ils rentraient progressivement chez eux, Mme Lenoir développa une toux sévère et pénible, qui rendit le sommeil très difficile et réduisit ses forces, peu importantes, à une faiblesse dangereuse. Pourtant, elle rentrerait chez elle, rejetant presque sèchement toute suggestion de retour à un climat plus doux. Elle affrontait sa situation avec un courage fataliste et son attitude à son égard était marquée par sa clarté de vision habituelle.

"Si je dois mourir – et je pense plutôt que c'est le cas – je préférerais mourir chez moi plutôt que dans un hôtel."

"Oh, ne parle pas de mourir !" Winnie implora. "Que dois-je faire?" En effet, elle était désormais liée à son amie par une forte affection.

"Eh bien, il n'y a que vous et le général. Mais le général mourra trop bientôt , et vous partirez de toute façon. Oh oui, vous devrez le faire, d'une manière ou d'une autre ; cela se passera comme ça. Il n'y a personne d'autre qui et je ne sais pas si les femmes comme moi se font du bien en vivant vieilles. Je ne me plains pas ; j'ai choisi ma vie et je l'ai appréciée, Winnie !

On ne put résister à cet appel et, au début du mois de mai, ils furent retrouvés chez eux. Un printemps froid et tardif a rempli Winnie de craintes pour son amie. Pourtant, Mme Lenoir ne voulait ni ne pouvait, comme il semblait maintenant, faire un autre geste. Elle était allongée sur son canapé, ses beaux yeux fixés devant elle. Elle bougeait et parlait peu. Elle semblait juste attendre. Winnie se demandait souvent par quelles scènes de souvenir, par quelles tensions de méditation son esprit passait. Mais elle conservait toute cette attitude défensive que sa vie lui avait apprise : le pouvoir de ne rien dire d'elle-même, de ne donner lieu ni à l'éloge ni au blâme, de ne demander aucun soutien extérieur. Peut-être qu'elle a parlé au général. Il venait tous les jours et Winnie avait du mal à les laisser seuls ensemble. À l'égard du reste du monde, y compris même de Winnie, elle était évidemment disposée à maintenir jusqu'au bout sa réticence constante. La maladie met une maison hors du trafic du monde ; les jours se succédaient dans un isolement tranquille et une triste tranquillité.

Ce qui s'était passé a laissé des traces dans les relations de Winnie avec le général. Il était bien sûr courtois et bien plus encore. Il était uniformément bon, voire affectueux, et constituait son partenaire dans tout ce qui pouvait être fait ou tenté pour le patient qu'ils aimaient tous deux. Ce lien entre eux tenait, et tiendrait jusqu'à ce qu'une autre puissance que la leur le rompe. Mais c'était tout ce qui les maintenait désormais ensemble ; quand il aurait disparu, il lui serait en fait étranger. Si elle se disait, avec une pointe d'amertume : « Il a perdu tout intérêt pour moi », il y avait un certain sens qu'elle disait la vérité. Il l'avait imaginée entrant dans le cercle restreint de sa vie et avait désiré de toute urgence la réalisation de l'image. Désormais, elle était définitivement reléguée à la périphérie ; elle n'était encore que la jeune amie de Mme Lenoir - avec ce changement - qu'il nourrissait contre elle une rancune pathétiquement aimable pour la perte du tableau. Elle ne savait pas à quel point il savait ce qui s'était passé entre elle et son fils ce dernier soir ; mais il en connaissait l'essence. Même si, par charité, il pouvait s'abstenir de toute censure, elle avait été une cause de grande détresse pour son fils bien-aimé. Pour son esprit sensible, malgré sa gentillesse, il y avait une réserve dans son attitude ; il tenait désormais leur amitié à ses limites. L'amour qu'il lui avait porté était blessé à mort par la douleur qu'elle lui avait infligée. Elle pouvait imaginer ses pensées exprimées par les mots : "Tu n'auras plus le pouvoir de me faire du mal, ni à moi." Elle ouvrit les yeux sur le fait qu'elle avait perdu une bonne amie, en ces jours qui la menaçaient trop sûrement de la perte d'un être cher. Ce chapitre de sa vie semblait toucher à sa fin, comme d'autres chapitres auparavant.

Un visiteur du monde extérieur – le général semblait faire partie de la maison – fit une apparition en la personne de Mme Ladd. Elle est venue chez Mme Lenoir, ignorant sa maladie ; c'était un des jours d'épuisement du patient, et

Winnie devait recevoir la bonne dame et, après avoir écouté sa sympathie appropriée, avoir des nouvelles. Elle était revenue seule en Angleterre. Rosaline était allée chez des amis à Biarritz.

"Je pense qu'elle ne voulait pas rentrer à la maison tout de suite", a déclaré Mme Ladd, avec un regard vers Winnie qui cherchait clairement des informations.

"Mme Lenoir m'a fait part d'une certaine impression d'elle, que je ne me suis pas fait moi-même à Bellaggio", remarqua Winnie. « Faites-vous référence à cela, Mme Ladd ?

"Oui. Rosaline m'a dit que tu ne te doutais de rien. Mais puisque tout est réglé, il n'y a pas de mal à en parler maintenant. Sir Axel est à Biarritz aussi. Je pense qu'ils se marieront probablement en passant par Paris en rentrant chez eux. ".

"Oh, c'est aussi réglé que ça, n'est-ce pas ?" Les spéculations de Winnie reprirent vie. Dans quelle mesure elle et Mme Lenoir avaient-elles contribué au règlement ?

"Je pense qu'elle a raison d'en dire plus. Cela évite toute question." Mme Ladd pencha la tête de côté. « J'ai vu M. Maxon. Bien sûr, il ne sait pas que vous avez revu Rosaline depuis – depuis les temps anciens – et encore moins que vous avez quelque chose à voir avec cela ?

"L'avais-je fait ? Je n'ai jamais eu l'intention de l'avoir."

"Oh, je le pense. Rosaline a parlé vaguement, mais je pense à quelque chose dans votre manière - bien sûr, vous ne pouviez pas vous en empêcher, et vous ne le saviez pas. Et, comme je l'ai dit, il n'en a aucune idée."

"Je suis content. Il serait tellement en colère contre moi, et je ne veux pas qu'il soit plus en colère qu'il ne le devrait."

"Je ne pense pas qu'il ait de la colère à revendre contre toi. Il n'a jamais fait référence à toi. Mais elle ! Oh, ma chérie !" Le vieux visage aimable de Mme Ladd prit une expression presque effrayée. "Eh bien, il fallait que je l'arrête. Je lui ai dit que Rosaline était mon amie et que je ne l'écouterais pas. Il a déclaré qu'il avait une promesse de sa part, et cela sur la foi d'elle, et d'elle seule. , il... eh bien, vous savez, n'est-ce pas ? Bien sûr, j'ai dit qu'il devait y avoir un malentendu complet, mais il ne l'a pas voulu, nous nous sommes presque disputés, sinon complètement.

Comme Winnie le savait bien ! L'homme dominateur, si sûr de ses désirs et de ses prétentions, si confiant dans sa version des faits, si insensible à toute autre impression de ceux-ci, l'image de lui se dressait complète du passé.

"Je savais, bien sûr, qu'il aimait sa propre façon de faire", a déclaré Mme Ladd. " Mais, vraiment, j'ai été plutôt surpris." Elle se pencha soudainement en avant et tapota la main de Winnie. Aucun mot ne fut prononcé, mais Winnie comprit que Mme Ladd avait, dans une certaine mesure au moins, révisé un jugement et souhaitait qu'elle le sache.

" Mais il se mariera... remarquez bien mes paroles ! Je le connais, et je sais quelque chose sur ce genre d'homme. Il se mariera dans douze mois, ne serait-ce que pour montrer à Rosaline qu'il le peut et pour faire face à sa fin. M. Attlebury. Je l'ai dit à M. Attlebury. "Il a suivi sa ligne et il la suivra", ai-je dit, "dès qu'il trouvera une femme pour l'aider."

« Qu'a dit M. Attlebury ?

"Rien ! Il n'a pas voulu en parler. Il a juste agité ses mains comme il l'a fait. Mais vous pouvez me croire que c'est ce qui va arriver."

La prophétie, née de l'aimable sagesse mondaine de la vieille femme, semblait susceptible de se réaliser. Il n'y avait rien que Cyril Maxon détestait autant que l'échec ou son imputation, rien qu'il appréciait autant que de prouver qu'il avait raison, ce pour quoi il était toujours nécessaire de refuser d'admettre qu'il avait eu tort. Winnie semblait l'entendre déclarer d'un ton sombre que, depuis qu'il avait suivi son cours, ni Lady Rosaline, ni une douzaine d'Attlebury ne devraient l'en détourner. Il le suivrait jusqu'au bout, même s'il n'en avait guère envie ; l'antagonisme lui suffisait souvent. C'est ainsi qu'il devint un ennemi implacable de la liberté de ceux qui l'entouraient, combattant contre eux s'ils affirmaient une quelconque indépendance, tyrannisant s'ils se soumettaient. De telles personnes créent une résistance, pour ainsi dire à partir de rien, voire une résistance sauvage et désespérée, qui ne se soucie guère de ce qu'elle peut blesser ou renverser dans sa lutte contre la domination. Les institutions vénérables, les idéaux élevés et la loyauté personnelle devront peut-être en payer le prix. Tous passent par le conseil d'administration lorsque les limites de l'endurance humaine sont atteintes.

Si Winnie Maxon avait reçu une éducation classique – dont l'absence ne s'était pas avérée dans son cas une panacée contre toutes les formes d'échec – elle aurait peut-être trouvé en la vieille sage Mme Ladd une bonne incarnation du Chœur grec – généralement des gens qui n'ont que peu d'affaires à faire. les leurs (comme cela semblerait être le cas pour tout ce qui semble contraire) et déterminés à installer les autres en ligne en toute sécurité sur des lignes traditionnelles ; mais avec une certaine astuce, non pas des révolutionnaires, mais assez courageux pour être des critiques, admettant que l'acceptation et la soumission présentent leurs difficultés – mais vous pouvez aller plus loin, et bien pire, de beaucoup ! Ces limites d'endurance doivent être repoussées autant que possible.

L'avant-veille suivante, le coup attendu tomba. La pneumonie s'est déclarée ; le patient considérait le diagnostic du médecin comme une condamnation à mort – définitive, guère importune. Ses nuits étaient douloureuses ; La journée apporta un soulagement, mais une faiblesse croissante. Or, le général ne pouvait plus supporter une grande partie de la chambre du malade ; il est venu, mais ses visites ont été plus brèves. Outre son chagrin pour son amie, il éprouvait une certaine détresse – une détresse toujours pour elle, peut-être aussi pour le bien des autres qui l'avaient précédé, même pour lui-même, peut-être. Il en savait bien plus que Winnie. Infiniment tendre envers son ami mourant, il ne dit qu'un mot à Winnie. "Quand je lui suggère de voir quelqu'un, elle se contente de sourire."

Winnie a compris la suggestion. "Nous devons tous régler cela nous-mêmes à la fin, n'est-ce pas ? Je pense qu'elle semble heureuse – du moins, assez en paix."

Il fit un geste agité de protestation. Elle n'avait pas le droit d'être tout à fait en paix. Il vivait dans les idées dans lesquelles il avait été élevé. S'il a offensé un gentleman, qu'il s'excuse avant qu'il ne soit trop tard. Insensiblement, il appliqua le parallèle entre le monde visible et l'invisible – comme d'ailleurs on le lui avait appris. Son esprit se concentrait sur des catégories particulières de conduite ; car il fallait accorder un certain crédit, car certaines pénalités devaient être payées ; c'était un système de notes bonnes et mauvaises. Même dans le domaine de l'éducation des jeunes, cette théorie est aujourd'hui considérée comme controversée.

Il pensait avoir connu très intimement son cher vieil ami qui était maintenant mourant. Il découvrit qu'il la connaissait très peu ; il n'a pas pu se rapprocher de son esprit à la fin. Pour Winnie Maxon, elle a eu une révélation supplémentaire. Mme Lenoir ne voulait « voir personne » – elle en détecta également le sens particulier et, avec un sourire fatigué, repoussa la suggestion – mais par allusions et fragments, elle montra à Winnie dans quelle humeur elle faisait face à la mort. Courageusement, presque indifféremment ; le soleil s'est couché, et le soir les gens se couchent, généralement fatigués. Elle n'avait pas beaucoup pensé à la responsabilité, ni aux comptes ; elle n'a subi ou n'a rien obtenu de l'impulsion à la pénitence qui en a résulté ; elle sourit même encore de la vertu d'un repentir devenu obligatoire, car il n'était plus possible de pécher. "Certaines femmes que j'ai connues sont devenues terriblement pénitentes à quarante ans", dit-elle à Winnie. "Je n'ai jamais vu quelqu'un faire ça à vingt-cinq ans." Son attitude semblait dire qu'elle était née telle ou telle créature et, par conséquent, qu'elle avait fait telle ou telle chose – et qu'elle avait ainsi vécu jusqu'à ce qu'il soit temps pour la vie conditionnée, à peine volontaire, de la créature de prendre fin. Du côté religieux, c'était une pure négation, mais du côté mondain, il y avait quelque chose de positif. Aussi bien que le général, comme Bertie Merriam lui-même, elle avait « joué le jeu ». Son code était intact ; son honneur, à en juger par lui, était intact. "J'ai été hétéro, Winnie," dit-elle, presque dans la dernière minute de conscience.

Puis vint l'oubli ; l'âme était débarrassée de son fardeau plusieurs heures avant le corps . Elle a quitté la vie dans laquelle elle avait si gravement transgressé les règles, joué un rôle si intéressant, fait tant de bonnes choses, été une si bonne amie, et même parfois une si résolue résistance à la tentation - et une femme à ne pas mentionner. Alors que Winnie pleurait sur elle et lui rendait les derniers offices de l'amour — car elle, au moins, avait reçu l'or le plus pur d'un amour inconstant — son cœur souffrit d'un puissant pincement de tendresse. Des mots anciens, autrefois familiers, revinrent. "J'avais faim , et vous m'avez donné de la viande : j'avais soif, et vous m'avez donné à boire : j'étais un étranger, et vous m'avez accueilli." Son amie décédée avait fait de telles choses pour elle.

Une exaltation et une confiance s'emparèrent d'elle après qu'elle eut embrassé le front froid. Mais à l'extérieur de la pièce se tenait le vieux général, triste, grisonnant, au visage lourd. Sa voix était cassée, ses mains tremblaient.

"J'aurais aimé… j'aurais aimé qu'elle voie quelqu'un, Winnie !"

Winnie se jeta dans ses bras et leva les yeux vers lui, les yeux ruisselants de larmes. "Cher Général, elle ne voit rien ou elle voit Dieu. Pourquoi devons-nous avoir peur ?"

CHAPITRE XXVII

UN PROJET PHILOSOPHIQUE

Mme Lenoir n'a pas, comme on dit, "fait autant pour" Winnie Maxon qu'elle était prête à faire pour la future Mme Bertie Merriam. Peut-être parce que, même si elle avait accepté la décision, sa déception persistait. Peut-être simplement parce que, dans l'état actuel des choses, sa prime ne profiterait finalement pas aux stocks de son vieil ami. Après avoir prévu une rente pour sa précieuse Emily, et légué quelques reliques personnelles au Général, elle laissa à Winnie les meubles de son appartement et quinze cents livres. Elle a donné le reste qui était à sa disposition, peut-être en guise d'adieu à la respectabilité ; c'est peut-être parce qu'elle pensait que ce serait lui qui l'apprécierait le plus – son préféré et le moins méritant des fils du général – celui qui pratiquait trop le polo et les pièces de théâtre privées en Inde.

« Vous n'avez pas besoin de vous dépêcher dans l'immédiat, » ajouta le général ; il était l'exécuteur testamentaire. "Le loyer doit être payé jusqu'à l'été de toute façon, et Clara m'a dit qu'elle souhaitait que tu restes jusque-là si tu le voulais. Je suis convaincu qu'Emily restera avec toi."

"C'était très gentil de sa part, mais je ne peux pas me permettre de vivre ici longtemps."

"Oh, eh bien, juste pendant que tu regardes autour de toi, de toute façon. Et si je peux faire quelque chose pour toi, tu n'hésiteras pas à me le faire savoir, n'est-ce pas ?"

Winnie promit de faire appel à ses services si elle en avait besoin, mais une fois de plus, le sentiment l'envahit que, aussi gentil et obligeant qu'il puisse être, le général considérait dans son cœur - même à contrecœur - leurs relations entre eux comme terminées. Le lien que Mme Lenoir avait noué était rompu ; ce lien autre et plus étroit n'avait jamais vu le jour. Il eût été injuste de dire que le général s'en lavait les mains. C'était simplement une reconnaissance des faits que d'admettre que le destin – le cours des événements – effectuait l'opération à sa place. Ils n'avaient plus aucun contrôle sur la vie des autres, aucun intérêt commun pour les unir. Sa seule préoccupation était désormais ses trois fils, et il avait été irrévocablement décidé que Winnie ne compterait pas là-bas.

La conscience de cet éloignement involontaire du vieil homme qu'elle aimait et admirait pour sa douceur et sa loyauté intensifiait la solitude avec laquelle la mort de Mme Lenoir affligeait Winnie. Elle n'était pas dans un meilleur état maintenant que lorsque son amie l'avait sauvée du studio vide et semblait ainsi lui ouvrir une nouvelle vie. La nouvelle vie aussi avait disparu avec l'ami qui l'avait donnée. En repensant à son parcours depuis qu'elle a quitté le toit de Cyril Maxon, elle a vu la même chose se reproduire encore et encore. Elle s'était fait des amis et les avait perdus ; elle les avait ramassés, les avait accompagnés jusqu'à la prochaine bifurcation de la route, et là, ils s'étaient séparés. "Est-ce un simple hasard, ou quelque chose en moi, ou quelque chose dans ma position ?" se demanda-t-elle. Une enquête honnête ne pouvait nier la conclusion selon laquelle le poste avait largement contribué au résultat. Le cas de Godfrey Ledstone, l'exemple le plus trivial de Bob Purnett, étaient là pour le prouver. Ce poste avait été un facteur vital et pratiquement exclusif dans sa séparation d'avec Bertie Merriam ; elle avait l'idée que son action devait être retracée dans l'absence et le silence continus de Dick Dennehy. La même chose qui l'avait séparée de ses amis hommes lui avait interdit les amitiés avec les femmes. Elle aurait pu, pensait-elle, se faire une amie avec Amy Ledstone. Aujourd'hui, elle aurait aimé se faire une amie de la vieille Mme Ladd, gentille et astucieuse ; mais bien que Mme Ladd soit venue la voir dans l'appartement qui avait été celui de Mme Lenoir, elle n'a reçu aucune invitation chez Mme Ladd. La pression de l'opinion publique, les sentiments de la congrégation de M. Attlebury, la « maladresse » qui surgirait avec le vieil ami, quoique trop exigeant, de Mme Ladd, Cyril Maxon, l'interdisaient. La seule amitié qui s'était montrée capable de résister à l'influence désintégratrice prit fin maintenant par la mort.

Eh bien, on ne peut raisonnablement pas s'attendre à de grands avantages pour rien. Si elle était seule, elle était aussi libre — merveilleusement libre. Et il est certain qu'une liberté complète ne peut rarement être obtenue qu'au prix d'une rupture volontaire ou involontaire des liens. Faut-il donc que chacun soit soit esclave, soit solitaire ? Elle n'était pas assez aigrie pour accepter cette conclusion. Elle savait qu'il y avait une issue, mais elle ne l'avait pas trouvée. Les Aikenheads l'avaient fait, à Shaylor's Patch ! C'est là — vers son ancien havre — que ses pensées se tournèrent avec envie. Tant que cela était en vigueur, elle a commis une injustice en se disant sans amis. Pourtant, se retirer dans cette agréable retraite allait à l'encontre de l'orgueil ; cela ressemblait à une retraite, à un aveu que le monde avait été trop dur pour elle, qu'elle avait été battue. Elle n'était pas prête à se reconnaître battue — du moins, pas par l'ennemi dans un combat loyal et carré. Ses désastres étaient dus à la défection de ses alliés. Alors elle a insisté, alors qu'elle restait de longues heures seule dans l'appartement — ah, maintenant, si calme !

Shaylor's Patch ne l'avait pas oubliée. Les Aikenhead n'assistèrent pas aux funérailles de leur amie Mme Lenoir — ils avaient une théorie opposée aux rassemblements au bord de la tombe, qui ne manquait pas totalement de plausibilité — mais Stephen lui avait écrit, promettant de venir la voir dès qu'il pourrait arriver en ville. . Il y venait très rarement — Winnie, en effet, ne l'avait jamais rencontré à Londres — et il lui fallut plus de quinze jours avant de faire son apparition à l'appartement. Aussi ravie que Winnie l'était de sa visite, son accueil joyeux fut presque étouffé par l'étonnement devant son apparence. Il portait l'uniforme complet d'un homme de la ville, le tout à la dernière mode, depuis la boucle du bord de son chapeau de soie jusqu'à la coupe exacte de ses pans de manteau. Sauf que ses cheveux étaient un peu longs et fournis, c'était un Londonien typique, habillé pour une cérémonie. Dans l'état actuel des choses, il passerait bien pour un poète aux ambitions sociales.

"Bonne grace!" dit Winnie en levant les mains. "Tu t'es levé comme ça, Stephen !"

"Oui, je pense que je peux me défendre à Piccadilly", dit Stephen en se regardant avec complaisance dans le long miroir doré. "Je crois vous avoir dit un jour que j'avais des tendances ataviques ? Celui-ci en fait partie. Je peux mentionner mes opinions si je le souhaite - et je le fais généralement ; mais je n'ai pas besoin de mon manteau et de mon chapeau pour les crier dans la rue. " C'est mon point de vue ; bien sûr, ce n'est pas du tout celui de Tora. Elle me considère comme un imbécile pour avoir fait cela. "

Winnie n'a pas jugé nécessaire de trancher ce point difficile de la philosophie du vêtement, sur lequel des hommes éminents ont des opinions très diverses, comme quiconque se promène à l'étranger et garde les yeux ouverts sur les célébrités du moment n'aura aucune difficulté à le constater. .

"Eh bien, en tout cas, je pense que tu es terriblement gentil – plutôt beau ! Je suppose que Tora a juste peur que tu sois trop fascinant dans tes plus beaux vêtements."

Il s'assit en riant et la regarda d'un air interrogateur. "Plutôt joyeuse, Winnie ?"

"Pas si particulièrement. Je ressens terriblement sa perte, vous savez. Je l'aimais beaucoup, et cela semble me laisser tellement à la dérive. J'avais un mouillage ici, mais l'ancre ne tient plus."

"Venez jeter l'ancre à Shaylor's Patch. L'ancre y tient toujours pour vous."

Winnie a fait ses aveux et a présenté son objection. "Je ne peux pas nier que j'ai pensé à toi avec nostalgie en ces jours mélancoliques, mais j'ai l'impression que… c'est comme si j'abandonnais."

"Pas du tout. Vous pouvez être absolument au cœur du combat là-bas, si vous le souhaitez." Il la regarda avec son sourire fantaisiste. "En fait, je vais enfin faire quelque chose, Winnie. Je suis sur le point de commencer le travail de ma vie. Je vais faire un synopsis de philosophie sociale."

"Cela ressemble à l'œuvre d'une vie", a fait remarquer Winnie. Sa société l'acclamait toujours, et déjà ses manières montraient quelque chose de sa gaieté normale.

"Oui, c'est un gros travail, mais je suis un homme en bonne santé. Voyez-vous, je prendrai tous les grands hommes depuis les temps les plus anciens jusqu'à aujourd'hui, et je rassemblerai auprès d'eux tout ce qui concerne les questions que nous souhaitons résoudre. -nous devons faire face - sans nous soucier de leur métaphysique et ce genre de choses, mais en prenant en compte ce qui concerne les choses que nous devons vraiment régler - les choses en direct, vous voyez l'idée, il y aura une section sur cela ? L'éducation, par exemple, un sur la propriété privée , un sur le mariage, un sur les femmes et le travail, je veux qu'il atteigne les masses, donc tous les extraits seront en anglais. Ensuite, chaque section aura une annexe dans laquelle je rassemblerai. des extraits et souligner les principales lignes d'accord et de divergence. J'ajouterai peut-être quelques suggestions personnelles.

"Je pense que ce sera très probablement le cas, Stephen."

"Maintenant, ne trouvez-vous pas que c'est une idée déchirante ? Bien sûr, j'examinerai la poésie, les romans et les pièces de théâtre, ainsi que les philosophes et les historiens. Une comparaison entre Lecky et Ibsen, par exemple ! Ce sera forcément fructueux ! Oh, c'est une idée déchirante. " Ce sera un gros travail, mais je compte bien le mener à bien." Il se pencha vers elle. " Ce n'est pas abandonner, n'est-ce pas ? C'est se battre ! Et le fait est que vous pouvez m'aider. Vous voyez, il y aura une infinité de livres à lire, juste pour voir s'ils contiennent quelque chose d'utile. Vous pouvez fais beaucoup de travail pour moi. En plus, tu as un très bon jugement.

"Tora ne t'aiderait-elle pas mieux que moi ?"

Ses yeux pétillèrent. "Je ne ferais pas confiance à Tora, et je le lui ai dit si clairement. Elle est si convaincue de ce qu'elle pense elle-même qu'elle considère l'autre point de vue comme une absurdité - ou, si elle avait rencontré un type particulièrement intelligent qui a également défendu son point de vue. bien contre elle, je crois fermement qu'elle n'aurait aucun scrupule à le réprimer. Votre esprit est bien plus pour moi que nous sommes des enquêteurs, pas des dogmatiques, vous et moi. Avec vous, et une secrétaire instruite en langues, et quelques machines à écrire, nous ferons un trou dans l'ouvrage en un rien de temps.

Winnie ne pouvait pas être sûre qu'il ne construisait pas un pont d'or pour sa retraite. Peut-être ne voulait-elle pas prendre le risque d'en être sûre. Le plan semblait si attrayant. Que de choses elle lirait et apprendrait ! Et il était certainement possible d'affirmer qu'elle continuerait à mener la bataille de la liberté et du progrès. Après tout, ne sont-ils pas réellement les étudiants qui fixent la ligne de progression ? Ils sont à l'origine des idées qu'un jour ou l'autre les hommes pratiques mettent en œuvre. C'est Moltke qui a gagné la campagne, et non les généraux sur le terrain. Tel était le plaidoyer qu'offrait l'inclination pour persuader l'orgueil.

"Mais, Stephen, à part toute autre chose, cela signifierait que je m'en remettrai à toi pratiquement pour toujours !"

" Et si c'était le cas ? Mais, en fait, Tora pensait que tu aimerais avoir ton propre logement. Tu te souviens de la maison que Godfrey possédait ? Il l'a prise meublée ; mais elle doit être louée non meublée maintenant, et si vous avez aimé--"

"Oh, ça ne devrait pas me déranger. Et Mme Lenoir m'a laissé ses meubles."

"Tout se passe à merveille", a déclaré Stephen. Il devint un peu plus grave. "Venez quand même l'essayer. Écoutez, je vais prendre la maison et vous la sous-louer. Vous pourrez alors y renoncer à tout moment, si vous en avez marre. Nous serons une joyeuse petite colonie. Vieux La maison de Dick Dennehy - vous vous souvenez de la façon dont nous l'avons mis en place ? - est presque terminée, et il y sera dans six mois. Bien sûr, il détestera le Synopsis, et nous nous amuserons beaucoup avec lui.

"Oh, ma chérie, tu vas bien!" soupira Winnie — et un sourire suivit le soupir. Car soudain la vie et l'activité, la camaraderie et la gaieté croisèrent à nouveau son chemin. L'affaire n'était pas terminée. Cela semblait presque terminé, là, dans cet appartement solitaire. « Comment va ce cher vieux Dick Dennehy ? elle a demandé.

"Nous l'avons à peine vu - il n'est descendu qu'une seule fois. Il m'a laissé construire sa maison pour lui et me dit de manière encourageante qu'il ne se soucie pas de ce que c'est. Il s'est installé dans son nouveau travail, je suppose. Au bout d'un moment, peut-être, il sera plus aimable et plus accessible. Tu viendras faire un essai, Winnie ? Il se leva et s'approcha d'elle. "Vous en avez fait assez de votre propre initiative", a-t-il déclaré. "Je ne sais pas vraiment comment vous le dire, mais ce que je veux dire, c'est qu'aucune personne seule ne fait du bien en manifestant plus d'une fois. Les gens intelligents le reconnaissent, mais si vous continuez, vous ne serez pas rabaissé." en tant que protestant, mais tout simplement en tant qu'anarchiste - comme notre pauvre cher vieil ami ici, vous savez.

Il a touché, d'une main vraie et perspicace, à l'une des grandes difficultés. Si vous avez été brûlé vif pour des raisons de conscience, il était difficile de remettre en question votre sincérité — même s'il semble qu'une quête injustifiée et gratuite de la couronne du martyr n'ait pas toujours été approuvée par les chefs les plus sobres des Églises et dans les Églises. Il était bien plus difficile de faire croire ou comprendre aux gens que ce que l'on voulait faire pouvait aussi ressembler à ce qu'il était de notre devoir de faire — que le désir faisait le devoir. Ce n'est que parce que le besoin était grand — une chose qui devait être satisfaite si l'on ne voulait pas gaspiller inutilement une vie humaine — que le devoir est devenu impératif. Une doctrine vraie, peut-être, mais périlleuse ! Ses professeurs devraient être au-dessus de tout soupçon.

"C'est terriblement difficile", continua Stephen en se caressant le front. "C'est la guerre, voyez-vous, et dans toute guerre qui mérite d'être débattue, les deux camps ont beaucoup à dire. Nous le soulignerons dans le Synopsis."

« Ne sois pas trop impartial, Stephen !

"Non, j'ai mon côté, mais les autres gars auront un bon spectacle." Son sourire devint affectueux. "Mais je pense que vous avez le droit de sortir de la ligne de combat et d'entrer dans le département d'organisation, peu importe comment on l'appelle techniquement."

"Je vous raconterai tout cela un jour. J'attendrai un peu. Il me semble que je ne fais que m'en rendre compte."

"Vous êtes très jeune. Vous avez peut-être encore un peu de travail pratique à faire. En tout cas, je serai très heureux d'en entendre parler." Il se leva et prit son resplendissant chapeau de soie, symbole d'un attachement sentimental à l' ordre ancien dont il était issu, auquel son esprit sceptique avait tant de questions à poser. " Écoute, Winnie, je crois que tu pensais que la vie était finie – en tout cas, sans y voir de nouveau départ. En voici un – prends-le. Il va se développer. La seule façon de mettre un terme à la vie est refuser de suivre les lignes ouvertes. Ne faites pas cela. Il a souri. "Je pense plutôt que nous vous avons fait partir du Patch de Shaylor une fois. Nous pourrions le refaire."

La pure vérité lui vint soudainement dans un éclat. "Je suis tellement fatigué, Stephen!"

Il reposa le chapeau et lui prit les deux mains dans les siennes. "Le Synopsis sera infiniment reposant, Winnie. Je retourne immédiatement prendre le cottage et commence à le blanchir. Envoyez-moi un message lorsque vous serez prêt à venir. Je vous dirai la vérité avant de partir - ou n'est-ce pas ? Oui, je le ferai, parce que, comme je vous l'ai déjà dit, vous avez du courage. Vous vous dites que vous faites face aux choses en restant ici. — et des gens. Il y a des gens que vous craignez de rencontrer, pour une raison ou une autre, à Londres, n'est-ce pas ?

Elle le regarda dans un long silence, puis reprit son souffle. "Oui, je pense que tu as raison. J'ai pris peur." Elle écarta les bras dans un geste écartant. "Ici, c'est si grand... et ça ne me fait pas attention ! Ça continue, ça continue !"

"Tu ne t'attendais pas à l'arrêter tout seul, n'est-ce pas ?" demanda Stephen en souriant.

"Ou s'il y prête attention pendant une minute, la moitié frémit et l'autre moitié ricane ! N'y a-t-il rien entre les deux ?"

"Oh, eh bien, ce sont les deux attitudes du conservatisme. Cela l'a toujours été - et, je suppose, toujours avec beaucoup d'excuses. Nous faisons des erreurs et nous avons le don d'attirer des gens ridicules. Cela nous fait reculer, mais on n'y peut rien. Nous gagnons à la fin. Il reprit son chapeau. "Et le Synopsis va faire lever la pâte. Envoyez-moi un télégramme demain, Winnie, et le blanchiment commencera !"

Foi, patience, franchise, telles étaient les trois grandes qualités ; ceux-ci composaient l'humeur nécessaire au travail. Stephen Aikenhead les possédait et, même s'il ne s'est jamais soumis à l'épreuve de l'expérience, voire même s'il n'a jamais terminé le Synopsis (une éventualité assez probable), des encouragements émanaient de lui, et ainsi son existence était justifiée et précieuse. Il y avait des fanatiques des deux côtés, et chaque cause comptait quelques imbéciles parmi ses partisans. Il est probable, en effet, que chaque individu dans le monde, si sage et si ouvert d'esprit soit-il, avait sa part de sectarisme et sa part de folie. Après le départ de Stephen, Winnie fit beaucoup de moralisation dans ce sens et dans d'autres similaires, mais sa moralisation était à la fois plus joyeuse et plus tolérante qu'elle ne l'avait été avant son arrivée. Elle avait une plus grande charité envers son ennemi le monde, même envers les frissons et les ricanements. Eh bien, le régiment aurait été partagé entre frissons et ricanements – exactement les attitudes que Bertie Merriam avait esquissées – et pourtant elle avait ressenti, sous son inspiration, à la fois de l'affection et du respect pour le régiment. Pourquoi pas alors pour ce plus grand régiment, le monde ? Aimer et respecter, oui – mais pas donc assentiment ni même acquiescement. Et sur ses propres démarches également, Stephen lui a permis de jeter un nouveau regard – des yeux plus ouverts à l'aspect humoristique, ayant une vision plus juste de tout ce qu'elle aurait pu s'attendre à faire et pourrait raisonnablement considérer qu'elle l'avait fait. Les deux semblaient être bien peu de chose comparés à l'usure de l'effort. Mais alors, si tout le monde faisait ne serait-ce qu'un tout petit peu… eh bien, la boule serait levée, comme Stephen l'a dit.

Trois jours plus tard, juste après qu'elle eut pris sa décision pour Shaylor's Patch et le Synopsis, et qu'elle eut informé le général – et Emily – de son prochain départ, elle reçut un court mot de Dick Dennehy, obstinément absent et invisible. C'était sur le papier officiel du grand journal :

> "J'ai appris de Tora que tu retournes à Shaylor's Patch, pour
> t'y installer tranquillement. Dieu merci pour cela ! Peut-être
> que je t'y verrai d'ici très longtemps, mais je suis toujours
> très occupé.— Bien à toi, RD"

Elle lisait avec un mélange d'affection et de ressentiment. Elle était parvenue à son propre verdict sur ses efforts et ses aventures. Voici celui de Dick Dennehy ! Il remerciait Dieu que les efforts et les aventures soient terminés et qu'elle allait s'installer tranquillement, voire prendre soin d'elle-même, comme il l'avait dit ce soir-là en l'accompagnant à pied jusqu'à la gare. Un verdict très injuste, pensa Winnie, mais ensuite – elle ajouta en souriant – « Ce n'est que celui du vieux Dick Dennehy ! Que pouvait-on attendre d'autre de lui – de lui qui l'aimait tant et désapprouvait si énergiquement ses « agissements » ? Et le sien ? Comment résolvait-il sa question ? Ou comment avait-il réglé le problème ? Ce problème qui n'était « pas grave » ! "Peut-être que je te verrai" ! Seulement « peut-être » ? Pourtant, elle allait s'installer à Nether End, et il y construisait sa maison. Les probabilités d'une rencontre entre eux semblaient justifier plus que « peut-être ». L'atmosphère de la salle d'attente du chemin de fer, son expression, ce cri étouffé par les ronflements des locomotives, à propos de quelqu'un qui est un imbécile, tout lui revenait. "Mais je suis très occupée" - signifiant par là - Winnie prit congé pour ajouter l'insinuation - "Je ne pourrai pas te voir souvent!" Irrésistiblement, ses lèvres se courbèrent en un sourire. Il semblait que le problème n'était pas encore tout à fait réglé ! Si l'affaire était finalement réglée d'une manière ou d'une autre, pourquoi Dick devrait-il être si occupé, si totalement incapable d'accorder une attention raisonnable à sa maison, ou – comme Stephen lui avait dit – de s'en soucier ?

"Oh, c'est absurde !" Winnie parvint à se dire, mais pas avec une conviction absolue. "Si jamais c'était le cas, il doit s'en être remis maintenant, et je vais m'enterrer dans le Synopsis."

C'était vraiment assez tôt pour se retrouver face à une autre Institution !

CHAPITRE XXVIII

LA VUE D'UNE MAISON

Winnie a clôturé le Dr Westermarck sur *L'origine et le développement des idées morales* avec brio. "Je ne vais pas en faire davantage au Synopsis aujourd'hui", annonça-t-elle. "C'est beaucoup trop beau. Et de quoi ris-tu, Stephen ?"

Avec l'aide de Liddell et Scott, et d'un berceau, Stephen digérait le sketch d'Aristophane sur Socrate. "Un horrible vieux Tory, mais c'est du bon boulot. Ne travaillez sous aucun prétexte si vous ne le souhaitez pas, Winnie. Ce travail ne se fait pas en un jour, vous savez."

Ce n'était certainement pas le cas — et encore moins à l'époque où il travaillait, où le travail de recherche était constamment freiné par l'incursion d'arguments lointains. Winnie ne parvenait pas à comprendre à quel point il était sérieux à propos du synopsis. Parfois, il parlait de son achèvement — et de l'amélioration de la société qui en résulterait — avec des mots optimistes, mais avec un scintillement dans les yeux ; à d'autres moments, il déclarait avec un désespoir apparent que c'était véritablement l'ouvrage de cinquante hommes, et abandonnait aussitôt pour la journée un travail impossiblement herculéen. Tora gardait envers la grande entreprise une attitude de mépris serein ; elle ne voyait pas l'utilité de plonger dans les âges obscurs à la recherche de la lumière qui, seulement maintenant, brillait enfin à l'horizon de l'avenir. Alice, cependant, était tout à fait favorable au Synopsis ; c'était pour rendre son père célèbre, et elle est devenue célèbre parmi ses camarades de classe bien des années avant qu'il y ait la moindre chance qu'elle naisse. « Découvrir tout ce que quelqu'un a dit depuis le début du monde, et nous dire si c'est vrai ou non », telle était la belle description d'Alice du travail proposé ; pas étonnant que les camarades de classe aient été impressionnés.

Bien que le « terrible vieux Tory » ait pu voir à Shaylor's Patch un Phrontisterion moindre, pour Winnie Maxon, le passage des mois d'été là-bas s'est avéré un remède de repos. Les tissus du cerveau et du cœur se sont rétablis. Elle n'était ni opprimée comme au temps de son mariage, ni précipitée d'émotion en émotion comme dans la période de lutte qui avait suivi sa fuite. Ses souvenirs — d'exultation, de douleur, de sentiments poignants — s'adoucirent dans leurs contours ; devenant en quelque sorte extérieure à tout ce qu'elle avait fait et souffert, elle était d'autant plus à même de l'apprécier et d'estimer où cela la laissait. Un grand abîme la séparait de la femme qui avait fui Cyril Maxon ; Pourtant, la femme essentielle avait traversé le flot du gouffre sans être noyée — avec toutes ses potentialités de vie, avec son esprit instruit, mais pas brisé. Cela revient peut-être à dire qu'elle avait mené une bataille nulle contre le monde ; si l'on en arrivait réellement là, ce n'était pas une mince affaire.

La nouvelle maison de Dick Dennehy était terminée ; du moins, il ne lui restait plus qu'une dernière couche de peinture et, si le temps le permettait, elle serait bientôt assez sèche pour la recevoir avec profit. Par à-coups, des envois de son équipement nécessaire - conçu sur des lignes extrêmement spartiates - arrivèrent de Londres. Mais le maître lui-même n'était pas apparu. Chaque invitation de Shaylor's Patch — et de temps en temps l'invitation équivalait à une supplication, puisque Tora ne pouvait pas comprendre ce qu'il voulait faire à la maison — était accueillie par des protestations de travail passionnant. Le problème que l'imagination de Winnie avait prévu ne s'est pas produit — ou du moins il n'a montré aucune évolution. L'absence obstinée de Dick ne réfute pas son existence, mais suspend, pour ainsi dire, son animation. Winnie, demeurant dans la chaumière où résidait autrefois Godfrey Ledstone, se reposait de l'autre sexe ; ici aussi, une trêve fut conclue, après sa vive série d'engagements. Elle s'en félicita ; il aurait semblé superficiel de s'éloigner trop rapidement de la pensée de Bertie Merriam. Elle n'a ni rejeté ni grimacé à l'idée que la trêve puisse être perpétuelle. Avec Dennehy toujours absent, la pensée du problème s'est calmée, ne laissant des traces que dans l'amusement compatissant avec lequel elle pensait encore, de temps en temps, qu'il s'en était « surmonté ». Elle accepta très volontiers la conclusion. Dans l'état actuel des choses, la vie était pleine, agréable, paisible et fructueuse dans la croissance de son esprit.

"Je ne sais pas si vous transformerez un jour le monde, mais au moins vous éduquez une femme ignorante, Stephen", a-t-elle déclaré.

Le Dr Westermarck ayant terminé, Stephen l'avait, d'un bond soudain, transférée à l'étude des utopies, anciennes et nouvelles ; car ceux-ci, bien sûr, doivent figurer dans le Synopsis.

"Ah, tu apportes avec toi quelques connaissances sur la vie maintenant. Cela rend l'apprentissage encore plus facile." Il lui sourit. "Je devrais vraiment y aller et me retrouver dans quelques ennuis aussi. Mais là, je n'arrivais pas à mettre tout mon cœur dans ce travail, donc ça ne servirait pas à grand-chose."

"Tora ne s'y opposerait-il pas ?"

"Je suis la seule exception qui gâche l'harmonie par ailleurs parfaite de la conception de Tora du sexe masculin. Elle accueillerait forcément toute erreur de ma part avec une exultation scientifique. Mais, dis-je, je ne vais pas vous laisser enterrer. vous-même dans le Synopsis.

"C'est exactement ce que je suis venu faire ici, exactement comme je me le dis!"

"Tu ne le feras pas. Tu es beaucoup trop jeune et trop jolie. Je vais faire descendre quelques jeunes hommes pour te tenter."

Deux ou trois jeunes hommes sont venus, mais ils n'ont pas tenté Winnie. Elle se sentit possédée par une grande prudence. Son ancienne confiance en ses propres impulsions a été remplacée par une profonde méfiance à l'égard de toute impulsion. Elle se tenait sur la défensive face à l'approche même d'une sympathie ; elle se constituait en *advocatus diaboli* chaque fois que Stephen osait faire l'éloge de l'un de ses jeunes amis. Elle en trouva un superficiel et vaniteux, un autre érudit mais ennuyeux, un troisième – eh bien, il y avait des limites au degré de laideur permis, n'est-ce pas ? Stephen a ri ; ses pauvres amis contribuaient au paiement d'une somme accumulée par d'autres hommes.

Finalement, en toute décence, Dick Dennehy dut venir ; Stephen lui fit dire que, comme il avait construit la maison, il la démolirait si son propriétaire continuait à montrer un tel manque d'appréciation pour son travail amical. Il est arrivé en début d'après-midi à la mi-septembre. Il était sensiblement changé ; le fait d'avoir été introduit dans le harnais de Londres l'avait marqué par ses manières et son apparence. Il était mieux soigné, ses cheveux avaient été persuadés de se coucher, il avait coupé les extrémités hérissées de sa moustache. Son accent avait perdu en richesse ; il disait « vous » beaucoup plus rarement quand il voulait dire « vous ». Ses manières étaient plus calmes, ses arguments moins tumultueux et ses contradictions moins passionnées. Bien qu'ainsi un peu conventionnel en apparence et peut-être intérieurement, il montra toute sa cordialité amicale d'antan en saluant Tora et Stephen – Alice venait de retourner à l'école. Ce n'est que lorsqu'il se tourna vers Winnie, qui était dans le jardin avec eux, qu'une nuance de contrainte apparut dans son attitude. Elle l'attribuait au souvenir du billet qu'il lui avait envoyé ; elle n'avait pas répondu, et il pensait probablement qu'elle lui en avait voulu.

La contrainte était due à une cause plus profonde. Il avait décidé de ne pas faire l'amour avec Winnie Maxon, et maintenant, à sa vue, il découvrit qu'il voulait le faire, et que les assurances qu'il avait réussi à se donner qu'il ne voudrait pas le faire... du moins, nous ne serions pas sérieusement tentés de le faire – si tout cela était en vain. Fidèle à ses convictions, et conformément à une obstination personnelle qui renforçait ses convictions, il avait mené son combat pendant tous ces mois. Winnie lui était interdite ; il n'avait pris aucune peine pour cacher ses opinions à ses amis et à ses amis ; il avait pris grand soin de lui cacher ses sentiments et pensait qu'il avait, au moins, réussi dans l'ensemble. Sans sa maison – n'eût été la blessure des Aikenheads – il se serait accordé une période de quarantaine un peu plus longue. Pourtant, il s'était senti plutôt en sécurité jusqu'à ce qu'il voie Winnie. Et il avait apporté son sac ; il était réservé pour un séjour de trois jours, là-bas, dans la zone même du danger.

"J'ai été idiot de venir", se répétait-il, tandis qu'on lui demandait poliment et de temps en temps avec urgence de prendre note et d'admirer tel ou tel élément de sa nouvelle maison. En vérité, il ne pouvait s'intéresser que très peu à la maison, car il lui était venu, avec une certitude soudaine mais irrésistible, qu'il ne pourrait jamais y vivre. Il ne pouvait pas le dire, bien sûr – pas tout de suite, et non sans une parade de raisons bien meilleures que celles qu'il parvenait à mettre en ligne de manière impromptue. Mais la certitude était là, pleinement exprimée dans son esprit. S'il ne pouvait pas abandonner ses convictions et son obstination, s'il ne pouvait pas entreprendre et réussir sa quête, il lui serait impossible de vivre dans la maison ici sur la colline, avec Winnie à peine à deux pas, dans la maison sur la route. au Nether End. L'idée était absurde. Il lui fallait pourtant continuer à regarder la maison et à l'admirer. Les Aikenheads n'exigeaient rien de moins que de l'enthousiasme. À propos d'une maison dans laquelle il ne pourrait jamais vivre ! Le pauvre Dick Dennehy fit de son mieux pour le gonfler, mais les épreuves inhérentes à sa position furent terriblement aggravées par cet ajout accidentel de la maison. Cyril Maxon et Bertie Merriam, dans leurs luttes similaires de loyauté et de conviction, avaient au moins été épargnés par cette caractéristique irritante. Pourquoi, là, réellement visibles depuis les fenêtres de son bureau, se trouvaient les cheminées de la maison de Winnie ! Tora les lui montra triomphalement.

Dick Dennehy avait le don – le génie – de sa race ; il voyait le plaisir de ses propres souffrances. Tandis qu'il examinait le sommet des cheminées de Winnie – avec Winnie à ses côtés, attendant discrètement son avis sur la question de savoir si leur présence rehaussait la beauté du paysage – son visage affichait un air d'amusement triste, au lieu de la simple admiration que le regard de son ami avait sur le visage. l'étude aurait dû l'inspirer. En ce moment, Tora et Stephen avaient une vive dispute dans le couloir extérieur, à propos des mérites d'une poubelle envoyée pour approbation.

"J'espère que je ne m'immisce pas ?" » dit Winnie en désignant ses cheminées de la main.

"Je me souviendrai de toi, si jamais je risque d'oublier."

"Nous pourrions presque démarrer un système de communication – par drapeaux, ou même sans fil. N'importe quoi sauf le transfert de pensée ! Je ne pouvais pas prendre ce risque avec vous, même si vous pourriez le faire avec moi en toute sécurité."

"Ah, tu me taquines toujours, Winnie."

"Tu n'es pas assez enthousiasmé par la maison, tu sais. Fais un effort."

« J'essaierai de dire quelques mots après le dîner. Serez-vous au dîner ?

"Je le ferai. Tora m'a demandé de vous divertir."

"Vous pouvez faire cela, et bien plus encore, lorsque vous y avez envie."

"Je dois vous prévenir immédiatement que je prends la plupart de mes repas, à l'exception du petit-déjeuner, au Patch – dans les brefs intervalles de relaxation du Synopsis."

Dick avait entendu parler du Synopsis. "Vous allez apprendre beaucoup de bêtises", a-t-il fait remarquer.

"Oh, je n'ai pas besoin du Synopsis pour apprendre ça. Il suffit de parler aux gens."

"Nous n'aurons pas de télégraphe ; nous aurons un téléphone, Winnie. Ensuite, j'entendrai ta voix et j'admirerai ta conversation." "Et ne pas voir ton visage", avait-il presque ajouté.

Winnie observa à nouveau le paysage d'un air sage. "Mes cheminées sont dommage, n'est-ce pas ? Elles gâchent l'impression de solitude, d'être seul avec la nature, n'est-ce pas ? Mais à en juger par la voix de Tora, qui semble vraiment vexée, je pense qu'il est temps d'aller arbitrer. la poubelle. Quand ces deux-là se disputent, le mépris qu'ils expriment l'un pour l'autre est horrible. »

Si la situation avait son côté pathétique pour le pauvre Dick Dennehy, il y avait plus d'un aspect sur lequel le sens de l'humour pouvait s'emparer. A côté de Dick, poussé par l'amour mais tourmenté par la conscience, et, par conséquent, par des cheminées à mi-distance, il y avait les Aikenheads. Absorbés l'un par l'autre, dans leurs études et leurs théories, ils ne voyaient rien de ce qui se passait sous – et cela semblait maintenant à Winnie aussi clair que – sous leur nez. Ils avaient donné d'immenses soins à la maison et comptaient surprendre Dick triomphalement. Son comportement – car même après le dîner il ne manifestait qu'un enthousiasme très hésitant – était une grande déception. Ils ne comprenaient ni pourquoi il n'était pas ravi, ni pourquoi, à défaut, en commune décence et en gratitude, il ne pouvait pas mieux montrer sa joie. Malgré leur bonne humeur, ils ne purent s'empêcher de trahir leurs sentiments : Tora par un silence soudain et pierreux touchant la maison dont elle avait été si pleine de beautés ; Stephen par des remarques satiriques sur les sommets de splendeur sur lesquels Dick avait désormais besoin d'être assis dans sa vie quotidienne et dans son environnement. Dick remarqua leur mécontentement et le comprit, mais ne put transformer son attitude au point de le supprimer et, ne pouvant le faire, commença par un mouvement naturel de l'esprit à en ressentir du ressentiment. "Ils pourraient vraiment voir qu'il y a autre chose qui se passe", argumenta-t-il en lui-même avec une vexation plaintive. Vingt-quatre heures après son arrivée, les trois hommes étaient manifestement en désaccord sur cette fausse question, et la tension menaçait de devenir de plus en plus grande. Tout cela était ridicule, une comédie d'erreurs, mais cela pouvait se terminer par une triste mise à rude épreuve d'une vieille et chère amitié.

Pour éviter cette catastrophe, Winnie a décidé de laisser tomber la pudeur timide. Dick Dennehy ne lui avait pas dit qu'il l'aimait, mais elle était déterminée à informer les Aikenheads de ce fait intéressant. Ce qui se passerait ensuite, elle ne le savait pas, mais cela semblait la seule chose à faire pour le moment.

Après le déjeuner du deuxième jour de la visite, Dick Dennehy, dans un effort désespéré pour se montrer plus aimable, a déclaré qu'il traverserait et examinerait à nouveau la maison. Personne n'a proposé de l'accompagner. Tora ne sembla pas entendre sa remarque ; Stephen observa sarcastiquement que Dick pourrait envisager l'opportunité d'ajouter une salle de bal et un théâtre, et sur ce, il retourna à ses travaux sur le Synopsis. Winnie était assise en souriant pendant que Dick partait et la laissait seule avec Tora.

"Tu penses qu'il n'apprécie pas assez la maison, n'est-ce pas, Tora ?" elle a demandé.

"Je pense qu'il déteste ça, mais je ne sais vraiment pas pourquoi."

"Ce n'est pas sa propre maison qu'il déteste ; ce sont mes cheminées."

"Vos cheminées ? Que voulez-vous dire ?"

"Il peut les voir depuis la fenêtre de son bureau, juste là où il veut ne pas être dérangé."

Tora était peut-être une profonde penseuse spéculative, mais non, elle n'était pas rapide dans les petites affaires du monde. "Voulez-vous dire que cet homme s'oppose à voir une seule maison depuis ses fenêtres ? Vraiment, Dick prend des airs !"

"Cela dépend de qui vit dans la maison individuelle."

"Mais tu vis là-bas." Tora la regarda. « Vous êtes-vous disputé avec lui ? Voulez-vous dire qu'il ne vous aime pas ?

Winnie éclata de rire. "Au contraire, Tora."

Enfin la lumière se leva. Un long « Oh ! » a annoncé sa venue. "Je vois. Je ne remarque jamais des choses comme ça. Alors tu l'as refusé, n'est-ce pas ?"

"Oh non, il ne me l'a jamais demandé. Il ne m'a jamais rien dit à ce sujet — pas directement, ni intentionnellement, du moins." Cette qualification en vue de la discussion à la gare. "Mais j'en suis sûr."

« Alors pourquoi ne vous le dit-il pas ? Ou l'avez-vous désespérément snobé ?

"De toute façon, je n'ai pas fait grand-chose, mais ce n'est pas ça. Vous voyez, il pense qu'il n'est pas libre de m'épouser, et que je ne suis pas libre d'épouser qui que ce soit."

"Alors il ferait mieux d'arrêter de penser de telles absurdités", dit Tora, avec son mépris habituel et le plus peu philosophique pour les opinions des autres.

"Je n'en sais rien." Winnie secoua la tête, dubitative. "Mais je pense que cela améliorerait la situation si vous donniez juste un indice à Stephen."

"Je vais lui dire tout de suite." Les indices n'étaient pas dans la ligne de Tora.

Le premier résultat de la mission de son amie qui parvint aux oreilles de Winnie fut un éclat de rire retentissant venant du sanctuaire où le Synopsis était en cours de préparation. C'était mercredi – un demi-jour de vacances pour les assistants – et Stephen était seul. Une fois la situation élucidée, il apprécia énormément l'humour de la situation.

"Eh bien, nous avons été deux imbéciles, toi et moi, Tora. Pauvre vieux Dick ! Il a dû nous souhaiter, ainsi que la maison, au fond de la mer. Mais que faire ?"

"Eh bien, tu dois lui dire de ne pas être si stupide, bien sûr ; je ne sais pas ce qu'elle va dire, mais laisse-le tenter sa chance."

"Je commence un peu à me mêler de ces complications. Nous n'avons pas vraiment réussi l'affaire Ledstone, entre nous ! Je pense que je vais laisser tomber ça et les laisser régler eux-mêmes." ".

"Tu n'as jamais le courage de tes convictions. C'est l'un de tes pires défauts, Stephen." Avec cette condamnation aux lèvres, Tora partit dans le jardin.

Lorsque Winnie entra pour reprendre son travail, Stephen leva les yeux de ses livres avec un scintillement dans les yeux. "Encore un problème, Winnie ?"

"Je pensais vraiment que tu ferais mieux de le savoir, sinon tu brûlerais la maison de Dick."

"Vous semblez aussi avoir le don d'allumer le feu."

"Vous pourriez simplement laisser croire que vous êtes parvenu à la conclusion que ce n'est pas la maison qui rend Dick si grincheux. Ne dites pas un mot de moi, bien sûr."

"Il me pensera beaucoup plus intelligent que je ne l'ai été."

"Eh bien, je pense que tu aimerais ça, Stephen. Je devrais le faire, à ta place."

Il rit avec bonne humeur. "Oh, eh bien, je mérite cette fouille."

"C'est assez drôle à quel point ce genre de choses me poursuit, n'est-ce pas ? Mais c'est à moitié de votre faute. Si vous voulez bien rassembler une ménagerie d'opinions et me jeter au milieu de tout ça..."

"Ce n'est pas étrange que les animaux aiment ce morceau délicat, même si les éleveurs n'approuvent pas le régime ? Mais je n'ai pas collecté tous les animaux."

"Non," dit Winnie, souriant pensivement. "J'en ai acheté un ou deux au cours de mes voyages à travers le monde. Je ne suis pas sûr d'en vouloir d'autres."

"C'est un très bon garçon, vieux Dick."

"Oui. Et maintenant je retourne en Utopie, où les animaux n'aiment que leur bonne alimentation."

Pendant ce temps, Dick Dennehy ne jetait pas un nouveau regard sur sa maison et ne cherchait pas non plus à en faire une évaluation plus favorable. Il se promenait de long en large dans le champ situé derrière, qui, sous les soins compétents de Tora Aikenhead, avait déjà pris un peu l'apparence d'un jardin. Il lui fallait trancher sa question d'une manière ou d'une autre. Si c'est le cas, alors au revoir, pour un long moment au moins, à la nouvelle maison et à Shaylor's Patch ; dans l'autre cas, il tenterait sa fortune avec bon courage. Bien que son cas présentât suffisamment de similitudes pour justifier que Winnie le relie à d'autres qui s'étaient présentés dans son expérience, il n'était identique à aucun d'entre eux, mais avait sa propre teinte. Il n'était pas appelé à défier l'opinion publique et à brouiller les lignes de démarcation sociale, comme l'avait été Godfrey Ledstone. Ni de révolutionner ses idées et son mode de vie, comme Bob Purnett. Ni d'être ce qu'il doit juger déloyal envers sa profession et faux envers son travail dans le monde, comme Bertie Merriam. Le cas de Cyril Maxon était plus proche ; cependant Cyrille n'eut qu'à passer, par un pont ingénieusement construit, de la plus extrême à la moins extrême de deux théories, et ce faisant, il trouva une abondance d'approbation et de contenance parmi les hommes de sa propre conviction. Dick était confronté à une interdiction directe, rigide et inflexible de la part d'une autorité qu'il avait toujours respectée comme définitive et infaillible.

Pourtant, il semblait lui être demandé d'abandonner toute sa vie réelle, de vider la vie de ce qui valait la peine d'être vécue. À l'exception d'un ou deux épisodes sentimentaux enfantins, il s'était tenu à l'écart des relations amoureuses. Il apporta au service de Winnie à la fois la nouvelle ardeur d'un jeune homme et la conviction inébranlable de la maturité. Il n'avait jamais douté que pour lui, c'était cette femme ou pas de femme ; sa connaissance de lui-même et de son passé rendait cette certitude plus fiable qu'elle ne l'est généralement. Étant donné qu'il avait une chance de la gagner, c'était un sacrifice immense qui lui était demandé, allant même jusqu'à gâcher et mutiler sa vie et à affamer son esprit.

Son cas était parfaitement simple ; il n'y avait pas de confusion possible, il ne pouvait y avoir de pont d'or ; d'un côté une autorité suprême, de l'autre l'homme naturel, fortifié par toute justification laïque - car il n'enfreindrait aucune loi du pays, ne violerait aucun code d'honneur, ne porterait préjudice à aucun homme dont il était obligé dans les droits ou les sentiments. respecter. Et il offrirait à la créature qu'il aimait le plus au monde le bonheur, comme il le croyait, et, bien sûr, la paix, la protection et les soins affectueux – choses dont elle avait besoin ; aux idées de Dick Dennehy, malgré son amour et son admiration, son dossier montrait qu'elle en avait cruellement besoin. Ici, d'un côté de son esprit, il se trouvait dans un accord paradoxal avec l'autorité que l'autre voulait défier. Lui et elle étaient d'accord sur ses actes passés, mais en tiraient une conclusion différente. Il l'adorait, mais il ne pensait pas qu'elle puisse prendre soin d'elle-même. Il croyait pouvoir prendre soin d'elle – au prix de défier son autorité suprême ; ou bien il n'emploierait pas le mot défier : il se jetterait à sa merci dans un cas très difficile. La créature qu'il aimait le plus dans la vie ferait, il le craignait, des choses encore plus impardonnables, à moins qu'il ne fasse lui-même une chose qu'on lui avait appris à considérer impardonnable en soi. Il ne l'invitait à rien qu'elle fût obligée de considérer comme un acte répréhensible ; il ne lui a pas demandé de pécher contre la lumière qu'elle possédait. Ce péché serait le sien. Sa chevalerie s'unissait à son amour ; s'abstenir semblait à la fois une lâcheté et une quasi-impossibilité. Il y avait un dogme, mais ne devrait-il pas y avoir de dispense ? Pas quand chaque fibre du cœur d'un homme, chaque impulsion du courage d'un homme le réclamait ?

Le soleil s'est couché. Il se tenait dans le jardin et observait comment son déclin rendait plus belle cette gracieuse perspective. Une petite traînée de fumée s'élevait tranquillement des cheminées de la maison de Winnie. L'air était très calme. Il se tourna et regarda la nouvelle maison avec un nouvel intérêt. « Est-ce que ça lui suffirait, maintenant ? demanda Dick Dennehy. La vision soudaine d'elle dans la maison – de ses manières délicates et de sa présence gracieuse, de sa paille et de sa sincérité – balaya son esprit. Elle avait eu tort, mais elle avait été courageuse. Plus courageux qu'il ne l'était lui-même ?

Le soleil s'est couché à l'horizon. Dick Dennehy se tourna pour le regarder à nouveau. Alors que la lueur s'estompait, la paix et la tranquillité régnaient. Très peu à peu, le soir tomba. Il ôta son chapeau et resta debout à regarder les derniers rayons, la brise remuant ses cheveux et rafraîchissant son front. Il resta longtemps immobile, comme il avait l'habitude de se tenir debout, calme, attentif, obéissant, aux offices solennels de son Église, l'Église qui était pour lui croyance, conscience et demi-patrie. Soudain, son âme fut en paix et il parla à voix haute avec ses lèvres, comme pour répondre à la voix de Celui qui se promenait dans le jardin dans la fraîcheur du jour. "Je dois faire ce que je dois faire et le laisser à la merci de Dieu."

CHAPITRE XXIX

DANS LE RÉSULTAT

« Après une inspection plus approfondie, il s'avère que c'est une maison parfaitement bouchée – un joyau de maison, Stephen !

Winnie était rentrée chez elle et Stephen travaillait seul sur le Synopsis lorsque Dick Dennehy entra dans la pièce avec ces mots sur les lèvres. Stephen leva les yeux et vit que quelque chose était arrivé à son ami. L'air embarrassé du chien pendu avait quitté son visage. Il avait l'air un peu obstiné autour de la bouche, mais ses yeux étaient paisibles et rencontraient franchement ceux de Stephen.

"En fait, il n'y a qu'un seul défaut à lui trouver."

"Donnez-lui un nom et Tora le corrigera", a déclaré Stephen, en réponse géniale au changement d'humeur de son ami.

Dick sourit. "J'ai bien peur que Tora ne puisse pas le faire, mais je connais une autre femme qui le peut, si elle le veut. C'est un peu gros pour un célibataire ; je vais me sentir seul là-bas."

"Oh, c'est ça, n'est-ce pas ?" Stéphane rit. "Maintenant, je pensais plutôt que c'était le cas, depuis le début." Au prix de la vérité, il exécutait l'injonction de Winnie. "Tu étais tellement… eh bien… agité."

"Je l'étais. Et Tora était en colère contre moi, et tu t'es moqué de moi, et puis je suis devenu sauvage. Mais tout est fini maintenant – en ce qui me concerne, du moins. Tu sais qui c'est ?"

"Eh bien, je pense presque pouvoir deviner, mon vieux. Nous ne sommes pas aveugles. Winnie ?"

Dick Dennehy hocha la tête. "Je vais régler ça avant d'avoir plusieurs jours de plus."

Sa bouche était maintenant très ferme et ses yeux presque provocants. Il était évident, même pour l'amateur de discussion, qu'il s'agissait là d'une décision qui ne devait pas être discutée et que seul celui qui y parvenait lui-même pouvait juger. Stephen sentit si fortement l'implication dans les manières de Dick qu'il retint même son léger sourire d'amusement, alors qu'il tendait la main et dit : « Bonne chance !

Dick hocha de nouveau la tête, le serra fermement et sortit de la pièce.

Laissant le patient Synopsis et allumant une pipe, Stephen se dédommagea de la retenue qu'il avait fait preuve de ne pas discuter de l'affaire avec Dick en se livrant à une enquête d'un ordre plus large - une enquête qui embrassait toute la carrière de Winnie depuis le moment de sa rébellion. ; il y avait peu de traits avec lesquels des entretiens confidentiels, entrecoupés de leurs travaux, ne l'avaient familiarisé. Son esprit ne se tournait pas désormais vers la part de Winnie dans cette affaire – ni sur la façon dont elle s'était conduite ni sur la façon dont elle avait été affectée par son expérience et son expérience. Il s'attache, avec son enthousiasme spéculatif habituel, au conflit et au choc de la théorie et de la pratique, de l'opinion et de la conduite, que l'histoire révèle tout au long de son cours et illustre exemple après exemple. Lorsqu'ils ont été soumis à un test personnel approfondi, tout le monde, ou presque, s'est effondré d'une manière ou d'une autre ; s'ils devaient être jugés selon les normes strictes qu'ils professaient ou selon les canons qui régissaient habituellement leur vie, ils auraient été des échecs. Voici Dick Dennehy qui terminait la série avec un exemple frappant. Mais Godfrey Ledstone avait commencé. Ce fut un double échec ; il s'est trompé par rapport à ses propres théories – à son code – lorsqu'il a adopté celui de Winnie ; il trompait à son tour Winnie lorsqu'il avait honte d'elle et s'enfuyait vers une respectabilité tempérée par des élasticités. Cyril Maxon lui emboîta le pas, troquant sa haute doctrine, se dégageant de ses prétentions exigeantes, contre la chance de Rosaline Deering. Même ce camarade Purnett, pour qui la régularité et la domesticité étaient un anathème, s'était proposé de devenir régulier et domestique. La seule exception semblait être le soldat Merriam ; même ici, Stephen doutait de l'existence d'une exception certaine. Winnie avait laissé dans l'obscurité les détails de cette conversation dans le jardin de Madère, mais il était clair qu'elle n'avait pas éteint son pouvoir. Et si c'était le cas ? Pourtant, accordant l'exception, il prouva, à sa propre satisfaction, qu'elle était plus apparente que réelle. Le cas de Merriam n'était pas un conflit d'opinions et de conduite ; il s'agissait plutôt d'un choc entre deux allégeances, toutes deux essentiellement personnelles par leur nature ; entre inclination et conception du devoir, sans doute, mais d'un devoir si spécialisé et (si l'on peut employer le mot) si incarné qu'il perd sa qualité abstraite et acquiert, en vertu du concret, un pouvoir d'appel tout aussi émotionnel. dans le caractère comme dans l'émotion avec laquelle il est entré en collision. Il lui semble qu'il s'agit ici d'une exception apparente qui teste la règle, sans la réfuter. La règle est sortie triomphale du test, ainsi a déclaré Stephen Aikenhead, très désireux de trouver un indice sur le labyrinthe et les couleurs rapides dans la toile changeante de la nature humaine. Lorsqu'il s'agissait d'une bataille rangée, les points de vue et les théories étaient vaincus ; l'homme lui-même l'emporta, appelant à son secours des réserves habituellement cachées au plus profond de sa nature. Par un instinct pardonnable, ils ont tous fait le meilleur argument possible pour leurs échecs et leurs déviations – explications, excuses, ponts ; ils ont sauvé la démonstration de cohérence autant qu'ils ont pu. Mais quel que soit le succès de cette plaidoirie spéciale, il n'altéra en rien la vérité. L'homme naturel, essentiel — pour employer un nouveau mot, le subliminal — a finalement décidé lui-même de la question.

Petite merveille! pensa Stephen; car ces opinions formaient une multitude hétéroclite, des ennemis entre eux. Si l'un d'eux se battait bien, un autre était déjà prêt à tomber sur son flanc. Si l'un avait des arguments solides, il y en avait un autre pour murmurer son point faible à l'oreille de l'adversaire, ou pour suggérer d'une manière insinuante : « Eh bien, s'il ne peut pas vous permettre ce que vous voulez, essayez-moi ! Je suis beaucoup plus accommodant. Je reconnais les exceptions. Je connais le sens des conseils de perfection. Je comprends les limites de la nature humaine. Ou à l'inverse : « Vous n'obtiendrez aucun réel réconfort de la part de cet homme sournois. Il vous trahira dans ce monde, sans parler du prochain. Reposez-vous sur moi. Je suis un roc. Les rochers font les lits durs, dites-vous ? Un peu, peut-être, de temps en temps, mais pensez à quel point ils sont en sécurité et à quel point ils font appel à votre imagination, s'élevant carrément vers le ciel, inébranlables, éternels ! » Et puis il y avait ce petit coquin plausible d'opinion qui proteste toujours que ce n'est pas du tout une opinion – rien de si gênant – « Ne vous embêtez pas avec aucun de ces gars-là. Faites-vous plaisir ! Qu'importe ? Qu'est-ce que chacun d'entre eux en sait vraiment ? Autant essayer de trancher entre eux, dites-vous, aussi mauvais qu'eux, comment oses-tu ? Alors ils continuèrent, se trahissant, se faisant concurrence, surenchérissant les uns sur les autres – comme une rangée d'hommes vendant des jouets à un sou dans la rue, chacun essayant de crier plus fort et d'obtenir plus de coutumes que l'autre. C'est dans une image si irrévérencieuse que Stephen Aikenhead envisageait la quête de la vérité, dont il était lui-même un fervent adepte.

Il était revenu à son ancienne formule. Les choses étaient « en solution ». C'était une multitude d'opinions. Cet état de choses allait-il durer éternellement ? « Ou bien, songea-t-il, est-ce que nous aurons l'air ridiculement mélangés à une époque future ? Auront-ils réglé les choses ? Auront-ils redressé le monde moral et social comme les scientifiques redressent l'univers physique ? Si nous l'avons fait, ils ne comprendront jamais comment nous avons douté et nous nous sommes disputés. Seul un grand historien pourra leur faire comprendre cela. Ou les hommes continueront-ils à tourner en rond dans un tourbillon et à ne jamais naviguer sur un courant clair et puissant. à l'océan de vérité ?

Ainsi réfléchissait le rêveur dans son bureau tranquille, avec le rugissement de l'eau dans ses oreilles. S'il avait eu la chance d'y penser, il aurait découvert qu'il était lui-même un exemple de la conclusion à laquelle l'avait conduit son étude des expériences de Winnie Maxon. Ses spéculations pourraient demander, en « plaisantant Pilate », « Qu'est-ce que la vérité ? et ne restez pas pour une réponse qui ne pourrait jamais venir. L'homme naturel, Stephen

Aikenhead, était irrésistiblement déterminé à le découvrir. Il revint vivement au Synopsis – à sa propre petite tâche consistant à faire exploser, si par hasard il le pouvait, un fragment des rochers qui retenaient le courant.

Il travaillait, lisait et prenait des notes. L'horloge sonna six heures, sept heures et demie. Il ne l'a pas remarqué. Cinq minutes plus tard, la porte s'ouvrit et Winnie entra.

"Qu'est-ce qui s'est passé dans la maison ?" elle a demandé. "Vous m'avez invité à dîner à sept heures et demie ! Vous voilà, non seulement pas habillé, mais avec vos cheveux visiblement non brossés ! Et Tora et Dick sont partis pour la nouvelle maison, me dit Ellen, à cinq heures et demie, avec une lanterne, et je ne suis pas encore revenu !"

"Oh, n'est-ce pas ? Alors Dick s'est apparemment bien arrangé avec Tora aussi." Il se leva et s'étira. "Je pense que tu devras faire attention à quelque chose ce soir ou demain, Winnie. Dick a pris sa décision; il a décidé que la maison est par ailleurs charmante, mais il n'a qu'un seul défaut. Il se sentirait seul dans en tant que célibataire."

Winnie s'assit et le regarda pensivement. "J'aurais aimé que cela n'arrive pas si tôt. Je ne suis pas prêt. Et j'ai tellement de malchance !"

"Il attendra aussi longtemps que tu voudras. Et comment la malchance arrive-t-elle ici ?"

"Je suis toujours obligé de paraître exiger un sacrifice quelconque."

"Eh bien, à certains points de vue, cela découlait probablement de la ligne que vous avez adoptée. De votre côté, est-ce vraiment une mauvaise chose qu'un homme doive sonder son cœur, se demander ce que vous êtes vraiment ? ça vaut la peine pour lui ? »

« Et si il devait m'en vouloir après ?

"Dick est trop en accord avec sa conscience pour faire ça. Il sait que c'est son propre acte et sa propre responsabilité."

"De toute façon, je n'aurai plus de vœux, Stephen, plus de part et d'autre. Je ne les aime pas. J'ai rompu les miens une fois. Je pensais que j'en avais le droit, mais je n'aimais pas le faire. Cyril avait brisé la plupart des siens, à mon avis, mais les gens semblent si souvent oublier qu'il y en a plus d'un." Elle eut un petit rire brusque. "Cyril a juré de me 'réconforter' ! Imaginez que Cyril soit obligé de jurer de réconforter qui que ce soit, le pauvre ! Il ne pourrait pas le faire."

"En matière de vœux, ils vous laissent tomber facilement à l'état civil."

"Dans son cœur, Dick ne pensera pas du tout à un mariage."

"Vous avez mal exprimé cela. D'après ses opinions, il ne le fera peut-être pas, mais dans son cœur, il le fera. Je connais assez bien Dick Dennehy, et vous pouvez en être sûr."

"Je n'ai jamais voulu être une femme sans foi ni loi. Mais cela commençait, ou était venu, à la haine ; et c'est une telle ruine terrible de vivre avec une personne que l'on déteste - bien pire, je pense, que les choses pour lesquelles elle vous libère. ".

Stéphane sourit. « Je peux vous trouver une autorité très respectable à ce sujet – un bon passage de Döllinger – mais, je pense, n'est-ce pas, demain ? Après tout, le dîner, ça existe !

"Il y en a, et ce sera honteusement trop cuit." Elle se leva et vint vers lui. "Donnez-moi votre bénédiction et un baiser, cousin Stephen. Je pense que je vois le bonheur briller au loin."

"Je ne pense pas que ce soit très loin, si vous pouvez le voir", dit Stephen en l'embrassant.

Winnie secoua la tête, dubitative. Elle avait subi tant de secousses et de secousses ; le calme du port semblait un objectif lointain, même si elle pouvait désormais diriger tout droit vers lui. Ses sentiments étaient toujours à vif ; elle reculait instinctivement devant tout appel immédiat à une émotion forte. Il y avait un autre trouble dans son esprit, secret, à peine explicite, mais réel ; si, à cause de ce qu'elle avait fait, Dick Dennehy, encore dominé par les convictions auxquelles il entendait désobéir, montrait qu'il pensait qu'elle était disponible pour la demande, elle lui en voudrait amèrement, même jusqu'à un refus bref et définitif. . Ce serait un échec presque aussi grand que celui de Godfrey Ledstone, et un tel rocher pourrait encore empêcher son navire d'atteindre son port. L'attitude de Dick Dennehy à son égard dépendait beaucoup.

Mais les jours qui suivirent à Shaylor's Patch furent pleins de grâce curative. Il y avait la cordialité de l'amitié à nouveau intacte, la sérénité de Tora, la camaraderie alerte et compréhensive de Stephen. Dick est venu lorsque son travail le lui a permis – on peut supposer qu'il a utilisé au maximum son allocation – et il y avait maintenant un intérêt infini et un plaisir sans limite à meubler sa maison. On trouva dans cet ouvrage une formule adaptée à l'état de suspens où se trouvaient les affaires du maître. « Il faut tenir compte des éventualités », dit Stephen avec une gravité perfide. Dick les supportait en vue jusqu'à la limite de sa bourse – et comment Winnie pourrait-elle refuser une opinion amicale sur des questions de goût ? Personne n'a mentionné les meubles de Mme Lenoir, maintenant au chalet. Ce n'était pas vraiment très approprié pour une maison de campagne, et de toute façon il serait plus agréable de repartir à zéro dans un environnement tout à fait neuf. Winnie le transmua mentalement en de nouvelles robes, sous lesquelles il servirait à quelque chose, certes temporaire, mais moins chargé d'associations.

Ce n'est pas au cours de confessions précises, mais au cours de divers entretiens intimes, que l'ensemble de son histoire et l'ensemble de sa propre attitude à son égard parvinrent à la connaissance de Dick. Elle ne cherchait à cacher ni sa passion pour Godfrey Ledstone, ni l'attirance avec laquelle Merriam l'avait attirée la dernière fois. Elle tenait particulièrement à ce qu'il comprenne ce dernier cas.

"Au début, j'étais en colère parce qu'on me croyait impossible, mais il m'a fait comprendre son point de vue, et puis j'ai failli tomber amoureuse de lui", a-t-elle déclaré en souriant. "Seulement presque !"

Ce n'était pas le vieux Dick Dennehy qui écoutait ; il aurait eu une explication facile de la façon dont tous les troubles étaient survenus, et une dénonciation véhémente, quoique de bonne humeur, sur leur origine. Non seulement ses sentiments pour Winnie, mais aussi son propre combat, avec sa révélation et son compromis, l'ont changé. Il écoutait avec une attention sérieuse ou, parfois, avec une sympathie volontiers humoristique. S'il avait, à tort ou à raison, désobéi à son autorité suprême - il n'aurait probablement lui-même utilisé aucun de ces mots, mais aurait dit "forcément" -, pourtant, en tant qu'homme ici dans ce monde, il a trouvé une certaine compensation dans une humanité accrue, une vision élargie. la charité, un sens accru de la fraternité humaine. Il abandonna délibérément l'effort de trouver un équilibre entre perte et gain, mais il accepta le gain avec plaisir, avec un sentiment comme de découverte, d'yeux ouverts, de vision plus pénétrante. Il s'est débarrassé de l'idée qu'il était facile pour chacun de croire ce qu'il croyait, pour peu qu'ils s'en donnent la peine, ou que c'était une simple perversité d'esprit qui les empêchait d'agir exactement en accord avec ses normes - ou même avec les leurs. Ainsi, au fil des jours, son objectif n'était plus de pardonner et d'oublier, mais d'apprécier et de comprendre. Avec Winnie, c'était un élément essentiel pour que leur harmonie soit complète. Une grande partie de l'esprit – ou de la fierté – du théoricien a survécu en elle. Elle n'accepterait même pas un grand amour s'il s'accompagnait d'une condamnation totale ; peut-être n'y aurait-elle pas cru, ou, y croyant pour le moment, n'y aurait-elle vu aucune base de permanence.

Dans les premiers temps, l'ardeur de l'amour était toute de son côté ; son cœur ne s'enflamma pas si facilement. Ce n'est que progressivement que la foi absolue et l'affection reconnaissante de la femme pour l'homme se sont transformées en leur fruit naturel – alors même que peu à peu la joie de vivre et le plaisir de Winnie dans ses propres pouvoirs émergeaient de leur éclipse. Encore une fois, ses yeux brillaient et son rire éclatait d'exultation.

"Elle a l'air de bonne humeur", a déclaré Stephen Aikenhead. "Si l'on voulait quelque chose d'elle, ce serait peut-être le bon moment pour le demander, je pense."

Dick leva les yeux du journal du soir. "Est-ce qu'elle est prête, Stephen?"

"Je le pense, Dick."

D'un pas vif, Dick Dennehy sortit dans le jardin, d'où venait le rire. Winnie était seule ; son rire n'avait été que celui d'une poule qui retournait ridiculement vers son propre territoire par peur de la menace des mains applaudies. Elle portait un foulard en dentelle noire enroulé autour de sa tête ; sous ses plis, ses yeux brillaient joyeusement.

"Tu marcherais un peu avec moi dans le pré, par hasard ?" Il a demandé.

Quelque chose dans son regard attira son attention. Elle rougit un peu. "Oui, Dick."

Mais ils marchèrent longtemps en silence. Puis elle sentit ses yeux irrésistiblement attirés vers lui. Alors qu'elle tournait la tête, il lui tendit les mains. Lentement, la sienne s'avança à leur rencontre.

"Tu ne peux pas me renvoyer maintenant, n'est-ce pas, Winnie ?"

"Oh, Dick, as-tu réfléchi à tout cela, regardé tous les côtés, vingt fois, cent fois, cinq cents fois ?"

"Pas moi ! J'ai tout regardé une fois pour toutes, et depuis je n'en ai plus jamais douté. J'attendais que tu fasses tout ça." Son sourire était heureux et maintenant confiant.

"Eh bien, finalement, je préfère ça comme ça. J'aime que tu le penses, de toute façon, même si tu te trompes. Parce que ça montre..." Elle s'interrompit malicieusement. "Qu'est-ce que ça montre, Dick ?"

"Eh bien, que tu es le joyau du monde ! Qu'est-ce que cela montrerait d'autre ?"

"Mais qu'en est-il de la dame dont tu étais mécontent, ce soir-là à la gare ?"

"Tu savais que c'était toi tout le temps !"

« Alors comment as-tu osé dire que ce n'était pas grave ? Et te traiter — ou moi — d'imbécile ?

"Tu me taquines jusqu'au bout, Winnie."

Elle devint grave et glissa son bras sous le sien. "Je savais vraiment pourquoi ce n'était pas et ne pouvait pas être sérieux pour toi - et pourquoi c'était devenu terriblement sérieux de cette façon. Il fut un temps où j'aurais dû te trouver stupide de penser que c'était si sérieux, et où tu aurais continué ce n'est pas sérieux jusqu'à la fin. Nous nous sommes changés, Dick, toi, toi moi - et la vie nous deux ! Et ainsi nous pouvons nous mettre d'accord.

"Conditions de paix parfaite", répondit-il. Il savait ce qu'elle avait en tête. "Je vous rends mon honneur : dans mon âme, je suis en paix."

"Alors qu'il en soit ainsi, cher vieux Dick. Car je n'ai pas non plus honte." Elle se tourna vers lui et, posant ses mains sur ses épaules, lui baisa les lèvres. "Maintenant, allons chez vous et voyons que cette éventualité a bien été envisagée. Cher Stephen! Il philosophera sur nous, Dick!"

Bien entendu, il fallait s'y attendre. Pourtant, cela ne s'est pas produit lorsque Stephen et sa femme ont appris la bonne nouvelle après le dîner. Au contraire, après de brèves mais chaleureuses félicitations, l'hôte et l'hôtesse ont disparu. Winnie crut avoir détecté un regard passant entre eux.

"Ils n'ont pas besoin d'être aussi délicats !" dit-elle en riant.

Ils faisaient preuve de beaucoup de tact ; car même pour les amoureux, le temps passé à l'écart était indéniablement long. Il ne pouvait y avoir aucune illusion sur la progression des aiguilles de l'horloge. Pourtant, lorsque Tora et Stephen entrèrent et furent accusés de faire preuve d'une démonstration excessive de la qualité sociale utile en question, Tora rougit, nia l'accusation avec colère et leur souhaita à tous une brève bonne nuit. Stephen regarda à travers ses lunettes avec une fausse fureur.

" Vous vous considérez tous les deux comme tout le monde ! En fait, depuis environ une heure, quelle heure est-il ? Onze heures ! Oh, dis-je ! Oui, bien sûr ! Eh bien, depuis environ deux heures, Tora et moi J'ai oublié votre existence même ; et, si je peux utiliser la franchise d'un vieil ami, c'est plutôt difficile de vous trouver ici, vous feriez mieux de raccompagner votre ami chez lui, M. Dennehy.

"Eh bien, qu'est-ce que tu as fait alors?" rit Winnie.

"C'est une des théories de Tora que je devrais lui proposer à nouveau environ une fois par an — et d'une manière ou d'une autre, ce soir m'a semblé plutôt une opportunité appropriée", expliqua Stephen. " Elle est parfaitement libre de me refuser, et d'ailleurs elle est généralement assez difficile à ce sujet. C'est pour ça qu'il est si tard. " Ses yeux pétillèrent à nouveau. "Elle impose toutes sortes de conditions quant à ma conduite future. Je discute un peu, sinon elle ne me respecterait pas. Puis je cède - mais, bien sûr, je ne les observe pas toutes, car ce serait amusant." l'année prochaine ? Elle m'a accepté cette fois, mais elle dit que c'est la dernière fois, à moins que je m'améliore considérablement.

Une étincelle du vieux mépris de Dick Dennehy éclata. « C'est donc comme ça qu'elle contourne sa précieuse théorie, n'est-ce pas ? Et cette femme est une épouse et une mère respectable tout le temps !

Winnie posa la main sur son bras. "Il y a une chose qui peut tout contourner, Dick."

"Un fait qui, dans toutes ses implications pour le bien et le mal, doit être soigneusement mis en évidence dans le Synopsis", a déclaré Stephen Aikenhead.

Ils le laissèrent scintiller lumineusement à travers des nuages de fumée de tabac.

"Pendez cet homme, est-il sérieux à propos de son ancien Synopsis, comme il appelle la chose ?" » demanda Dick Dennehy alors qu'ils se dirigeaient vers le cottage.

Winnie réfléchit. " Je ne sais pas vraiment. C'est le plaisir de Stephen ! Mais, de toute façon (elle pressa son bras) si cette chose - notre chose - ne se termine pas avant le Synopsis, tout va bien ! durer notre vie, je pense, et être encore inachevé. Son rire se termina par un soupir, son soupir encore par un sourire. " Oh, je parle comme si c'était la fin d'un conte de fées, tiré d'une des histoires d'Alice. Eh bien, juste pour ce soir ! Mais ce n'est pas vraiment le cas, ce n'est pas possible, Dick. Ce n'est pas un C'est un début, et le début de quelque chose de difficile. Regardez ce que vous abandonnez pour moi, la grande chose que j'accepte de votre part ! Et ce n'est pas une chose à faire une fois pour toutes. Ce sera une chose continue, surgissant toujours sur d'autres choses, grandes et petites. Oh, ce n'est pas une fin ; c'est seulement un début , Dick ?

"C'est une question de foi, comme tout ce qui vaut le coup dans le monde", a déclaré Dick Dennehy. " Quoi qu'il en soit, nous savons ceci les uns des autres : que nous sommes égaux à nous battre pour ce en quoi nous croyons et ce que nous aimons. Et les chances contre nous ne nous font pas peur ! J'appelle cela un bon début. Que faites-vous ? de la vie, de toute façon, à moins que ce ne soit un combat ? Nous mènerons notre combat jusqu'au bout !"

Sa voix était courageuse et confiante ; son esprit sanguin s'envolait haut dans l'espoir. Lorsqu'elle ouvrit la porte de la maison et que la lumière d'une lampe suspendue dans l'étroit passage tomba sur lui, son visage était heureux et serein. Avec un sourire, il cajola ses appréhensions. "Ah, maintenant, tu n'es plus la fille que tu étais si tu as peur d'une expérience !"

Elle mit ses mains dans les siennes. " Pas la fille que j'étais, en effet ! Comment pourrais-je l'être, après tout ? Mais voici ma vie – dois-je en avoir peur ? Toute utilité que j'ai, toute joie que j'ai – dois-je faire demi-tour ? Je ne le ferai pas. " oh, Dick!"

"Toujours courageux ! Aussi courageux que malavisé, Winnie !"

"Toujours mal tête ?" elle riait, maintenant gaiement. « Cette question, comme tout le reste, est, comme le dit Stephen, « en solution ». Ce n'est pas mon destin de régler des questions, mais il semble que je ne puisse m'empêcher de les soulever !"

Pour ceux qui verraient le design dans de tels domaines – dans l'interaction des vies et des esprits – il pourrait bien sembler qu'elle ait ici mis le doigt sur une fonction à laquelle elle n'avait jamais aspiré, mais pour laquelle elle avait été efficacement utilisée dans plusieurs cas. Elle avait soulevé des questions chez des personnes inconditionnelles. Sa gestion de sa vie les a amenés à s'interroger sur les fondements et les canons des leurs. Pour Dick Dennehy, même ses cheminées avaient strié le ciel de notes d'interrogation ! Elle avait été comme une pierre de touche, prouvant le vrai métal, détectant la base, révélant l'alliage ; une épreuve de qualité, de courage, de foi ; un puits d'explorateur enfoncé profondément dans le minerai du cœur humain. Elle avait heurté des strates peu aurifères, elle était tombée sur de pures scories, et pourtant la recherche la laissait non seulement pleine d'espoir, mais déjà enrichie. Par deux fois, elle avait trouvé de l'or : chez le soldat qui ne voulait pas abandonner son drapeau même pour elle, chez le croyant qui, pour l'amour de son âme et son amour pour elle, se jetait à la merci d'un Ciel offensé. Tous deux pouvaient oser, se sacrifier et se consacrer. Ils obéirent à l'appel que leurs oreilles entendaient, même si c'était à leur propre détriment – dans ce monde ou, peut-être, dans un autre. Il y avait un point d'union entre l'homme qui l'avait renoncée pour le bien de sa loyauté et l'homme qui l'avait protégée contre sa croyance.

Dans le petit cercle de ceux avec qui elle avait partagé les questions du destin, elle avait beaucoup perturbé ; avec la certitude qu'elle n'avait rien réglé. Les choses étaient toujours aussi « en solution » ; le chaos ne s'est pas atténué. L'homme étant imparfait, il faut faire des lois. L'homme étant imparfait, les lois doivent être enfreintes, sinon de nouvelles lois seront créées. Winnie Maxon avait enfreint une loi et posé une question. Lorsque des milliers de personnes font de même, le Géant, après avoir donné une boîte à l'oreille aux premiers arrivés, peut enfin mettre la main sur la sienne et réfléchir sérieusement.